Hermann Kotthoff, Peter Ochs
Mitbestimmung an der Saar

Mitbestimmung in Theorie und Praxis

Herausgegeben von Ernst Breit, Georg Ippers, Peter Hartz,
Rolf Külpmann, Franz Steinkühler, Monika Wulf-Mathies,
Fritz Ziegler

Editorial

Die Gewerkschaften setzen sich seit jeher für die politische und soziale
Gleichberechtigung der arbeitenden Menschen ein. Diese Gleichberechtigung ist nur dann gewährleistet, wenn neben der politischen Demokratie die Mitbestimmung in der Wirtschaft verwirklicht ist.

Massenarbeitslosigkeit, Branchen-, Regional- und Umweltkrisen, Rationalisierungsprozesse und neue Technologien sind nicht erst Erscheinungen unserer Zeit, auch wenn sie in diesen Jahren in besonders extremer Form auftreten. In allen diesen Bereichen sind Arbeitnehmer Opfer von Entwicklungen, die sie nicht oder nur unzureichend beeinflussen können. Es bleibt deshalb Aufgabe der Gewerkschaftsbewegung,
nach dem Sieg der politischen Demokratie in unserem Land auch die
wirtschaftliche Demokratie durchzusetzen.

Mehr Mitbestimmung in Betrieb und Verwaltung sowie am Arbeitsplatz, im Unternehmen und in der Gesamtwirtschaft ist eine Forderung, die gerade angesichts der Gefährdung und Aushöhlung ohnehin
nicht ausreichender Mitbestimmungsrechte offensiv vertreten werden
muß. Im Mittelpunkt steht dabei das Modell qualifizierter Mitbestimmung im Montanbereich, das für die Gewerkschaften im DGB nach
wie vor die zentrale Forderung zur Demokratisierung privater und öffentlicher Wirtschaft bleibt.

Die Buchreihe »Mitbestimmung in Theorie und Praxis« stellt es sich
zur Aufgabe, Idee und Durchführung der Mitbestimmung auf den verschiedenen Ebenen – im historischen Rückblick ebenso wie als aktuelle
Berichterstattung und mit Blick auf die Probleme der Zukunft – zu dokumentieren und damit einen Beitrag zu leisten für die demokratische
Fortentwicklung von Wirtschaft und Gesellschaft.

Die Herausgeber

Hermann Kotthoff, Peter Ochs

Mitbestimmung an der Saar

Sozialgeschichte der Mitbestimmung
in den Saarhütten und im Saarbergbau

Bund-Verlag

Gedruckt mit Unterstützung der Hans-Böckler-Stiftung

CIP-Titelaufnahme der Deutschen Bibliothek

Kotthoff, Hermann:
Mitbestimmung an der Saar: Sozialgeschichte d.
Mitbestimmung in d. Saarhütten u. im Saarbergbau/Hermann
Kotthoff; Peter Ochs. – Köln: Bund-Verl., 1988
(Mitbestimmung in Theorie und Praxis)
ISBN 3–7663–3138–8
NE: Ochs, Peter:

© 1988 by Bund-Verlag
Redaktion: Katharina Hahn
Lektorat: Dr. Heribert Kohl
Herstellung: Anke Roll
Umschlag: Kalle Giese (Foto: Neunkirchen 1976)
Fotos: G. Schindler, Archiv Saarbergwerke
Satz: Satzbetrieb Schäper GmbH, Bonn
Druck: Wagner, Nördlingen
ISBN 3–7663–3138–8
Printed in Germany 1988

Inhalt

Einleitung

Die Geschichte der Montanmitbestimmung ist aufs engste verbunden mit der Geschichte der Gewerkschaften und Belegschaften in der Region Ruhr nach 1945. Das gilt insbesondere im Zusammenhang mit der Unternehmensverflechtung und der Besatzungspolitik der britischen Labour-Regierung. Der DGB hat stets – und gegenwärtig wieder verstärkt – die Übertragung des Montan-Modells auf andere Wirtschaftszweige und damit auch auf andere Regionen gefordert. Das bisher einzige historisch realisierte Beispiel einer solchen späteren Übertragung auf einen anderen regionalen und sozialen Kontext ist die Einführung der Mitbestimmung an der Saar im Jahre 1957/58. Dieser Fall ist ein bemerkenswertes geschichtliches Experiment, weil in der Region Saar keine einzige der Bedingungen gegeben war, die zur Entstehung der Mitbestimmung in ihrer Ursprungsregion beigetragen hat.

Das Saarland wurde 1957 in die Bundesrepublik eingegliedert. Im Zuge der damit erforderlichen Rechtsangleichung wurde auch das Montanmitbestimmungsgesetz von 1951 durch einen formalen parlamentarischen Routineakt übernommen. Der Einführung der Mitbestimmung war keine mitbestimmungspolitische Diskussion und keine Entfaltung eines Mitbestimmungsbewußtseins vorausgegangen. Mitbestimmung war bis dahin eine der saarländischen Arbeiterbewegung fremde Idee. Als zum Beispiel Heinrich Sträter und Willi Michels vom IG-Metall-Zweigbüro Düsseldorf Kontakte zur Führung des saarländischen Industrieverbandes (I.V.) Metall aufnahmen, um die personelle Besetzung der Mitbestimmungsorgane abzuklären, stießen sie auf argwöhnische Zurückhaltung. Die saarländischen Funktionäre sahen in der Mitbestimmung eine »reichsdeutsche« Einmischung. Die IG-Metall-Vertreter stellten erstaunt fest, daß die Uhren an der Saar anders gingen. Die Sozialstrukturen und Machtverhältnisse in den großen Unternehmen und in der Region, die Organisationsstrukturen der Gewerkschaften und Parteien und das Bewußtsein der Arbeiterschaft waren alles andere als mitbestimmungsgünstig. Kein Zeitgenosse hätte damals für das Gelingen der Mitbestimmung seine Hand ins Feuer gelegt.

Es war offensichtlich, daß die notwendige Veränderung nicht quasi automatisch durch die rein rechtliche Installation der Mitbestimmungsorgane herbeigeführt werden konnte. Ein wirksames Instrument der Interessenwahrnehmung kann die Mitbestimmung nur werden, wenn sie durch die Sozialstruktur des Unternehmens und der Region getragen wird. Demnach muß an der Saar ein tiefgreifender Wandel dieser sozialen Strukturen im Zeichen der Mitbestimmung stattgefunden haben. Der vorliegende Band geht dieser Frage nach.

Die Prozesse gewerkschaftlicher Machtbildung in den einzelnen Unternehmen stehen dabei im Mittelpunkt. Wie kam es, daß dort, wo vorher eine Machtlücke auf Arbeitnehmerseite war, sich »plötzlich« Macht bildete? Welche Impulse und Organisationsformen waren dafür maßgebend? Welche Beziehungsformen zueinander fanden die verschiedenen Ebenen der Mitbestimmungsakteure (Betriebsrat, Vertrauensleute, Arbeitsdirektor, Aufsichtsrat, Gewerkschaftsverband)? Wie haben sich die Unternehmer zu der heranwachsenden »neuen Kraft« verhalten? In welche Richtung veränderten sich die Beziehungen zwischen Belegschaft und Unternehmer, die Formen von Herrschaft und Kontrolle im Betrieb?

Um diese Fragen beantworten zu können, beauftragte die Hans-Böckler-Stiftung im Jahre 1981 das ISO-Institut für Sozialforschung und Sozialwirtschaft e. V. Saarbrücken mit einer sechs Monate dauernden Untersuchung über den Werdegang und das Wirkungsfeld der Montanmitbestimmung an der Saar. Der hier vorliegende Bericht ist das Ergebnis dieser Studie. Dabei darf nicht außer acht gelassen werden, daß zwischen Beendigung der Studie und Veröffentlichung des Berichts mehrere Jahre vergangen sind.

Der gewerkschaftspolitische Hintergrund, aus dem der Anstoß zu dem Forschungsvorhaben kam, war die Situation, daß die Montanmitbestimmung in dem Augenblick, als sie mit der Restrukturierung der saarländischen Stahlindustrie in eine neue Phase regional- und strukturpolitischer Gestaltungsfähigkeit hineingewachsen war, politisch (»Lex Mannesmann«) in ihrer Existenz massiv bedroht wurde. In dieser gleichzeitigen Erfolgs- und Gefährdungssituation entstand bei den betroffenen Gewerkschaften IG Metall und IG Bergbau und Energie das Bedürfnis, sich des historischen Ertrags der Mitbestimmung an der Saar zu vergewissern. Die saarländische Arbeitergeschichte insgesamt, nicht nur die Mitbestimmungsgeschichte, ist historisch sehr unzureichend dokumentiert und aufgearbeitet. Deshalb lag es nahe, vor allem durch Gespräche mit Zeitzeugen (»oral history«) die Mitbestimmungsgeschichte von ihren Anfängen bis in die siebziger Jahre zu rekonstruieren. Ältere Personen (»Veteranen«), die damals dabei waren und an verantwortlicher Stelle die Mitbestimmungsgeschichte selbst mitgeschrieben haben, wurden danach gefragt, was sich ereignet hat, wie sie die Ereignisse erlebt und interpretiert haben und was in ihrem Urteil nach gut fünfundzwanzig Jahren praktizierter Mitbestimmung die wichtigsten Veränderungen und Ergebnisse sind. Diese Personen sind ehemalige bzw. zur Untersuchungszeit noch amtierende Mitbestimmungsträger (Betriebsratsvorsitzende und weitere führende Betriebsratsmitglieder, Mitglieder der Vertrauenskörperleitung, Arbeitsdirektoren) in den Saar-Unternehmen Röchling Völklingen (später Röchling-Burbach, später ARBED-Saarstahl), Neunkircher Eisenwerk, Dillinger Hütte und Saarbergwerke, sowie ehemalige und amtierende gewerkschaftliche Funktionäre der regionalen und zentralen Ebene (Verwaltungsstelle, Bezirk, Vorstand), die teilweise Aufsichtsratsfunktionen innehatten.

Die Burbacher Hütte ist in diesem Zusammenhang ein Sonderfall. Als unselbständige Betriebsabteilung eines ausländischen Unternehmens (ARBED Luxemburg) erhielt sie 1958 nicht die volle Mitbestimmung, aber durch Vertrag mit der IG Metall einen Arbeitsdirektor mit eingeschränkter Kompetenz. Deshalb lassen sich die Mitbestimmungserfahrungen mit denen in den anderen Unternehmen schwer vergleichen. Die Halberger Hütte fiel nicht unter die Montanmitbestimmung, weil sie als Weiterverarbeitungsbetrieb (in ausländischer Hand) definiert wurde. Auf die Einbeziehung dieser beiden Unternehmen in den vorliegenden Band wurde deshalb verzichtet.

Insgesamt wurden sechzig Mitbestimmungsträger befragt. Im Stahlbereich sind die meisten davon unternehmensinterne Arbeitnehmervertreter. Diese Schwerpunktsetzung hat ihren Grund darin, daß sich die Mitbestimmung in jedem Unternehmen nicht nur hinsichtlich des Stils, sondern auch hinsichtlich der grundlegenden Form verschiedenartig realisieren kann und demnach auch die Aktionsebenen, die organisatorischen Zentren und die Wirkungsrichtungen unterschiedlich sind. So lag im Unterschied zu den Stahlunternehmen das Aktionszentrum bei den Saarbergwerken auf der Ebene der Zentralen, also Aufsichtsrat, Unternehmensleitung und »Bochum« (Sitz des Vorstands der Industriegewerkschaft Bergbau und Energie); die Wirkungsrichtung bezog sich auf ökonomische und unternehmenspolitische Fragen. Dementsprechend wurden dort mehr Vertreter der »Zentralen« befragt als im Stahlbereich. Ziel war es, der Mitbestimmungsgeschichte dort nachzugehen, wo sie stattgefunden hat.

Die Befragungen fanden zwischen Dezember 1981 und April 1982 statt. Der Forschungsbericht wurde im Sommer 1982 der Hans-Böckler-Stiftung überreicht. Er wurde für die vorliegende Veröffentlichung Anfang 1987 überarbeitet; der sozial- und wirtschaftshistorische Teil wurde ausgeweitet.

Die Studie endet mit der Phase Anfang bis Mitte der siebziger Jahre. Die danach einsetzende, für die Mitbestimmungsentwicklung äußerst wichtige Periode der Restrukturierung der saarländischen Stahlindustrie ist nicht ihr Gegenstand; dennoch sind einige Streiflichter aus dieser Entwicklung auch hier schon eingefangen worden.

Bei der Darstellung ging es darum, die Erlebnis- und Erzählweise der Informanten einigermaßen anschaulich wiederzugeben. Dem Leser soll der Blick auf die geschilderte Lebenswelt und auf die Dramaturgie der Ereignisse offengehalten werden. Dabei herausgekommen ist eine Nacherzählung von Geschichten, die die Autoren berührt haben.

Teil I
Besonderheiten der saarländischen Entwicklung:
Ein historischer Streifzug

1. Besatzungsland: Zur politischen Geschichte der Grenzregion Saar

Das »Saargebiet« hatte gegen Ende des 19. Jahrhunderts als Industrierevier im Deutschen Reich erhebliche Bedeutung erlangt. Neben dem Ruhrgebiet und dem oberschlesischen Revier war es der drittgrößte Schwerindustriekomplex des Reiches. Nach dem Ersten Weltkrieg beanspruchte Frankreich das Saarland. Dies entsprach aber nicht den Befriedungsideen des US-Präsidenten Wilson. Der Kompromiß der Alliierten, dem sich Deutschland in Versailles zu fügen hatte, bestand in der Unterstellung des Saarlandes unter den Völkerbund. Nach fünfzehn Jahren (1935) sollte über den weiteren Status bestimmt werden. Durch seine Reparationsansprüche erwarb der französische Staat unbeschränktes Eigentum an den saarländischen Kohlefeldern, die er für sich ausbeutete. Auch in anderen Wirtschaftszweigen, wie zum Beispiel in der Stahlindustrie, nahm der französische Einfluß über privatwirtschaftliche Beteiligungen und Erwerbungen zu. 1923 erfolgte die vollständige wirtschaftspolitische Eingliederung nach Frankreich durch die Einführung des französischen Franken als Währung.

Entsprechend der vertraglichen Regelung von Versailles stimmte die saarländische Bevölkerung 1935 über den zukünftigen Status ihres Landes ab. Die im Deutschen Reich inzwischen etablierte Naziherrschaft konnte die Saarländer nicht davon abhalten, mit überwältigender Mehrheit (um 90 Prozent) für den Anschluß an Deutschland zu stimmen. Wirtschaftspolitisch brachte der Wiederanschluß eine Reihe von Umstellungsschwierigkeiten, insbesondere für die Schwerindustrie, die vorher mit der lothringischen eng verbunden, jetzt aber durch eine Zollgrenze von dort getrennt war. Lothringen war Erzlieferant für die saarländischen Hütten, und die lothringischen Hütten waren Abnehmer saarländischer Kohle. Die Wiedereingliederung erfolgte, nicht zuletzt wegen der Einbeziehung der saarländischen Industrie in die Rüstungswirtschaft, dennoch relativ schnell. Nach dem Waffenstillstand mit Frankreich im Jahre 1940 gab es dann wieder einen faktischen Zusammenschluß der Saar (Saarpfalz) mit Lothringen, und zwar in der sogenannten »Westmark«.

Nach dem Zweiten Weltkrieg stand das Saarland kurze Zeit unter der Kontrolle der amerikanischen Besatzungsmacht, wurde dann aber im Juli 1945 nach Einigung der Alliierten über die Beteiligung Frankreichs an der Besetzung Deutschlands von Frankreich übernommen. Noch im gleichen Monat trennten die Franzosen das Saarland aus der übrigen Verwaltungseinheit Mittelrhein-Saar innerhalb ihrer Besatzungszone heraus. Zunächst verfolgte Frankreich eine offene Annexionspolitik, die sich aber – wie schon nach dem Ersten Weltkrieg – nicht ungehindert gegenüber den anderen Siegermächten durchsetzen konnte und deshalb in eine Politik des wirtschaftlichen Anschlusses an Frankreich abgeschwächt wurde. Dies war (nach den Jahren 1680 bis 1697, 1792 bis 1815 und 1920 bis 1935) bereits das vierte Mal in der Geschichte, daß das Saarland französisch wurde.

Im Dezember 1946 wurde der Personen-, Waren- und Geldverkehr zwischen dem Saargebiet und dem übrigen Deutschland unterbunden, und es wurde (gegen den Widerspruch der Amerikaner) eine Zollgrenze errichtet. Die französische Besatzungsmacht verängstigte und verschüchterte mit despotischem Druck die saarländische Bevölkerung, um Widerstand vorzubeugen. Durch massive öffentliche Propaganda unter dem Motto »das Reich ist tot«, Ausweisungen und Ausweisungsdrohungen, eine sehr starke Militär- und Polizeipräsenz und unter der Bedingung einer in den ersten Nachkriegsjahren katastrophalen Versorgungslage gelang es der französischen Besatzung, Teile der Bevölkerung mürbe und politisch apathisch zu machen – zumal keine Unterstützung von deutscher oder alliierter Seite zu erwarten war[1].

Anfang 1947 wurde auf Anordnung des französischen Militärgouvernements eine Verfassungskommission eingesetzt, in der die politische Stellung der Saar, insbesondere in Beziehung zu Deutschland und Frankreich, festgelegt werden sollte. Dieser (scheindemokratischen) Kommission waren von französischer Seite in allen grundlegenden Fragen Richtlinien vorgegeben, über die nicht diskutiert werden konnte. Diese Verfassung des Saarlandes, vom ersten gewählten Landtag des Saarlandes als verfassunggebender Versammlung verabschiedet, formulierte folgende Bestimmungen: politische Unabhängigkeit vom Deutschen Reich, außen- und verteidigungspolitische Vertretung durch Frankreich, Währungs- und Zolleinheit mit Frankreich, Rechtseinheit mit Frankreich auf den Gebieten des Gewerbe-, Steuer-, Lohn- und Sozialrechts sowie des Justizwesens und zusätzlich die Projektierung enger kultureller Zusammenarbeit. In der Präambel vorangestellt ist eine Formulierung, die die Erwartung auf ein kommendes internationales völkerrechtliches Statut über die Saarfrage zum Ausdruck bringt.

Die Bevölkerung sah sich mit den im Saarland tätigen Organen der französischen Staatsmacht, insbesondere dem Zoll, der Polizei und den saarländischen Organen, die die Gesetze und Verordnungen der profranzösischen Saarregierung zu überwachen hatten, in einer Weise konfrontiert, die die nationale Frage, die Frage der politischen Identität des Saarlandes, aber auch die der persönlichen und kollektiven Freiheitsrechte zum alles bestimmenden Problem machte. Die Exekutive griff hart zu: äußerst strenge Grenzkontrollen der deutsch-saarländischen Grenze im Pkw- und Zugverkehr mit Leibesvisitationen, bei aufgedeckten Zollvergehen Beschlagnahme des Fahrzeuges und ähnliches mehr. Noch gravierender waren die Einschränkungen der politischen Betätigung, der Meinungs- und Pressefreiheit, die Bespitzelungen durch die politische Polizei. Verfolgungen, Verhöre, Hausdurchsuchungen, Inhaftierungen, Ausweisungen, Arbeitsplatzverluste im öffentlichen Dienst, Ausschalten der Opposition durch Nichtzulassen von Parteien (CDU-Saar, DPS-Saar), Auflösung unliebsamer Gewerkschaften (IV-Bergbau) und Presseverbot.

Die Präsenz der französischen Staatsmacht war ungleich stärker als in der übrigen französischen Besatzungszone. Der Hochkommissar (Grandval) bestimmte weitgehend Programm und Zusammensetzung der Parteivorstände. Er hatte ein Aufhebungsrecht gegen alle von der saarländischen Landesregierung erlassenen Verordnungen bzw. vom Parlament beschlossenen Gesetze. Er kontrollierte die französische und saarländische Polizei. Alle diese Vollmachten behielt der Hochkommissar auch noch nach den Pariser Saar-Konventionen von 1950.

Nicht zuletzt in der Personalpolitik bei staatlichen Einrichtungen machte sich der Einfluß Frankreichs geltend. Die »Mission diplomatique« an der Saar beschäftigte 1953 694 Beamte, in der Regierung in Paris waren weitere 20 Beamte mit Saarfragen beschäftigt. Ferner waren an der Saar ca. 1 000 Franzosen als Zollbeamte eingesetzt, 800 als Offiziere und Unteroffiziere, ferner 14 000 nichtbeamtete Franzosen, von denen die meisten einfache Soldaten waren. 200 Franzosen waren in Spitzenpositionen des Unterrichts- und Kulturwesens tätig, ca. 100 französische Staatsbürger hatten Spitzenfunktionen in der saarländischen Verwaltung und Polizei inne. (Das Saarland hatte damals 955 000 Einwohner.) In allen Bereichen des staatlichen und öffentlichen Lebens war das Beherrschungsprinzip der Franzosen dasselbe:

Besetzung der letztverantwortlichen Position mit einem Franzosen, Besetzung aller übrigen Leitungspositionen mit pro-französischen Saarländern.

Die Folge dieser Annexions- und Besetzungspolitik war die Vertreibung andersdenkender politischer Kräfte von der politischen Bühne. Erst dadurch entstand eine Opposition. »Opposition« hatte damals im Saarländischen eine andere Bedeutung als die uns heute vertraute. Als oppositionell galt alles, was sich nicht bis ins kleinste dem französischen Regime und seinen saarländischen Helfershelfern fügte. Der Gegenbegriff zu oppositionell hieß »lizenziert«. Oppositionelle wurden verfolgt und geächtet – trotz formal-demokratischer Institutionen. Lizenzierte Parteien waren – an erster Stelle – die CVP (Christliche Volkspartei), die mit dem Ministerpräsidenten Johannes Hoffmann an der Spitze von 1947 bis zum Ende der Epoche durch die Volksabstimmung 1955 die Landesregierung bildete und die konservativ-katholischen Wähler vertrat, und die SPS (Sozialdemokratische Partei Saar), die die Frankreichpolitik der Regierung Hoffmann unterstützte, zeitweise auch mit ihr koalierte, und einen großen Teil der Arbeiterschaft vertrat. »Oppositionell« waren vor allem die DPS (Demokratische Partei des Saarlandes, Schneider-Becker-DPS) und die KP-Saar. Verboten waren die CDU-Saar und die DSP-Saar (Deutsche Sozialdemokratische Partei-Saar).

Die Grenzziehungen waren aber nie eindeutig. Auch innerhalb der »lizenzierten« Parteien gab es anfangs kleinere, ab 1952 immer stärker werdende »oppositionelle« Kreise. Das auf den ersten Blick Verwirrende an der saarländischen Politik dieser Zeit ist ja, daß die Bürger die lizenzierten Parteien wählten, aber zu fast 70 Prozent eine oppositionelle Politik im Auge hatten, wie sich im Oktober 1955 herausstellte. Als sicher kann unterstellt werden, daß die französische Staatsmacht eine mehrheitlich gewählte oppositionelle Partei nicht als (Mit-)Regierungspartei akzeptiert hätte.

1950 führte die französische Regierung in Paris Verhandlungen mit Vertretern der saarländischen Landesregierung über eine »französisch-saarländische Konvention«, in der das beiderseitige Verhältnis auf allen wichtigen Gebieten vertraglich fixiert wurde. Der wichtigste Punkt daraus ist die Grubenkonvention, durch die sich der französische Staat faktisch den Besitz (Oberhoheit) des gesamten saarländischen Kohlebergbaus aneignete. Es wurden ein Grubenrat und eine Grubendirektion gebildet, die beide mehrheitlich mit Franzosen besetzt waren. Außerdem wurde der Saarbergbau bis hinunter auf die mittlere Funktionsebene stark mit Franzosen durchsetzt. Diese Saargrubenpolitik, die von vielen als Hauptmotiv der französischen Saarpolitik insgesamt angesehen wird, wurde dann auch der Anlaß für starke Erschütterungen in den und um die saarländischen Gewerkschaften.

1952 gab es erneut Verhandlungen zwischen Paris und Saarbrücken zur Revidierung der Saar-Konvention. Bedeutsam war aber, daß jetzt von vielen Seiten Vorschläge und Pläne zur völkerrechtlichen Lösung des Saarproblems gemacht wurden, die von einer Autonomie als eigener Staat, über eine»Europäisierung« verschiedenster Formen bis hin zum Anschluß an Frankreich reichten. Eine Verständigung zwischen der deutschen Bundesregierung unter Adenauer und der französischen Regierung schien in Sicht, als der Plan einer Europäischen Verteidigungsgemeinschaft (EVG) Gestalt annahm. Gerade die bundesdeutsche Regierung war für europäische Lösungen besonders offen. Diese hätten aber eine Vereinigung der europäischen Staaten zur Voraussetzung gehabt. Mit dem überraschenden Ausstieg Frankreichs aus dem EVG-Plan war auch diese Lösung zunächst gefährdet.

Im Oktober 1954 verhandelte dann in Paris die NATO-Konferenz mit der Bundesregierung über die Souveränität der Bundesrepublik und über deren Aufnahme in das westliche Verteidigungsbündnis. Parallel dazu liefen am Rande der Konferenz Verhandlungen zwischen Adenauer und Mendes-France über das Saarstatut. Durch die zeitliche Parallelität hatte Frankreich ein starkes Druckmittel in der Hand. Denn es war entschlossen, seine Unterschrift unter die»Lösung der deutschen Frage« so lange zu verweigern, wie die»Saarfrage« nicht gelöst war. Da Adenauer größtes Interesse an einer Integration der Bundesrepublik in das westliche System hatte, befürchteten viele von ihm zu große Nachgiebigkeit in der Saarfrage. Das Ergebnis dieser Verhandlungen war das»Saar-Statut«, das am 23. Oktober 1954 von beiden Regierungen unterzeichnet wurde. Sein Inhalt soll hier grob umrissen werden:

1. Die Saar wird einem europäischen Kommissar unterstellt (Kommissar der WEU [West-Europäische-Union]). Der Kommissar ist der WEU verantwortlich. Ihm obliegt die Außen- und Verteidigungspolitik. Der Kommissar vertritt das Saarland in den europäischen und internationalen Institutionen.

2. Für alle Angelegenheiten, die nicht ausdrücklich dem Kommissar übertragen werden, ist die saarländische Regierung selbst zuständig. Es herrschen Meinungsfreiheit und Zulassung aller Parteien, die auf dem Boden des Statuts stehen.

3. Die Währungs- und Wirtschaftsunion Frankreich-Saarland bleibt bestehen, ebenfalls die Gültigkeit der Saarkonventionen (vor allem auch der Grubenkonvention) von 1950.

4. Die Vertragspartner stimmen in der Absicht überein, daß zwischen der Bundesrepublik Deutschland und dem Saarland eine ähnlich enge wirtschaftliche Verbindung aufgebaut werden soll, wie sie zwischen Frankreich und dem Saarland schon besteht.

5. Über die Annahme dieses Statuts entscheidet die Bevölkerung des Saarlandes nach einem dreimonatigen fairen Wahlkampf, in dem alle Parteien zugelassen werden.

Am 23. Oktober 1955 fand die Volksabstimmung über das Saar-Statut statt. Drei Monate vorher, am 23. Juli 1955, wurde der Wahlkampf mit der Zulassung der oppositionellen Parteien eröffnet (»Tag der Freiheit«). Der Abstimmungskampf war außerordentlich heftig – was nicht verwunderlich ist angesichts der Tragweite der Entscheidung – und ließ bis in die Familien hinein noch lange Zeit Wunden zurück.

Für die Annahme des Statuts sprachen sich aus: Adenauer (was wahrscheinlich viele Saarländer zu einer Zustimmung bewegte, die sie sonst nicht gegeben hätten); die im Amt befindliche saarländische Regierung unter Hoffmann und wichtige Teile (aber nicht alle!) der Regierungsparteien bzw. Lizenz-Parteien CVP und SPS. Gegen die Annahme sprachen sich die »oppositionellen« Parteien aus, große Teile der Gewerkschaften (besonders der IV-Bergbau), Teile der Unternehmerschaft (zum Beispiel die Industrie- und Handelskammer), Teile der katholischen Kirche. Daraus wird ersichtlich, daß keine große Institution von der Gespaltenheit in dieser Frage ganz verschont gewesen ist.

Die Wahlbeteiligung lag bei 97 Prozent. Mehr als zwei Drittel der Abstimmenden lehnten das Statut ab. Daraufhin fanden im Oktober 1956 neue deutsch-französische Verhandlungen über die volle Eingliederung des Saarlandes in die Bundesrepublik Deutschland statt, bei denen das »Röchling-Problem« (Besitzfrage) sich als eine der letzten Schwierigkeiten herausstellte. Als Termin der politischen Eingliederung wurde der 1. Januar 1957 festgelegt. Der wirtschaftliche Anschluß wurde auf einen unbestimmten Tag X vor dem 31. Dezember 1959 verschoben. Anschließend verabschiedete der neu gewählte saarländische Landtag im Dezember 1956 eine Beitrittserklärung zum Geltungsbereich des Grundgesetzes und eine Serie von Angliederungsgesetzen, unter anderem auch eines zur Übernahme des Mitbestimmungsgesetzes von 1951 und des Betriebsverfassungsgesetzes von 1952. Am 1. Januar 1957 wurde das Saarland »wieder deutsch«. Die Auflösung der Währungs- und Wirtschaftsunion mit Frankreich wurde nach einer längeren Übergangszeit im Juli 1959 vollzogen.

2. Entwicklung und Probleme der saarländischen Schwerindustrie

Das saarländische Industriepotential beruht auf dem Kohlevorkommen. Seitdem die Nachfrage nach Kohle für die Energiegewinnung (Dampfmaschinen) und als Kokskohle im Verhüttungsprozeß in der Mitte des 19. Jahrhunderts sprunghaft anstieg, entstand an der Saar ein Schwerindustriekomplex. Die Entwicklung verlief bis zum Anfang dieses Jahrhunderts ganz ähnlich dynamisch wie im rheinisch-westfälischen Industriegebiet. Diese günstige Situation änderte sich aber in den Jahren vor dem Ersten Weltkrieg. Es entstand ein ganzes Bündel sich verstärkender Struktur- und Wachstumsprobleme, die die Wettbewerbsfähigkeit der Montanregion Saar verschlechterten und die in keiner der folgenden Perioden gelöst werden konnten. In Zeiten nachlassender Stahlnachfrage konnte die Saar ohne staatliche Unterstützung nicht überleben. Diese Strukturprobleme offenbarten sich in voller Schärfe erstmals am Anfang der »Völkerbund«-Zeit, weshalb diese Periode etwas ausführlicher behandelt wird[2].

Die Saarhütten nutzten im letzten Drittel des 19. Jahrhunderts das billigere und transportgünstig gelegene lothringische Eisenerz (Minette), das aber nur einen geringen Eisengehalt und hohe Anteile an Phosphor und Schwefel hat und sich nicht für das damals entstandene Bessemer-Verfahren eignete, das die Stahlproduktion in bis zu diesem Zeitpunkt unvorstellbarer Größenordnung und in guter Qualität ermöglichte. Das Ende der Saarhütten war abzusehen. Nur der glückliche Umstand der Erfindung des Thomas-Verfahrens, das die Stahlerzeugung auch mit phosphorreichem Roheisen erlaubte, sicherte ihr Überleben. Aber auch bei diesem Verfahren hatte die Saar gegenüber den Konkurrenten produktionstechnische Nachteile, weil die gestiegenen Konverterkapazitäten größere Hochofenkapazitäten verlangten. Der Saarkoks besaß aber zu wenig Tragfähigkeit, um die Last größerer Erzmassen zu tragen. Auch bei der Anwendung des später erfundenen Siemens-Martin-Verfahrens, durch das nochmals erheblich verbesserte Stahlqualitäten erzeugt werden konnten, hatte die Saar Nachteile, weil zu diesem Verfahren hochwertige Kohle, die es an der Saar nicht gab, und ein hoher Schrottanteil, der im kleinen Saarland kaum aufzutreiben war, erforderlich waren. Die Anwendung der Siemens-Martin-Öfen verbreitete sich deshalb im Saarland viel langsamer und später und war mit höheren Kosten verbunden. 1913 betrug der Siemens-Martin-Anteil an der Stahlproduktion der Saar 16 Prozent, im Deutschen Reich 40 Prozent. Diese produktionstechnisch-geologischen Probleme legte die Saarindustrie auf die Produktion von Massenstahl (Profilstahl) fest. Die Folge war, daß sich im Revier keine weiterverarbeitende Industrie, wie Maschinenbau und eisen- und blechverarbeitende Industrie, die auf Qualitätsstahl angewiesen sind, angesiedelt hat.

Hinzu kam die ungünstige Verkehrslage. Die Einfuhr von hochwertigem schwedischem Eisenerz war deshalb zu teuer. Die rheinisch-westfälischen Industriellen hintertrieben politisch den Wasserstraßenausbau (Saar-Mosel-Kanal), um sich sowohl bei der Rohstoffbeschaffung wie beim Absatz die saarländische Konkurrenz vom Halse zu halten. Unter diesen Voraussetzungen fuhren Stumm und Röchling eine Strategie der produktionstechnischen Regionalisierung, das heißt, sie versuchten aus dem, was die Region und ihre unmittelbare Nachbarschaft bot, das Beste zu machen. Sie erzielten Rationalisierungen im Transport- und Energiebereich durch eine effektivere Standortwahl. Anstatt wie bisher die Minette, darin enthalten 70 Prozent nutzloser Steine, an die Saar zu transportieren, verlegten sie die Roheisenphase auf die lothringischen Erzfelder. Sie kauften Erzminen, errichteten dort moderne Hochofenanlagen, beschickten diese größtenteils mit hochwertiger Ruhrkohle und kauften zu diesem Zweck Ruhrzechen. Das Roheisen transportierten sie in die Saarhütten (was erst durch die Erfindung dafür tauglicher Transportbehälter möglich wurde) und verarbeiteten es dort zu Stahl und Walzprodukten. Dabei nutzten sie durch Eigenerfindungen den hohen Gasanteil des Minette-Roheisens für den energieintensiven Antrieb der Walzwerke. Ihr Konzept bestand darin, zwar lediglich Massenstahl herzustellen, dies aber – durch Standortkombinationen – kostengünstig. Bald stellte sich die Standortfrage grundsätzlich: Verlegung auch der Stahlbetriebe (Stahlwerk und Walzstraßen) nach Lothringen oder Ausbau der Hochofenkapazitäten an der Saar. Die wirtschaftlichen Daten sprachen für Lothringen. Nur die politische Erwartung während des Ersten Weltkrieges, daß Ostlothringen möglicherweise nicht auf Dauer zum Deutschen Reich gehören würde, ließ sie davon Abstand nehmen. Bis 1918 konnten sie ihre Wettbewerbsfähigkeit gegenüber dem Rhein-Ruhr-Revier durch den rationellen Standortverbund und durch wesentlich niedrigere Löhne aufrechterhalten.

Ein weiteres strukturelles Problem war die unternehmenspolitische Konstellation an der Saar. Die drei größten der fünf Hütten (Neunkirchen, Völklingen und Burbach) hatten das gleiche Produktprogramm, das zudem nur eine geringe Fertigungstiefe besaß, so daß sie stets nur als Konkurrenten untereinander auftreten konnten. Die Unternehmen hatten keine langfristige Wettbewerbsstrategie. Es fand weder eine Kooperation noch eine Spezialisierung statt, so daß man sich den Weg zu notwendigen Kostendegressionen verbaute. Als sehr nachteilig erwies sich ferner, daß die Hütten in Familienbesitz waren, während sich an der Ruhr Großkonzerne mit hoher Finanzkraft, kostensparender Kooperation und großer Fertigungstiefe gebildet hatten. Der Familienbesitz stellte sich im Schwerindustriebereich als überholt heraus. Die Unternehmenseinheiten waren zu klein. Allein Krupp produzierte 20 Prozent mehr Stahl als alle Saarhütten zusammen. Die zu geringe Finanzkraft der Unternehmerfamilien führte zu einem zögerlichen Investitionsverhalten; es wurde zu wenig und zu spät investiert. Die Arbeitsproduktivität lag ca. 30 Prozent unter der an Rhein und Ruhr, der Lohnkostenanteil pro Tonne Stahl wegen der rückständigen Technik erheblich höher. Nur durch die Stahl-Schutzzoll-Politik des Deutschen Reiches und durch den Beitritt der Saarländer zum deutschen Stahlkartell konnten die rationalisierungshemmenden Unternehmensstrukturen noch einige Zeit verdeckt bleiben. Krisenperioden mußten die Saarhütten besonders stark treffen.

Auch der Saarbergbau hatte eine ungünstige Wettbewerbsstruktur. Aufgrund der geologischen Lagerung waren die Förderkosten höher als an der Ruhr. Durch die schlechte Verkehrsanbindung war der Absatzradius geringer. Das Wohl und Wehe der Saarkohle war an die Hütten gebunden (umgekehrt hingen die Hütten am Faden des Saarkohlepreises, um den hart gerungen wurde). Vor allem gelang es den Saarbergwerken nicht, wie an Rhein und Ruhr eine chemische Großindustrie auf Kohlebasis aufzubauen. Wegen der relativ geringen Bevölkerungs- und Industriegröße an der Saar bestand auch nicht die Möglichkeit einer weiteren Absatzförderung durch Verstromung.

Mit diesen Strukturschwächen und ohne die Kapitalanlage auch nur einer einzigen reichsdeutschen Mark ging die Saarindustrie in die wirtschaftspolitisch ungewisse Zeit der Einbindung in das französische Wirtschaftsgebiet und damit der Unterordnung unter französische Industrieinteressen in der Völkerbundzeit. Der französische Staat glaubte an eine Stärkung seiner Wirtschaftskraft durch das Saarpotential. Er übernahm selbst die Saarbergwerke und ermunterte die französischen

Stahlindustriellen durch günstige Konditionen die Saarhütten zu übernehmen. Die Industriellen waren aber nicht begeistert. Die beiden größten und finanzstärksten unter ihnen engagierten sich mit keinem Franc an der Saar, so daß auch das große französische Geld fehlte.

Das Neunkircher Eisenwerk der Gebrüder Stumm war 1920 finanziell so geschwächt, daß es bereitwillig 60 Prozent der Anteile an das französische Stahlunternehmen »Nord et Lorrain« abtrat, das aber nur geringfügiges Kapital einbrachte und seine Entscheidung bald bereute. Die Halberger und Dillinger Hütte, die mehrheitlich zu Stumm gehörten, gingen in französischen Besitz über. Die Burbacher Hütte kam zur luxemburgischen ARBED. Nur Röchling war nicht verkaufsgeneigt. Als verurteilter Kriegsverbrecher nahm er allem Französischen gegenüber eine brüsk ablehnende, übertrieben stolze Haltung ein und schadete sich damit oftmals selbst und der deutschen Nachkriegsdiplomatie.

Zu diesem Problem der Saarhütten traten nun noch die politisch bedingten Schwierigkeiten hinzu, also die Konkurrenz auf dem französischen Markt mit der lothringischen und der luxemburgischen Stahlindustrie, die ebenfalls fast ausschließlich Massenstahl produzierten. Außerdem verlor die Saar ihr »natürliches« und traditionelles Absatzgebiet, den süddeutschen Markt, auf dem sie vorher 70 Prozent ihrer Erzeugnisse abgesetzt hatte. Bald stellte sich heraus, daß Frankreich mit der Saar Überkapazitäten an Stahlproduktion hatte. Es hatte sich keine Stärkung, sondern ein Problem eingekauft. Das gleiche galt übrigens mit Abwandlungen auch für die Kohle. Die französischen Industriellen wie auch der Staat verloren das Interesse an der Saarindustrie bzw. hatten es von Anfang an nicht. Folglich wurde die Saar stiefmütterlich behandelt. Man tat kaum etwas zur Stärkung und zum Aufbau der Unternehmen. Es flossen nur geringe Investitionsmittel in die Region, wogegen in Lothringen kräftig investiert wurde. Dennoch konnten sich die Saarhütten bis 1923 gut behaupten. Sie profitierten von dem Umstand der dualen Währung im Saargebiet. Ihre Ausgaben bezahlten sie in inflationärer Reichsmark, die Einnahmen flossen in stabilerem Franc. Darüber hinaus hatten sie den Vorteil, daß ihnen von den Alliierten die vereinbarte Zollschranke zu Deutschland immer wieder gestundet wurde. Als ab 1922 die Stahlnachfrage zurückging und vor allem nachdem 1923 der Franc als alleinige Währung an der Saar eingeführt wurde, gerieten die saarländischen Hütten in eine schwere Liquiditätskrise. Sie waren sämtlich mit zu wenig Kapital ausgestattet. Von da an bettelten die Stumms und Röchlings immer wieder in Berlin um verbilligte Kredite und Bürgschaften. Röchling erhielt sie mehrmals in großer Höhe aus politischen Gründen, weil er eine entschieden prodeutsche Position vertrat. Die Stumms dagegen erhielten sie nicht, weil das Unternehmen mehrheitlich in französischer Hand war. Röchling verwandte 90 Prozent der Kredite aber nicht zur Sanierung seiner Saarhütte, sondern zur Expansion seiner reichsdeutschen Unternehmungen. 1924 spitzte sich die Lage in Völklingen so zu, daß Röchling die Hütte kurzerhand schloß, um die deutsche Regierung für die Gewährung weiterer Kredite unter Druck zu setzen. Als Zeitpunkt für seine Kreditwünsche wählte er öffentlichkeitswirksam fast immer den Termin der Völkerbundversammlung in Genf. Zur selben Zeit war auch das Neunkircher Eisenwerk am Ende. Die Stumms suchten für ihren Anteil von 40 Prozent einen Käufer, fanden aber lange keinen – weder der deutsche noch der französische Staat wollten sich beteiligen –, bis der Kölner Stahlhändler Otto Wolff die Anteile kaufte. Sein Stahlhandel war durch eigenständige Vermarktungsorganisationen der Ruhr-Konzerne unter Druck geraten. Durch eine eigene Produktionsbasis wollte er seinen Handel im süddeutschen Raum konsolidieren. Wolff bewahrte durch den Kauf Neunkirchen vor dem Ruin.

Nur die Dillinger Hütte unterschied sich damals von den Stahlproblemen an der Saar. Zwar war auch sie in Liquiditätsschwierigkeiten geraten. Ihre französische Besitzergruppe erhöhte aber das Kapital und investierte auf der Grundlage eines langfristigen Flachstahlkonzepts. Ihre Zukunftsaussichten waren daher von allen Hütten die besten.

Festzuhalten ist, daß sich in der Völkerbundzeit die Strukturprobleme der saarländischen Schwerindustrie eher verstärkten, als daß sie geringer wurden. Ihre technischen Anlagen waren im Vergleich zur Konkurrenz veraltet, die Arbeitsproduktivität war niedrig. Es fehlten ein vorausschauendes Produktions- und Absatzkonzept und eine Unternehmensverflechtung. Das Unternehmerverhalten orientierte sich traditionell und rationalisierungsscheu an der eingefahrenen Massenstahlbasis. Das bornierte unternehmenspolitische Imperiendenken der Stumms und Röchlings verhinderte jegliche Kooperation. Ein weiterer, sehr gravierender Punkt war, daß die beiden Unternehmer ihr Geld nicht in die kapitalarmen Saarhütten steckten. Die Stumms und die Röchlings hatten von der deutschen Reichsregierung für ihre Reparationslasten (den Verlust ihres lothringischen Besitzes) hohe Entschädigungsgelder bekommen. Diese legten sie außerhalb des Saarlandes an. Die Stumms kauften sich einen bunt gewürfelten Besitz im ganzen Deutschen Reich zusammen. Röchling kaufte die Maxhütte bei Rosenheim und Buderus

Wetzlar. Die Saar ging leer aus und war existenzgefährdet. Die Rettung für die Saarhütten bestand 1925/26 darin, daß der deutsche Stahlverband sie in sein Stahlkartell aufnahm, wodurch der Weg für eine europäische Lösung, nämlich die Gründung der »Internationalen Rohstahlgemeinschaft« mit Kontingentierungen und Preisvorgaben frei wurde. Durch diesen Schritt erholten sich die Saarhütten.

Als die Weltwirtschaftskrise hereinbrach, profitierte die Saar von der Einbindung in das französische Wirtschaftsgebiet, das weniger als das deutsche von der Krise betroffen war. Die Entwicklung nach 1935 (das Saargebiet kam zu Deutschland) war geprägt durch die konsequente Einbeziehung in Hitlers Rüstungsindustrie. Die wirtschaftliche Entwicklung nach 1945 wurde durch die Kontinuität der alten Strukturprobleme bestimmt. Die französische Saarstahlpolitik war jetzt aber noch uninteressierter als in den zwanziger Jahren, vor allem aber auch staatlich gelenkt. Frankreichs Interesse konzentrierte sich auf die Saarkohle.

Die Hütten wurden nach 1945 im Auftrag des Staates durch Zwangsverwalter geleitet. Der Staat hatte – wohl aufgrund früherer Erfahrungen – nicht mehr die Erwartung, daß seine Wirtschaft vom Saarstahl, außer als Konjunkturpuffer, profitieren könnte. Bis 1950 hieß das: Schutz der eigenen Stahlindustrie durch drastische Drosselung der Saarstahlproduktion. Ab 1950 wurde dann aufgrund der steigenden Weltnachfrage nach Stahl während des Korea-Krieges die Produktion durch Intensivierung des Ausnutzungsgrades der vorhandenen Kapazitäten auf den höchsten Stand ihrer Geschichte hochgefahren. Es wurde aber nicht in neue Techniken investiert, und es wurde keine Unternehmensverflechtung eingeleitet. In der Zeit von 1946 bis 1953 investierte Frankreich in die eigene Stahlindustrie 440 Milliarden Francs, in die Saarstahlindustrie 20 Milliarden, wovon das meiste Ersatzinvestitionen waren. Technisch waren die Saarhütten, als sie 1959 in das deutsche Wirtschaftsgebiet eingegliedert wurden, auf dem Stand der zwanziger Jahre. Ein Jahr später war Röchling angeschlagen und suchte einen Käufer. Die Familie zog große Teile ihres Kapitals für lukrativere Geschäfte außerhalb der saarländischen Stahlindustrie ab.

In den sechziger Jahren konnten sich die Hütten aufgrund des aufnahmefähigen deutschen Marktes über Wasser halten. Jetzt wurden auch dringend notwendige Investitionen durchgeführt. Die durch Massenstahl, fehlende Verflechtung und geringe Weiterverarbeitung gekennzeichneten Strukturprobleme blieben aber dieselben. Sie wurden jetzt auch zunehmend klarer von den Verantwortlichen in den Unternehmen und in der Politik erkannt. Dennoch wurden keine Konsequenzen daraus gezogen – außer daß immer wieder das isolierte Problem der Verkehrsanbindung durch Wasserstraßenausbau politisiert wurde. 1971 erfolgte eine »kleine Bereinigung« dadurch, daß Röchling 50 Prozent seiner Anteile an die ARBED Luxemburg verkaufte, die dann ihre Burbacher Hütte in das Unternehmen (Stahlwerke Röchling-Burbach) einbrachte.

Als Mitte der siebziger Jahre die große Stahlkrise hereinbrach, schlug sie auf die Saarhütten besonders stark durch. Nur die Dillinger Hütte, die Flachstahl herstellt, blieb fast gänzlich davon verschont. Wie Anfang der zwanziger Jahre war es wieder das Neunkircher Eisenwerk, das als erstes hart betroffen wurde. Der Stumm-Konzern brach zusammen und bot seine Anteile zum Verkauf an. Auch Otto Wolff von Amerongen wollte seine Haut durch Verkauf seiner Anteile retten. Es fand sich aber kein branchenerfahrener Käufer. 1977 kaufte schließlich die Hamburger Mineralölgesellschaft Mabanaft aus Abschreibungsinteressen die Hütte. In einem Crash-Programm legte das Unternehmen Kapazitäten still und baute Personal ab. 1979 übernahm schließlich die ARBED das Neunkircher Eisenwerk und gliederte es als Tochtergesellschaft den Stahlwerken Röchling-Burbach an, nachdem sie ein Jahr vorher auch die restlichen 50 Prozent Röchling-Anteile übernommen hatte. 1982 wurde die Vollfusion von Völklingen, Burbach und Neunkirchen zur ARBED-Saarstahl GmbH vollzogen. Diese Besitzveränderungen waren Bestandteil des 1978 in Angriff genommenen Restrukturierungsprogramms der gesamten Stahlindustrie an der Saar, das in Kooperation zwischen Bundes- und Landesregierung, den Gewerkschaften (IG Metall, DGB) und den beiden Unternehmen ARBED und Dillinger Hütte zustandekam und erstmals ein ökonomisch sinnvolles Strukturkonzept enthielt. Der produktionstechnische Teil des Programms sah eine Bereinigung zwischen den Standorten Völklingen, Burbach, Neunkirchen und Dillingen vor. Die Roheisenerzeugung sollte in einer gemeinsamen Tochtergesellschaft (ROGESA) der beiden Unternehmen in Dillingen konzentriert werden. Die Dillinger Hütte brachte ihre Hochofenanlage in die neue Gesellschaft ein, ein weiterer Hochofen sollte neu gebaut werden. Die Roheisenanlagen der anderen Hütten, die gerade erst mit hohen Kosten modernisiert worden waren, wurden zurückgefahren bzw. stillgelegt. Die Stahlwerksproduktion für die saarländischen ARBED-Standorte konzentrierte sich auf das neu errichtete Blasstahlwerk in Völklingen; in Neunkirchen blieben nur noch zwei Walzstraßen übrig.

Eher gedrängt durch die Ereignisse als aus vitalem unternehmerischem Interesse gewollt, fiel die Hauptrolle bei der seit Generationen längst fälligen Verflechtung der Saarstahlindustrie dem luxemburgischem Konzern ARBED zu. Unter seinem Dach wurde die Restrukturierung erst möglich. Aber der selbst unter der Krise leidende ausländische Konzern konnte sich für seine saarländische Tochter nicht in gleicher Weise engagieren wie für seine luxemburgischen Stammwerke, so daß die Frage einer erneuten Veränderung der Besitzverhältnisse offen blieb. Die Hauptkosten der Restrukturierung trug mit mehr als drei Milliarden Mark der Staat in Form von direkten Beihilfen des Bundes und des Landes. Saarstahl wurde zum größten Subventionsempfänger der deutschen Wirtschaftsgeschichte. Die Größenordnung der benötigten Hilfen rührte neben den Restrukturierungsinvestitionen (ROGESA, Blasstahlwerk, Zentralkokerei) und den Sozialplankosten aus der Budgetbelastung durch vorausgegangene Fehlinvestitionen. Noch unmittelbar vor der Restrukturierung hatten die Stahlwerke Röchling-Burbach in Burbach einen neuen Hochofen errichtet und das Neunkircher Eisenwerk seinen Hochofen grundlegend modernisiert. Beide Hochöfen wurden nicht mehr bzw. nur noch kurze Zeit in Betrieb genommen.

Durch die produktionstechnische und unternehmenspolitische Restrukturierung wurde Saarstahl gegenüber seinen mitteleuropäischen Konkurrenten im Profilstahlbereich damit wieder konkurrenzfähig. Die Zukunftsaussichten hängen allerdings davon ab, ob insgesamt der Markt für Massenstahl sich wieder konsolidiert.

3. Sozialgeschichte der Arbeiterschaft und der Unternehmerherrschaft

Die Sozialstruktur an der Saar war durch die Besonderheit geprägt, daß trotz konzentrierter Industrialisierung in den Grundstoffindustrien keine Arbeiterschaft entstanden war, die gegen die feudalähnlichen Herrschaftsverhältnisse in den Unternehmen und die damit verbundene Beschränkung ihrer Lebensformen im außerbetrieblichen sozialen Leben aufbegehrte. Bis zur Mitbestimmungsära trugen die sozialen Strukturen noch weitgehend Merkmale frühindustrieller Autoritätsgebundenheit. Wo die Ergebenheit gegenüber Werten und Autoritäten noch intakt ist, kann eben kein Wille zur gleichberechtigten Beteiligung an der Herrschaft entstehen.

Die Ursachen dafür sind durch die Entwicklung der Region bedingt.

Die Hütten und der Bergbau konnten zu jeder Zeit der Industrialisierung ihren Bedarf an Arbeitskräften aus der ländlichen Bevölkerung des Saarlandes und der angrenzenden Gebiete des Hunsrücks, der Mosel und der Westpfalz befriedigen. Die Dörfer im Saarrevier weiteten sich zu Arbeitersiedlungen aus, in denen Reste landwirtschaftlicher Betätigung (ein paar Kühe oder Ziegen und die Bewirtschaftung eines kleinen Stücks Land) überlebten. Die Anrainer kamen als Tages- oder Wochenendpendler in die Schlafhäuser der Gruben und Hütten und blieben an die Lebensformen ihrer Heimatdörfer gebunden. Das bedingte eine große Seßhaftigkeit und soziale Kontinuität der Arbeiterschaft. Das Saarland wurde kein Schmelztiegel. Die Anpassung an die Lohnarbeiterexistenz erfolgte schrittweise über mehrere Generationen – sozusagen »mit Netz«: Die Verbindung mit den Sicherheit gebenden Wurzeln war nie ganz gekappt.

Die Industrialisierung war nicht mit einem radikalen Bruch mit den traditionellen Institutionen, Kultur- und Lebenswelten verbunden. Sie vollzog sich im Rahmen der überkommenen sozialen Ordnungen, die wiederum geschmeidig genug waren, sich auf das Neue, nämlich »die Arbeiterfrage«, einzulassen. Insbesondere die katholische Kirche behielt in dem überwiegend katholischen Saarland ihre prägende Bedeutung, ja vergrößerte sie sogar noch sehr erfolgreich dadurch, daß sie sich den Problemen der Arbeiter öffnete und durch eine eigene Arbeiterbewegung zu einer dominierenden sozialgestalterischen Kraft wurde.

Die katholischen Arbeitervereine waren die erste kollektive Organisationsform der Arbeiter. Sie hatten stets großen, bis in die zwanziger Jahre sogar den größten Einfluß in der Arbeiterschaft. Noch bis weit in die Mitbestimmungsära hinein organisierten sie die Hälfte der Beschäftigten. Die Freien Gewerkschaften konnten überhaupt erst nach 1918 Fuß fassen. Mit dem flexiblen Überleben der alten Ordnung korrespondierte freilich auch das politische Verhalten der Arbeiter. Bis 1918 wählten sie fast ausschließlich und nach 1945 überwiegend Abgeordnete der christlichen Partei. Nur in der Völkerbundzeit konnten Sozialisten und Kommunisten zeitweise in einigen Industriestandorten die Mehrheit erringen. Kurzum: Die Kirche blieb im Saarland im (Arbeiter-)Dorf.

Ein weiterer Grund für die Sonderentwicklung der saarländischen Arbeiterschaft rührt aus der Verteilung des industriellen Besitzes und der darauf basierenden besonderen Form der Unternehmerherrschaft. Der Industriebesitz lag in den Händen von nur drei Unternehmern, die sozial und politisch das Saarland wie Imperien beherrschten: den beiden

Hüttendynastien der Stumms (Neunkirchen) und Röchlings (Völklingen) und den von jeher staatlichen (preußischen) Saarbergwerken. Die kleineren Eisenwerke Halberg, Burbach und Dillingen waren anfangs Bestandteil der Stummschen Dynastie; als sie 1918 in französische Hände übergingen, behielten die alten Herren noch maßgebliche Anteile. Die Stumms und die Röchlings haben in ihrem Einflußbereich eine Sozialordnung geschaffen, deren politische Entmündigung und fürsorglicher Patriarchalismus selbst für die gewiß patriarchalischen deutschen Verhältnisse vor 1918 beispiellos und daher weit über die saarländischen Grenzen hinaus berüchtigt waren.

Über das Stummsche Sozialmodell schreibt der Wirtschaftshistoriker Graf Schwerin von Krosigk: »Stumm sah sich als Vorgesetzter seiner Arbeiter in einem fast soldatischen Verhältnis. Er nahm seine Fürsorgepflicht ernst. Die Wohlfahrtseinrichtungen in Neunkirchen von der Kleinkinderschule bis zur Sterbekasse waren vorbildlich. Leidenschaftlich wandte er sich gegen die Fiktion des ›vierten Standes‹. Ihm war es ernst, wenn er sagte: ›Niemals werde ich zugeben, daß der Arbeiter aus einem anderen Stoff bestehe oder weniger Wert habe als ein Kommerzienrat oder Minister.‹ Aber er forderte unbedingten Gehorsam von allen, die in seinem Betrieb arbeiteten. Es war der gleiche Anspruch, wie ihn der sozial eingestellte ostelbische Junker stellte, der patriarchalisch für seine Leute sorgte, dafür aber auch erwartete, daß sie seiner politischen Richtung folgten. Wer es etwa wagte, Sozi zu wählen, war die längste Zeit geblieben. Bei Stumm gab es keine Freiheit politischer Ansichten und Betätigung. Ein Stummscher Arbeiter zu sein, bedeutete Sicherung der Existenz auf Kosten der persönlichen Freiheit. 1877 (Jahre vor dem Bismarckschen) wurde das Sozialistengesetz der Saarindustrie erlassen. Es verbot den Arbeitern, an sozialdemokratischen Veranstaltungen teilzunehmen. Stumm ging bei seinen Werken sogar noch ein Stück weiter und verbot auch, das Neunkircher Tageblatt zu halten. An dieser Maßnahme war (für seine Kohlegruben) auch der Fiskus beteiligt. Um die aufkommende Empörung zu beschwichtigen, beauftragte der neue Reichshandelsminister Maybach den Regierungspräsidenten, Saarbrücken zur Zurücknahme des Verbots zu veranlassen. Stumm verließ das Komitee (des Reichstags für Soziale Fragen). Als in den scharfen Auseinandersetzungen des Reichstags um diese Ereignisse Bismarck den Handelsminister deckte, zog sich Stumm vom öffentlichen Leben zurück.«[3]

Wenn ein Arbeiter heiratete, mußte er sich zuvor das Plazet des Herrn Stumm zu der Verbindung holen. Die Angestellten mußten die Briketts zum Heizen der Büros von zu Hause mitbringen. Stumms Diktat war allgegenwärtig, sogar in Neunkircher Kneipen, in denen er durch Spitzel für »Ordnung« sorgte. Carl Ferdinand Stumm war als »König des Saarlandes«, wo er in seinem Unternehmen seine Ideen verwirklicht hatte, und zugleich als Reichstagsabgeordneter von 1867 bis zu seinem Tode 1901 einer der prominentesten politischen Köpfe der deutschen Schwerindustrie. (Durch ihn hatte das Saarland eine gesamtdeutsche Wirkung.) Er war in dieser Zeit, in der es um die politische Antwort auf die »Arbeiterfrage« ging (Bismarcksche Sozialversicherung, Sozialistengesetze), als Reichstagsmitglied von Saarbrücken und als Mitglied in den entscheidenden Enquetekommissionen zur Arbeiterfrage und Sozialpolitik und zudem als persönlicher Vertrauter Kaiser Wilhelms II. zeitweise der politische Hauptvertreter der Industrie im Deutschen Reiche. 1892 besuchte ihn der Kaiser auf Schloß Halberg. 1894 brachte er die »Umsturzvorlage« ein, gegen die sich Reichskanzler Caprivi bis zu seinem Sturz energisch gewehrt hat. Dieser als »Lex Stumm« bekanntgewordene Gesetzentwurf war das kürzeste aller Reichsgesetze. Stumm hatte ihn so formuliert: »§ 1. Der Sozialdemokratie wird das aktive und passive Wahlrecht entzogen. § 2. Die Agitatoren werden ausgewiesen oder interniert.« Dieser Entwurf, der auch als »Staatsstreichaktion« bekannt wurde, scheiterte, weil ihm selbst die Konservativen die Zustimmung verweigerten.

Was die politischen Freiheiten der Arbeiter betraf, war Stumm der reaktionärste Politiker des Reiches. Was die Fürsorge für die Arbeiter anbelangte, war er dagegen vielen Unternehmern voraus. 1889 veranlaßte er im Reichstag die Einführung der Witwen- und Waisenrente. Wegen dieses Zwiespalts galt er als einer der umstrittensten Politiker. Er wurde stets von zwei Seiten angegriffen — von den Linken als Scharfmacher, von den Wirtschaftsliberalen wegen »superhumaner« Ideen. Es konnte nicht ausbleiben, daß ein solcher Mann zur Zielscheibe des Angriffs gegen Reaktion und Scharfmacherei wurde. Sprach man im Deutschen Reich über den Herr-im-Hause-Standpunkt, wurde als Beispiel der Hausherr von Halberg genannt. Der Pastor Hermann Kröschke in Sangershausen griff in einer Broschüre den Freiherrn von Stumm als Inbegriff dessen, was als verderblich in Deutschland erschien, mit beleidigenden Worten an und wurde von der protestantischen Kirchenleitung entlassen. Die innen- und sozialpolitische Ära von 1895 bis 1900, in der aus Enttäuschung über die nicht eingetretene Regierungstreue der Arbeiterschaft, die Ziel der Bismarckschen Sozialgesetze war, die »Reaktion« dominierte, wird als »Ära Stumm« bezeichnet (Schwerin von Krosigk). Der große deutsche Soziologe Max Weber verurteilte als Nationalliberaler auf dem Mannheimer Parteitag der SPD die Stummschen Praktiken in Neunkirchen. Der Soziologe Leopold von Wiese schloß seine Würdigung der »stürmischen Gewalt der großen Persönlichkeit« (Stumm) mit den Worten: »So wünsch ich mir alle Feinde.«

Für das Saarland waren diese großen Kämpfe des und um den Herrn von Stumm im Deutschen Reich unerheblich: Es lebte längst nach seinem reaktionären Gesetz, das er dem ganzen Reich aufzuzwingen versuchte.

Dieses Gesetz galt auch bei den Röchlings. Es bestand letztlich aus der Vorstellung und dem Willen, eine spätfeudale Ordnung ostelbischer Prägung, wie sie in der eigentlichen feudalistischen Zeit unter den Fürsten im vergleichsweise liberalen Saarland und in allen westlichen Reichsteilen nie geherrscht hatte, durchzusetzen. Sie war vergleichbar nur mit dem ostelbischen Junkersystem. Sie stand den Tendenzen sozialer Entwicklung im Industriezeitalter diametral entgegen. Ihre Elemente waren: Kontrolle des gesamten Lebensbereichs – nicht nur den der Arbeit; politische Entmündigung; bei Wohlverhalten Schutz vor Vernichtung der Existenz durch Ernstnehmen der Fürsorgepflicht. Die vorherrschende Kapitalistenhaltung gegenüber den Arbeitern im letzten Jahrhundert war das Manchestertum: die Leugnung und Zerstörung sozialer Bindungen zwischen Herren und Knechten, was eine soziale Voraussetzung der politischen Freiheit der Arbeiterschaft wurde. Die Stumms und Röchlings dagegen schufen mit Erfolg eine neue – wenngleich überaus unzeitgemäße – soziale Ordnung und verzögerten damit die Entstehung einer selbstbewußten Arbeiterschaft um fünfzig Jahre. Man darf bei aller Merk- und Fragwürdigkeit dieser Ordnung – aus heutiger Sicht – nicht übersehen, daß sie funktionierte, und das heißt: Legitimität besaß. Sie wurde von der Mehrheit der Arbeiter akzeptiert, was bis in die Zeit nach dem Zweiten Weltkrieg nachwirkte. Als Hermann Röchling 1947 von den Franzosen als Kriegsverbrecher in Rastatt eingekerkert wurde, schickte eine Gruppe von Völklinger Rentnern eine von vielen anderen Rentnern unterschriebene Petition an den französischen Militärgouverneur: Er solle Röchling freilassen und sie selbst an seiner Stelle einkerkern. Als Röchling, der seit 1905 das Unternehmen regiert hatte, 1955 im Exil starb, ohne nach 1945 saarländischen Boden wieder betreten zu haben, gelobte eine Arbeiterdelegation feierlich am Grab, seine Gebeine in die saarländische Heimat zurückzuholen. Dies waren die Ordnungen und Bindungen, auf die 1958 die paritätische Mitbestimmung gepflanzt wurde.

Wir haben bei Röchling einige alte Arbeiter befragt, die dort nach 1945 bis zur Mitte der siebziger Jahre geschafft und bei der Einführung der Mitbestimmung eine bedeutende Rolle gespielt haben. Sie gaben uns einen anschaulichen Einblick in das Leben der Röchling-Arbeiter, aufgrund dessen man erst angemessen die heutigen Verhältnisse würdigen kann: »Man muß das ja sehen aus der Perspektive der Hierarchie, die hier war, das patriarchalische System. Wie sah es denn zu der Zeit aus? Es gab einen strammen Führungskader vom Vorarbeiter über den Meister bis zum Kommerzienrat Hermann Röchling, und die haben unbeeinflußt von einem Arbeitgeberverband und Gewerkschaften die anstehenden Dinge selbstherrlich geregelt, wie sie es für richtig hielten. Diese Gruppe hatte stets das letzte Wort; wenn sie nicht wollte, war eben nichts zu machen. Einen Betriebsrat in dem Sinne, wie man das heute versteht, gab es ja nicht. Und vor dem Zweiten Weltkrieg gab es sogar nur einen Betriebsobmann, der noch weniger Einfluß hatte. Und nun war es so, daß die Familie Röchling, und hier in erster Linie der Kommerzienrat, alle und jeden persönlich gekannt haben, also auf jeden Fall die meisten der älteren Arbeiter. Der Alte war Tag und Nacht, auch sonn- und feiertags, auf dem Werk zu finden. Er fühlte sich für alles selbst verantwortlich. Und wie das in so einem patriarchalischen System üblich ist, erstreckte sich diese Verantwortlichkeit zuweilen bis in den familiären Bereich. Ein Schulterklopfen, verbunden mit der Frage nach dem Wohlbefinden von Frau und Kindern, ersetzte die Weihnachtsgratifikation. Das war noch bis nach dem Krieg. Da sind die Leute, die familiäre Sorgen hatten, und davon gab es zu der Zeit genug, in die Richardstraße (Röchlings Wohnung, d. V.) zu der Frau vom Kommerzienrat gegangen. Da war immer eine offene Tür und auch die Bereitschaft zur Hilfe. Renitente Zeitgeister, die sich mit Meister und Betriebschef anlegten, waren dort allerdings weniger gefragt. Dort wurden auch die Werkswohnungen nach der Gunst der Familie zugeteilt. In meiner Familie ist so ein treffendes Beispiel: (Ein anderer Veteran erzählt übrigens unabhängig davon dieselbe Geschichte, d. V.) Ich wohnte hier in der . . . straße. Da ist jeden Tag der alte Kommerzienrat Hermann Röchling in den dreißiger Jahren, der Reichswirtschaftsführer, . . . auf einem Pferd und mit Schlapphut zu bestimmten Zeiten vorbeigeritten, hat seine Tätigkeit verrichtet, durch alle Betriebe durch, verdreckt und verspeckt. Ich habe den Mann nie in meinem Leben mit einem vernünftigen Anzug und Krawatte gesehen. Der hat geschafft da drin; gegen Abend ist er wieder raus. Und da hat er also die Anwandlung bekommen, wenn er so Buben gesehen hat spielen: ›Ei kommt ihr mal her.‹ Da hat er uns aufs Pferd gesetzt, und da ist er fünfzig Meter durch die Straße geritten. Die Leute in der Straße haben das dann gesehen. Das war in der Familie noch zwanzig Jahre lang das Gespräch: Das Peterchen hat beim Kommerzienrat auf dem Pferd gesessen. Da kann man sehen, was das wert war. Das war den Alten mehr wert als die ganze Lohnerhöhung.

Die Röchlings hatten damals schon einen nach den heutigen Maßstäben gewiß äußerst passablen Kindergarten. Die hatten eine Milchküche, eine wunderbar zusammengesetzte Babynahrung, die hatten für die Mädchen eine Nähschule, alle diese goldenen Fesseln. Jedes Jahr wurde ein Hüttenfest gefeiert mit Freibier und Essen. Das war eine Dokumentation der Verbundenheit zwischen ›unten‹ und ›oben‹. Dann hat er später in der Nazizeit die Hermann-Röchling-Höhe gebaut, da hat er die Leute zusammengestellt und in Teams, in Eigenarbeit, mit geringfügigem Kapital, ihr kleines Häuschen bauen lassen, bescheiden, ein Stall dabei. Der hat gewußt: Wenn er die Leute hierbehalten will, dann muß er sie irgendwie fesseln. Wer eine billige Werkswohnung hat, damals waren das karitative Preise, der hat schon mal keine Lust, woanders hinzugehen, nur weil da ein paar Pfennige mehr gezahlt werden. So sind sie ja nicht nur hier vorgegangen, sondern auch in Neunkirchen – die Stummschen Praktiken. Da war der Röchling also groß drin in diesen Sachen. Und das war bei diesem Volk so eingefleischt: der Röchling, das ist der Mann, und was Besseres könnten wir gar nicht haben. Sie haben mit dem einen Kult getrieben. Daß sie den nicht als Heiligen verehrt haben, mitsamt seinem ganzen Anhang, war alles. . .

Also, wenn man das alles so mitgemacht hat, was damals war, diese Denkweise der Menschen, daß man nie mal daran gedacht hat – ich habe es nie vernommen – und gesagt hätte: ›Wie hat denn der Röchling hier angefangen 1885? Und ihr schafft nun in der vierten Generation auf dem Werk. Welchen Wohlstand hat der Röchling erworben: Und wie seht ihr aus?‹ So ist es. Nur eines kann man ihnen nicht nachsagen: das waren keine Hochstapler, die Röchlings, sie haben selbst hart gearbeitet. Es waren preußische Arbeitsmenschen, keine vertrockneten Geldausgeber. Ich habe heute noch große Achtung vor denen.«

Ein anderer »Veteran« berichtete: »Hier gab es gar nichts, hier gab es keine Tarifverträge, überhaupt nichts, 1957, als wir das Betriebsratsbüro stürmten, bildlich gesprochen . . . Die Saarländer sind ja im wahrsten Sinne des Wortes konservativ, dem Alten anhänglich, dene muscht ers mol ein paar vor die Hörner hauen, damit die wisse, was los ist. Wir von seiten der Einheitsgewerkschaft wollten damals endlich mal Wahlen haben, die den Namen verdienen, und einen Betriebsrat bilden, der nicht nur den Namen besitzt, sondern der auch agiert. Das haben wir 1957 nach dem Anschluß gemacht. Tarifverträge, das war vorher undenkbar, einfach unmöglich. Heute lacht man darüber. Der Meister, und daher die starke Stellung, nur denkbar in so einem patriarchalisch geführten Betrieb, der Meister hatte zu entscheiden, wer hier Geld verdient, wer auf diesem Werk bleibt und wer in den Arsch getreten wird und rausfliegt. Ich kann mich noch erinnern, daß wir 1954/55 noch Märkchen verkauft haben bei Nachtschicht auf dem Abort, das durfte der Meister nicht sehen, daß wir Märkchen verkauft haben für die Gewerkschaft. Die waren verpönt, die Gewerkschaften, das waren Teufel. Die hatten nichts im Kopp, als Unordnung auf dieses Werk zu bringen, die wollten alles umstürzen. Das muß man sich mal bedenken: an der Ruhr hatten sie schon zwei, drei Jahre die qualifizierte Mitbestimmung, während wir noch auf dem Scheißhaus nachts Gewerkschaftsbeiträge kassierten . . .

Ich hab mich mal beschwert über die Unmöglichkeit eines Meisters, der nach drei verschiedenen Löhnen gezahlt hat, und bin zum Betriebschef gegangen, das war gerade ein Neuer, ein Flüchtling. Der hat gesagt: Das gibt's doch nicht. Dem hat der Meister dann klargemacht: Bei uns werden die Leute verschieden nach Leistung bezahlt, und wer mehr haben will, muß mehr leisten. Da fragte der Betriebschef ihn: Wer bestimmt denn die Leistung? Das ist mein Vorarbeiter, und das bin ich, sagte der Meister. Das hat der dem ins Gesicht gesagt, und da hat er den Kopf geschüttelt.«

Man muß bedenken, daß die Wirksamkeit und Stabilität des »saarabischen« Herrschaftssystems von seiner Legitimität abhing, also davon, daß die Masse trotz Armut und Unfreiheit an seine Rechtmäßigkeit und, was noch stabilisierender war, an die Außergewöhnlichkeit und Erwähltheit des Herrschers glaubte. In Völklingen war dieser Glaube dank der beherrschenden Gestalt des Hermann Röchling bis 1955 ungebrochen lebendig und übertrug sich – zwar in abgewandelter Form – auch auf den aufgeschlosseneren und umgänglicheren Ernst Röchling, der bis zum Ende der sechziger Jahre das Unternehmen leitete. Es gibt zahlreiche Beweise und Hinweise dafür, daß er auch heute noch, Jahrzehnte nach Einführung der Mitbestimmung, bei vielen Arbeitern, die älter sind als fünfundvierzig Jahre, weiterlebt – nicht vordergründig sichtbar, sicher weniger ausgeprägt als früher, aber dennoch auf einer tieferen Ebene des Denkens, der Gewohnheiten und des Fühlens feststellbar. So macht es heutige Betriebsräte in Völklingen stark betroffen, daß sie immer wieder Zeuge von Kollegengesprächen werden, in denen die schlechte Investitionspolitik und das Sich-aus-dem-Staube-Machen der Röchlings, wodurch die Krise und fast die Katastrophe über das Werk mitverursacht wurde, gerechtfertigt werden. Auf das Mitbestimmungsbewußtsein der Belegschaft angesprochen, sagten einige Befragte, daß ein nicht geringer Teil der Belegschaft noch alten Denkgewohnheiten verhaftet sei: Der Arbeitsdirektor sei für sie der Nachfolger der Alwine Röchling, die sich damals um »das Soziale« und die Wohlfahrtseinrichtungen verdient gemacht hat. Gewiß soll man solche partiellen Begebenheiten nicht überbewerten, aber auch nicht übersehen. Sie zeigen, daß Reste der alten Ordnungsvorstellungen mehr oder weniger untergründig fortbestehen.

Der Mythos der Röchlings hat in den fünfziger Jahren nochmals kräftige Nahrung bekommen, als er zum Symbol der »Freiheit der Saar« wurde. Dadurch, daß Hermann Röchling sich allen massiven Pressionen der Franzosen, eine Beteiligung an seinem Unternehmen zu erwerben, hartnäckig widersetzte und sein Werk als einziges großes Unternehmen in ausschließlich saarländischer Hand blieb, wurde er zu einer Art Freiheitsheld. Der 1956 neugewählte Landtag beschloß einstimmig, daß das Unternehmen wieder vollständig in den Besitz der Familie übergehen sollte.

Die Langlebigkeit der Traditionen in Völklingen ist maßgeblich mitbedingt durch das konservativ-katholische Element, das in Neunkirchen fehlt. Die einhellige Meinung der befragten Mitbestimmungsträger war, daß in der Industrieregion Saar mit der Himmelsrichtung ein politisches Gefälle einhergehe: im Osten das ›rote‹ Neunkirchen, in der Mitte das ›schwarzgefleckte‹ Völklingen, und im Westen das ›tiefschwarze‹ Dillingen.

Bei Röchling hatten die Christlichen Gewerkschaften vor 1957 die Mehrheit der Stimmen bei Betriebsratswahlen und nachher noch lange ein Viertel bis ein Drittel. In Neunkirchen waren sie seit den zwanziger Jahren immer eine Minderheit. In Dillingen sind sie heute noch ein gewichtiger Faktor. In Neunkirchen vollzog sich im Unterschied zu Völklingen die innere Auflösung der Stummschen Ordnung schon früh. Die prägenden Persönlichkeiten waren schon nach dem Ersten Weltkrieg abgetreten. Sie hatten wohl auch den Bogen zu sehr überspannt in ihrer beispiellos reaktionären Haltung. Legitimitätsbrüche traten früher auf und mit ihnen oppositionelle Keimzellen. Anders als in Völklingen faßten in der Weimarer Zeit die Gewerkschaftsbewegung und sozialistische Parteien hier Fuß. Neunkirchen wurde die »rote« Stadt im Saarland, der »Hefeteig der Arbeiterbewegung«.

Ende der zwanziger Jahre übertrugen die Stumms die Geschäftsführung Managern. Wirtschaftlich beherrschten sie nach wie vor, ab 1925 gemeinsam mit dem Handelsunternehmer Otto Wolff, das Unternehmen. Sie bestellten auch solche Generaldirektoren, die im Sinne der Familie mit harter Hand regierten. Aber das Funktionieren des patriarchalischen Systems ist gebunden an die Präsenz des Patriarchen, sonst fehlt ihm der Zusammenhalt. In Neunkirchen zerbrach der Zusammenhalt schon vor 1935, und es entstand auf der einen Seite eine »nur« autoritäre, aber nicht patriarchalische Geschäftsleitung, auf der anderen eine sich mehr und mehr gewerkschaftspolitisch befreiende Belegschaft.

So ist es nicht verwunderlich, daß sich nach 1945 in Neunkirchen das gewerkschaftliche Bewußtsein schneller und tiefgreifender entwickelte als in Völklingen und die 1955 nach der Sequesterverwaltung wiedereingesetzte deutsche Geschäftsleitung unter dem »allmächtigen« Dr. Schluppkotten ungebrochen autoritär und gewerkschaftsfeindlich regierte. So treffen wir hier im Unterschied zu Völklingen bei der Einführung der Mitbestimmung ein offen konfliktgeprägtes Verhältnis zwischen oben und unten an.

Die Unterschiede zwischen Völklingen und Neunkirchen hat ein Befragter, der ehemals Vorsitzender des DGB Saar war, treffend so charakterisiert: »Wenn der alte Röchling vor die Belegschaft getreten ist und hat seinen Geldbeutel umgestülpt, da sei gar nichts drin, sind die nach Hause gegangen und haben das geglaubt. Wenn der große Wolff von Amerongen gekommen ist und hat große Sprüche gemacht, und am Ende ist nicht viel geblieben, und hat dann noch irgendwo anders gesagt, er hätte gerne das Unternehmen an den Baum fahren lassen, dann waren die Neunkircher außerordentlich aufgebracht und haben gesagt, er soll nochmal kommen, da machen wir einen Streik, fangen wir mal an!«

4. Die verspätete Entwicklung der freien Gewerkschaften

Die saarländischen Gewerkschaften waren weltanschaulich stark zersplittert. Neben den sich erst in den zwanziger Jahren entfaltenden freien Gewerkschaften gab es – wie mehrfach erwähnt – eine starke christliche Gewerkschaftsbewegung. Darüber hinaus gab es für verschiedene Wirtschaftszweige eigene Angestelltengewerkschaften, denen ebenfalls jeweils eine christliche Konkurrenz gegenüberstand. Der mitgliederstärkste Verband war der freie Industrieverband (I.V.) Bergbau. Zwar schlossen sich diese Richtungsverbände 1946 zu einer Einheitsgewerkschaft zusammen, die aber von Anfang an auf schwachen Füßen stand und bereits 1947 durch die Gründung christlicher Gewerkschaften zerfiel. Die alles überragende Dominanz der nationalen Frage führte dazu, daß jede Gewerkschaft intern nochmals in einen prodeutschen und einen »Status-quo«-Teil zerfiel und Koalitionen und Aktionen über die Verbandsgrenzen hinweg nach diesem Gesichtspunkt verliefen und – wie im Fall der freien »Leitgewerkschaft« I.V. Bergbau – zur offenen Spaltung führten. Das Gewerkschaftswirrwarr war so groß, daß die Hauptgruppen und -richtungen von Öffentlichkeit und Arbeitnehmerschaft nur noch nach dem Namen des jeweiligen Vorsitzenden bzw. Wortführers unterschieden werden konnten.

Das Jahr 1945 war für die saarländischen Gewerkschaften nicht die Stunde Null. Tatsächlich gab es ja nicht die Möglichkeit der Neubesinnung, da man von einem Unrechtsregime in ein hartes Besatzungsregime überwechselte, das ebenfalls die politischen Freiheiten stark einschränkte. Es gab keine Tarifautonomie und kein Streikrecht, sondern nur staatliche Zwangsschlichtung. Den Gewerkschaften standen keine Unternehmer gegenüber, sondern französische Staatsbeamte. Die Saarbergwerke waren in französischem Staatsbesitz, und die Hütten wurden von französischen Zwangsverwaltern geleitet. Die Vertreibung der Unternehmer war hier nicht, wie an der Ruhr, mit einem Machtvakuum verbunden, das die Gewerkschaften und Belegschaften für sich hätten ausnutzen können. Unter den Bedingungen eines annexionsentschlossenen Besatzungsregimes konnte gewerkschaftliche Aktivität nur die Form *politischer* Intervention und Demonstration gegenüber der Regierung in Paris und ihren saarländischen Statthaltern annehmen. Das Formulieren von Resolutionen, das Überbringen von Petitionen und das Abhalten von zentralen Mitgliederversammlungen, in denen darüber debattiert und abgestimmt wurde, machten einen Hauptteil gewerkschaftlicher Arbeit aus. Diese relativ häufigen und großen Gewerkschaftsversammlungen waren stets begleitet von einer starken Polizeipräsenz. Diese sich von der Auseinandersetzung mit dem »natürlichen« Gegner, den Unternehmern, stark abhebenden Aktionsformen rechtloser Bittsteller bzw. Widerstandskämpfer (»Oppositionelle«) war allerdings die von den saarländischen Gewerkschaften schon in der

Völkerbundzeit eingeübte Form der Auseinandersetzung. Damals wandten sie sich häufig beschwerend an den Völkerbund in Genf und an das Internationale Arbeitsamt und erbaten materielle und moralische Hilfe von der deutschen Reichsregierung.

Am meisten machte der I.V. Bergbau von sich reden. Unter seinem Vorsitzenden Kutsch (daher in dem Gewerkschaftswirrwarr als »Kutsch-Gewerkschaft« bekannt) bezog er am eindeutigsten prodeutsche Positionen und wurde so zum innenpolitischen Feind Nummer eins des Regimes. Die Gewerkschaft wurde verboten, aufgelöst, und in einer Polizeiaktion wurden ihre Büros überfallen und ihr Vermögen konfisziert. Kutsch wurde – neben dem abwesenden Hermann Röchling – zur nationalen Kristallisationsfigur.

Die Besatzungssituation bestimmte die Themen, die Strategie und das Verhalten der Gewerkschaften. Neben den Fragen um den Saarstatus (Saar-Konvention, Grubenkonvention usw.) standen vor allem Fragen des gewerkschaftlichen Status selbst im Mittelpunkt des Interesses: Forderung nach Tariffreiheit und Streikrecht, Aufhebung der polizeilichen Bespitzelung und Einführung eines »fortschrittlichen« Betriebsverfassungsgesetzes, womit das deutsche gemeint war. 1948 wurde erstmals die Forderung nach »vollem Mitbestimmungsrecht« erwähnt, um – wie es wörtlich in der Resolution heißt – »den Ausverkauf der Hütten zu verhindern«. Mitbestimmung hatte hier die Funktion der zusätzlichen Munition im nationalen Widerstandskampf. Sie wurde nicht inhaltlich und institutionell den Arbeitern begründet und verständlich gemacht als gesellschaftspolitische Forderung. Alle diese politischen Forderungen wurden in der Sprache von Freiheitskämpfern vorgetragen: »Tyrannei«, »Ausbeutung«, »Versklavung eines europäischen Kulturvolkes« waren gängige Kampfbegriffe. Die Adressaten waren neben den Besatzern die anderen Alliierten, die UNO, der Europarat und der Europäische Gerichtshof.

Ein weiterer Aktionsschwerpunkt der Gewerkschaften war das Bemühen um die Verbesserung der materiellen Lebensbedingungen der Arbeiterschaft. Obwohl mehrere Jahre ein Lohnstopp bestand, obwohl es keine Tarifverhandlungen und kein Streikrecht gab, setzten die Gewerkschaften kontinuierlich Lohnerhöhungen und verbesserte Sozialleistungen durch. Die Strategie bestand im Ausnutzen der moralischen und politischen Schwachpunkte der Besatzer. Das Hauptargument war: Da trotz Preisstopp die Preise steigen, ist der Lohnstopp Besatzungsterror; es muß ein Kaufkraftausgleich her. Diese Forderung wurde nicht selten durch von den Gewerkschaften organisierte Demonstrationen und Proteste in den Einkaufsstraßen untermauert. Um die ohnehin labile öffentliche Ruhe zu bewahren, ging das Regime meistens darauf ein. In der materiellen Ausnutzung der Besatzer waren die Gewerkschaften ausgesprochen schlitzohrig und pfiffig. Als sich ab 1954 die politische Großwetterlage günstig für das Saarland wendete (Frankreich mußte sich für 1955 auf ein Referendum einlassen), forderten die Gewerkschaften die dadurch politisch verletzbar gewordene Besatzungsmacht durch (verbotene) Lohnstreiks und etwas später sogar durch einen Generalstreik heraus. Solche Aktionen fanden vorwiegend als eintägige Demonstrationsstreiks in der Öffentlichkeit (und nicht in den Betrieben) statt und wurden durch breite Bevölkerungskreise unterstützt.

Die taktische Klaviatur der moralisch-politischen Entrüstung und Anklage der Besetzten gegenüber den Besetzern wandten die saarländischen Gewerkschaften übrigens nach 1957 sporadisch auch gegenüber der Regierung der Bundesrepublik an, um diesmal ihre sozialen Besitzstände aus der Franzosenzeit gegenüber den Westdeutschen zu verteidigen. Das Kampfwort hieß jetzt »westdeutsche Einverleibungspolitik«.

Dieses Verhalten zeigt, daß sich die Gewerkschaften meisterlich darauf verstanden, aus der politischen Sonderrolle, zwischen zwei Wirtschafts- und Sozialrechtssystemen zu stehen, materielle Vorteile für sich herauszuschlagen. Auch das war schon unter dem Völkerbundsregime bestens eingeübt worden.

Das Streikverhalten der Gewerkschaften nach 1945, das wir aus Archivunterlagen rekonstruiert haben, ist sehr aufschlußreich:

26. Juni 1950	Buchdruckerstreik wegen 15 Prozent Lohnerhöhung, 1 Tag
13. Februar 1952	Warnstreik aller 63 000 Bergarbeiter wegen Lohnerhöhung, 1 Tag (richtete sich politisch gegen die Lohnkommission der Regierung)
14. Februar 1952	Generalstreik gegen französische Regierung wegen hoher Lebenshaltungskosten. Hintergrund: hohe Inflation in Frankreich. 1 Tag, überall mit großem Erfolg durchgeführt.
11. November 1952	Teilstreik in der Metallindustrie wegen einer Zwangsschlichtung.

21. bis 23. Februar 1955	Hütten- und Metallarbeiterstreik, nach vorausgegangener Zwangsschlichtung; dem waren 2 Jahre lang erfolglose Lohnforderungen vorausgegangen. Am Streik beteiligten sich außer Dillingen fast sämtliche saarländischen Hütten- und Metallbetriebe. Das Ende des Streiks war auf den 24. Februar terminiert.
24. und 25. Februar 1955	Generalstreik. Trotz offiziellen Streikendes am 24. Februar, morgens 6.00 Uhr, gingen die Arbeiter der Röchlingwerke Völklingen nicht zur Arbeit, sondern marschierten in großer Zahl über Luisenthal nach Burbach und Richtung Saarbrücken. In Burbach wurde der Marsch von der Polizei gewaltsam zerrieben. Dennoch sammelte sich ein großer Teil später beim Landtagsgebäude in Saarbrücken, dort noch heftigere Straßenschlachten mit der Polizei. Der Streikgrund ist jetzt ausschließlich politisch: der Kampf um das volle Tarifrecht (gleich: Freiheit), das heißt, gegen die Zwangsschlichtung. Diese Ereignisse bringen sofort auch Arbeiter anderer Gewerkschaften auf die Straße. Die Einheitsgewerkschaft ruft für den 25. Februar den Generalstreik aus, der am 24. Februar schon faktisch angelaufen ist. Der Generalstreik endet mit massiven Polizeiaktionen, ohne daß die Forderungen der Gewerkschaften erfüllt werden.
24. März 1957	Totaler Angestelltenstreik im Saarbergbau wegen eines Disziplinarfalls. Am Streik beteiligen sich alle Sicherheitsleute; weil ohne die nichts gefördert werden darf, steht der gesamte Bergbau still. Hintergrund dieses Streiks ist das sehr schlechte Betriebsklima bei Saarberg wegen der französischen Personalpolitik.
15. Juli 1957	»Tankstellen-Streik«, weil Super-Benzin auf 99,40 ffrs. (= 1,19 DM damaliger Wert) erhöht wird. Der Streik lähmt das öffentliche Leben.

7. November 1957	Kurzer Proteststreik des DGB-Saar gegen »Abgleiten des Lebensstandards unter dem Franc« (Hauptforderung des DGB in dieser Zeit ist: sofortige Einführung der DM).
7. November 1957	Streik der Bäcker (wegen »Teuerungswelle«).
12. November 1957	Warnstreiks in der Chemie-Industrie wegen »Teuerungswelle«.
21. November 1957	Urabstimmung in der Textilindustrie (Grund unbestimmt).
10. Juni 1958	Holzarbeiter-Lohnstreik um 15 Prozent mehr Lohn.
10. Juli 1958	Proteste und Volksauflauf von Arbeitern vor Geschäften in der Saarbrücker Innenstadt wegen Preistreiberei, es kommt zu Zerstörungen.
22. August 1959	Meldung: »Streik in Chemie noch rechtzeitig abgebogen«, Grund: Betriebszugehörigkeitszulage sollte gestrichen werden (es geht also um Festhalten von Vorteilen aus der französischen Zeit kurz vor dem Tag X).
Ende 1959	Streiks aller Angestellten und Arbeiter der Verkehrsbetriebe an der Saar und Großdemonstration in Saarbrücken gegen »Benachteiligung durch wirtschaftlichen Anschluß« sowie gegen »Bonner Aufrüstungs- und Atompolitik«.

Bei fast allen Streiks handelte es sich um ein-, höchstens zweitägige »Kaufkraft-Ausgleichs-Demonstrationen«, die außerhalb der Betriebe auf den Straßen stattfanden, wobei einige Demonstrationen in generelle politische Protestveranstaltungen gegen das Regime umschlugen und durch Einsatz von Polizei zerrieben wurden. Entsprechend den Besatzungsbedingungen nahm jedes Fordern und Aufbegehren die Form des politischen Widerstandes an.

Der letzte saarländische Tarifstreik gegen die – auch damals französischen – Arbeitgeber war der große, 100 Tage dauernde Bergarbeiterstreik im Jahr 1932 gewesen. Damals führte die französische Geschäftsleitung den als Lohnstreik begonnenen Kampf als politischen Kampf. Aus der Enttäuschung darüber, daß sie die zukünftige Abstimmung niemals gewinnen könnten, schlossen sie den gesamten Saarbergbau, um jetzt nach Jahren der »Pflege« der Belegschaft Härte zu zeigen. Der

Streik endete für die Arbeiterschaft traumatisch. Die Resignation und der Haß, den er hinterließ, waren eine Hauptursache dafür, daß die Arbeiter 1935 fast geschlossen für die Eingliederung in das bereits faschistisch gewordene Deutsche Reich votierten. Dieser Streik und seine Vorgeschichte offenbaren ein Grundmuster des französischen Verhaltens gegenüber der saarländischen Arbeiterschaft, das sich mit »Zukkerbrot und Peitsche« umschreiben läßt.

Die materiellen Erfolge der Gewerkschaften und der relativ hohe Lebensstandard der Bevölkerung – sowohl nach 1920 als auch nach 1945 – erklären sich aus dem vitalen Interesse Frankreichs, durch materielle Großzügigkeit die Bevölkerung für sich günstig zu stimmen, um gegenüber der Weltöffentlichkeit die Legitimität eines Annexionsanspruchs vorweisen zu können. Nach 1920 war diese politische Strategie sogar der Hauptgrund für die französische Saargrubenpolitik. Dazu schreibt R. E. Latz: »Die französische Regierung hatte die Saargruben primär auf Wunsch ihres Außenministers als Staatsbetrieb übernommen und nicht privatwirtschaftlich organisiert, um durch die Arbeiterpolitik der Mines Dominales einen positiven Einfluß auf die Abstimmung von 1935 erreichen zu können.«[4] Nach 1945 beinhaltete die Zuckerbrot-und-Peitsche-Politik, daß neben die drakonische Einengung politischer Freiheiten eine relativ nachgiebige und fürsorgliche Sozialpolitik in den Gruben und Hütten trat. Es wurde das französische Lohnsystem mit zahlreichen sozialen Lohnbestandteilen eingeführt, zum Beispiel ein beträchtlicher Kinderanteil, und zwar für alle Kinder gleich viel. Darüber hinaus gab es eine Witwenrente in voller Höhe der Rente des Mannes, eine gute Kranken- und Rentenversorgung bei geringen Beiträgen in der Knappschaftsversicherung, Arbeitslosengeld ohne eine zeitliche Begrenzung usw. Materiell ging es den Saarländern besser als den Westdeutschen. Durch die Eingliederung in die Bundesrepublik verloren sie nach Schätzung der Frankfurter Allgemeinen Zeitung zwischen 10 bis 20 Prozent ihres Lebensstandards.

Gegenüber diesen Schwerpunkten traten das Ausfechten von betrieblichen Konflikten und der Aufbau durchsetzungsfähiger betrieblicher Interessenvertretungen zurück. Die wenigen betrieblichen Konflikte, bei denen die Gewerkschaften sich engagierten, waren in der Regel wiederum Besatzungskonflikte. So attackierte der I.V. Bergbau scharf die französische Geschäftsleitung der Saarbergwerke in der Frage der Rekrutierung des mittleren Managements. Das Unternehmen war dazu übergegangen, nicht nur die leitenden Positionen, sondern auch untere und mittlere Vorgesetzten- und Angestelltenpositionen mit Franzosen zu besetzen. Vom I.V. Metall sind uns gar keine betrieblichen Konflikt-engagements bekannt. In diesem Zusammenhang ist es wichtig festzu-stellen, daß das Saarland seit 1920 von der sozialrechtlichen Entwick-lung in Deutschland abgekapselt war und so auch bis 1957 keine Be-triebsräte kannte.

Um das Erscheinungsbild und die interne Struktur der Gewerkschaften zu verstehen, muß man aber noch weitere Faktoren einbeziehen. Dar-unter ist ein ganz wesentlicher die Kleinräumigkeit und Überschaubar-keit der Region, die von größeren räumlichen, staatlichen und gesell-schaftlichen Gebilden isoliert war. Diese Überschaubarkeit und Isolati-on bedingte eine soziale Nähe und Direktheit, die den politischen Orga-nisationen – auch den Gewerkschaften – einen provinziellen Anstrich gab. Man muß sich vergegenwärtigen, daß die beiden großen freien Ge-werkschaften weniger als 45 000 (I.V. Bergbau) bzw. weniger als 20 000 (I.V. Metall) Mitglieder hatten. Dies waren keine Großverbände mit bürokratisch-rationaler Struktur, sondern eher Vereine, deren interne Verkehrsform auf der Grundlage persönlicher und lokaler Beziehungen aufgebaut war. Die Organisationspotentiale waren aufgrund des gerin-gen Beitragsaufkommens, zumal auch der erhobene Einzelbeitrag nied-rig war, recht bescheiden. So gab es nur wenige hauptamtliche Funktio-näre und so gut wie keine Schulungen. Von straffer Organisation konn-te keine Rede sein. Darüber hinaus hatten die meisten saarländischen Arbeiterverbände, sowohl die Parteien wie die Gewerkschaften, erheb-liche Rekrutierungsprobleme bei ihrer Führung.

Ein Kennzeichen der damaligen Gewerkschaft war eine grundlegend konservativ-bodenständig gemäßigte Haltung von Führung und Mit-gliedschaft, auch bei denen, die sich zur Sozialdemokratischen Partei Saar bekannten – höchstwahrscheinlich auch bei vielen, die sich zur Kommunistischen Partei bekannten. Die Richtungsgewerkschaften hatten eine Hauptrichtung gemeinsam: das katholisch-konservative Er-be. Die Saar war eine kleine, geschlossene, katholisch-bedächtige Le-benswelt, in der auch die Gewerkschaften und deren Führung von Her-kunft und Gefühl beheimatet waren. Lediglich im protestantisch ge-prägten Neunkircher Raum gab es auch andere Traditionsstränge. Das Interessenvertretungsverhalten war nicht geleitet durch überlegte Kon-zeptionen und langfristig selbstbewußte Standhaftigkeit gegenüber den herrschenden kapitalistischen Verhältnissen, sondern durch kurzfristi-ge, spontane, emotional-eruptive Kraftakte.

Zum Bewußtseinsstand der saarländischen Arbeiterbewegung ist ein Beitrag von 1954 in der Zeitschrift der Arbeitskammer, die als sozialdemokratisch galt, aufschlußreich. Darin ging es um die Forderung, daß die Röchling-Werke in den Besitz der Familie zurückgegeben werden sollten. Dort heißt es:»Was uns als Vertretung arbeitnehmerischer Interessen im Falle der Röchling-Werke aber besonders angeht, das ist die Tatsache, daß dieses Werk aufgrund des solidarischen Geistes seiner früheren Leitung (damit ist Hermann Röchling gemeint, H. K.) eine nicht sehr häufige Verbundenheit zwischen Werk und Führung einerseits und Belegschaft andererseits zeigte, die als sozial mustergültig gelten darf. Wenn es hierzu noch eines Beweises bedurft hätte, so haben ihn die Pensionäre des Werkes erbracht, die seinerzeit bei der militärischen Verurteilung des letzten Besitzers sich erboten haben, sowohl Geld- wie auch Haftstrafe für ihn, der schon in hohem Alter stand, zu übernehmen. Diese Tatsache demonstriert geradezu, daß zwischen Leitung und Belegschaft ein echtes und persönliches Vertrauensverhältnis bestand, das einen höheren Wert besitzt als ein gesetzliches Recht der Mitsprache.«[5]

Wir schließen hiermit den Streifzug durch die saarländische Geschichte vor 1955 ab. Es ist deutlich geworden, daß die sozialen Strukturen in der Region, in den Unternehmen und in den Gewerkschaften für eine selbstbewußte Mitbestimmung alles andere als günstig waren. Was in dem folgenden Abschnitt an historischen Ereignissen und Konstellationen zu berichten sein wird, gehört direkt in den Zusammenhang der Einführung der Mitbestimmung und stellt sich in der Nachbetrachtung als ein völlig neues Kapitel der saarländischen Gewerkschaftsgeschichte dar, nämlich als ein Herauswachsen aus den geschilderten Strukturen.

5. Die »Jungen Illegalen«: Aufbruch der Metallarbeitergewerkschaft

Wirkungen und Praxis der Mitbestimmung im Stahlbereich an der Saar lassen sich erst verstehen und würdigen vor dem Hintergrund der besonderen historischen und gewerkschaftspolitischen Konstellationen kurz vor und nach der Saar-Abstimmung im Jahre 1955. Diese besondere Konstellation bestand darin, daß – ermöglicht durch den Anschluß des Saarlandes, der in jeder Hinsicht die entscheidende Zäsur ist – zur gleichen Zeit die Montanmitbestimmung eingeführt und die Metallgewerkschaft vollständig reorganisiert wurden. Diese beiden zeitgleichen Ereignisse, die sich gegenseitig verstärkten, haben der Gewerkschaftsbewegung an der Saar einen ungeahnten Auftrieb gegeben.[6]

Im Unterschied zum Bergbau hat die saarländische Metallarbeiterschaft aus eigener Kraft keine starke Organisation aufzubauen vermocht. Der Industrie-Verband Metall ist über das Stadium eines losen, eher provinziellen Vereins nicht hinausgewachsen. An den Hauptstandorten existierten keine eigenen Verwaltungsstellen neben dem Saarbrücker Büro. Es gab kaum Funktionärs- und Mitgliederschulungen. Die Mitgliederzahlen waren niedrig. 1955 hatte der Verband ca. 17 000 Mitglieder im ganzen Saarland. 1982 hatte die IG Metall trotz einer Reduzierung der Beschäftigtenzahl im Metallbereich 75 000 Mitglieder. Es mangelte in der damaligen Zeit an einem klaren gewerkschaftspolitischen Programm. Vor allem war der Verband in der Hauptfrage, um die sich die Aktivitäten aller Gewerkschaften damals zentrierten, der Frage nach der politischen Zukunft der Saar, zerrissen. Die ungeklärte und schwierige politische Lage nach dem Krieg – es gab kein Tarifrecht, die Gewerkschaften wurden von den Franzosen und der ihnen nahestehenden Landesregierung gegängelt, gleichzeitig war aber der Lebensstandard vergleichsweise hoch – mag ein Hauptgrund für diese Schwäche gewesen sein, wie ein Befragter mutmaßte. Dem wäre aber entgegenzuhalten, daß der I.V. Bergbau unter denselben Verhältnissen eher stärker als schwächer wurde. Eines kann man jedoch mit Gewißheit feststellen: Sämtliche Bewegungen und Linien im öffentlichen Raum – seien es parteipolitische, gewerkschaftliche, kulturelle – wurden im Nachkriegs-Saarland vom Pro und Contra zum Saar-Statut magnetisiert. Die Tatsache, daß die Führung des Industrie-Verbandes Metall hier keine eindeutige Haltung einnahm, hat diese Gewerkschaft nachhaltig gelähmt.

Von 14 befragten Mitbestimmungsträgern, die den Industrie-Verband Metall noch miterlebt haben, liegen ausführliche Stellungnahmen zu den damaligen Verhältnissen vor. Ihr Urteil ist in dieser Frage einhellig: »Den I.V. Metall hat niemand für voll genommen.« (Ein Völklinger Befragter.) Eine gewisse Ausnahme bildete Neunkirchen, wo der Verband etwas stärker war. In Völklingen hatte er nur ca. 15 Prozent der Arbeitnehmer organisiert, in Dillingen war er ähnlich schwach: »Bei der Luisenthaler-Brücke (hinter Burbach) hörte die Gewerkschaftsarbeit auf.« (Ein Bevollmächtigter der IG Metall.)

Die Saarfrage, die die Metallgewerkschaft lähmte, wurde aber in der Folgezeit zum Startpunkt und Keim des Neubeginns. Der entschieden prodeutsch eingestellte Teil der jüngeren Generation der Stahlarbeiter orientierte sich natürlich an den Vorgängen und Verhältnissen in der Bundesrepublik. Er engagierte sich in der illegalen politischen Arbeit um den Kreis der verbotenen SPD, deren Kopf Kurt Conrad war. Diese jungen Arbeiter nahmen Verbindung zur IG Metall auf, gingen heimlich über die Grenze und nahmen an Veranstaltungen und Schulungen der IG Metall in der Pfalz teil. Vor allem betrieben sie, unterstützt durch IG Metall und SPD, je näher der Abstimmungstag vom 23. Oktober 1955 rückte, in den Betrieben den Kampf für den Anschluß an Deutschland. Von daher heißen sie bis heute die »Jungen Illegalen«. Nach dem überwältigenden Abstimmungserfolg löste sich der Industrie-Verband Metall auf und wurde in die IG Metall eingegliedert. Die Bezirksleitung in Frankfurt und der Bundesvorstand widmeten der Reorganisation der Metallgewerkschaft an der Saar sofort sehr große Aufmerksamkeit und Unterstützung. Es folgte nun eine Zeit intensiver Aufbauarbeit, in der die »Jungen Illegalen« die treibende Kraft waren und den Funktionärskörper durchdringen konnten. Sie bildeten in den Werken Völklingen und Neunkirchen den Kern des gewerkschaftlichen Aufbaus, stets mit massiver Unterstützung der IG Metall aus dem »Reich«. Die Stimmung in der Arbeiterschaft und die Zeichen der Zeit nach der Abstimmung standen ganz auf ihrer Seite; sie segelten quasi in vollem Wind. Die Siegeszuversicht war so groß, daß sich bereits einige Tage vor der Saarabstimmung der Industrie-Verband Metall auflöste und die IG Metall gegründet wurde. Die Metallgewerkschaft an der Saar nahm einen ungeahnten, vorher von niemandem für möglich gehaltenen Aufschwung. Im Vordergrund der Arbeit stand die systematische Schulung der Funktionäre, die Bildung (Völklingen) bzw. Erweiterung (Neunkirchen) von gewerkschaftlichen Vertrauenskörpern, die Errichtung der Verwaltungsstellen Völklingen, Neunkirchen und Homburg im Jahre 1961.

Die Anziehungskraft der IG Metall auf die junge Generation der Stahlarbeiter muß groß gewesen sein. Noch heute spiegeln die Aussagen der Befragten eine starke Faszination durch »die große, geschlossene Organisation« wider, die geradezu das Gegenbild zum vorherigen Industrie-Verband Metall darstellte. In diesen Jahren holte die saarländische Metallarbeiterschaft den Anschluß an die gewerkschaftliche Entwicklung nach – natürlich nicht von heute auf morgen. Dies war erst der Anfang, aber einer, der schon damals als Einschnitt, als Wandel, geradezu als neue Zeit erlebt wurde und der sich nachher kontinuierlich ausweitete.

Ebenfalls schon vor der Saarabstimmung entwickelte sich parallel zu den Kontakten zwischen »Jungen Illegalen« und IG Metall auf einer anderen Ebene eine ähnliche Ereigniskette. Der Vorstand der IG Metall stand, da der prodeutsche Abstimmungserfolg zu erwarten war,

1955 vor dem Problem, wie möglichst schnell in den Stahlunternehmen die Mitbestimmung einzuführen sei. Das Zweigbüro der IG Metall in Düsseldorf (Heinrich Sträter) erhielt den Auftrag, das saarländische Terrain mit dem Ziel zu erkunden, geeignete Personen für die Besetzung der Aufsichtsräte und der Arbeitsdirektoren ausfindig zu machen. Im Sommer 1955 begann das Zweigbüro mit seiner »illegalen« Arbeit. Dies war freilich eine ganz andere Schiene, als die Verbindung des Bezirks Frankfurt mit dem politischen Kampf an der Basis. Heinrich Sträter und seine Mitarbeiter hatten es mit der »älteren Generation« zu tun, mit denen, die den Industrie-Verband repräsentierten und nicht übergangen werden konnten. Sehr erschwerend kam hinzu, daß für die damaligen Repräsentanten der Gewerkschaften im Saarland Mitbestimmung kein Thema war und auch die Basis kaum danach verlangte. Es gab wenig Aufnahmebereitschaft dafür in der organisierten Arbeiterschaft. Der damalige Erste Vorsitzende der »Einheitsgewerkschaft Saar« (Vorläufer des DGB), der danach auch Vorsitzender des DGB-Landesbezirks Saar wurde, Karl Dinges, sagte uns, daß im Saarland nach dem Anschluß wichtigere Fragen angestanden hätten als die Mitbestimmung, nämlich die Sicherung der sozialpolitischen Vorteile aus der »Franzosenzeit«. Die Mitbestimmung wurde den saarländischen Metallern buchstäblich von außen aufgepfropft. Heinrich Sträter und seine Mitarbeiter wurden, wie einer von ihnen heute sagt, auch gar nicht freundlich empfangen, als sie sich heimlich mit saarländischen Gewerkschaftern in Kneipen trafen, sondern eher als »reichsdeutsche Eindringlinge« betrachtet. Dennoch wurde die Mitbestimmung zu einer maßgeblichen Voraussetzung für den Organisationsaufbau der IG Metall. Dazu mußte sie aber erst in Verbindung treten mit dem Aktionskreis der »Jungen Illegalen« und mit der von ihnen getragenen Basisarbeit. Und das war etwas später – ab 1958, als in Neunkirchen und Völklingen die Betriebsräte schon eine klare IG-Metall-Linie verfochten.

Ein Veteran aus Völklingen berichtete über die saarländische Metallgewerkschaft: »Die Saar war bis Kriegsende ein gewerkschaftlich unterentwickeltes Land. Wir hatten ja eine sehr starke christliche Gewerkschaft, wir hatten die Hirsch-Dunckerschen und die Metallarbeitergewerkschaft. Die spielte, ich will nicht sagen, eine untergeordnete Rolle, war aber gar nicht zu messen mit dem, was heute ist. Und deshalb meine ich, daß das politische Umfeld ... meistens mitentscheidet. Und dann kam die Einheitsgewerkschaft, die IG Metall. Es war eigentlich frappierend, wie diese Gewerkschaft dann zu Anfang der sechziger Jah-

An die Mitglieder des CMV!

Richtungsgewerkschaften sind nicht mehr zeitgemäß!
Christliche Gewerkschaften auf Dauer nicht lebensfähig!

Das war die bittere Erkenntnis, vor der wir im Frühjahr 1966 standen.

Deshalb versuchten wir den neuen Weg. Beseitigten die Spaltung. Bekannten uns zur IG Metall.

Nicht alle folgten unserer Aufforderung, denn nach dem Motto, daß nicht wahr sein kann — was nicht wahr sein darf, stellten sich Schweitzer und seine Helfershelfer gegen uns.

Sie konnten zwar nicht eines unserer Argumente entkräften, dafür diffamierten sie uns als Verräter und gaben sich selbst den Anschein der **„ehrlichen Kollegen".**

Nun, warum sagen sie Euch jetzt nicht die Wahrheit?

Was ist los bei dem CMV an der Saar?

So fragen doch viele von Euch! Und so mancher tragt:

„Kann ich die Verantwortung noch tragen?"

Darum beendet die nutzlose Konkurrenz.

Kommt zu uns, wo Ihr für Euren Beitrag einen

e c h t e n Gegenwert erhaltet.

**Aktive Tarifarbeit, Rechtschutz, Unterstützung bei Streik und Aussperrung —
bei Krankheit, Notfall, Tod.
Und neu — unsere FREIZEITUNFALLVERSICHERUNG.**

Kommt zu uns! Es gibt keine weltanschaulichen und politischen Hindernise!

Aber es gibt die Solidarität aller Arbeitnehmer in einer starken Gewerkschaft!

Folgt unserem Aufruf:

Alle Metaller der Saar in die Industriegewerkschaft Metall

re bis in die Jetztzeit hinein so Fuß gefaßt hat und einen solchen rasanten Aufschwung erlebt hat – in Anbetracht der gesellschaftlichen und gewerkschaftspolitischen Verhältnisse, die vorher geherrscht hatten zur Zeit des I.V. Metall . . . Mit diesen Restbeständen läßt sich nur langsam aufräumen. Es war auch in der Nachkriegszeit noch so, daß all das, was wir an wirtschaftlichen Verbesserungen bekamen, ausnahmslos andere für uns erstreiten mußten. Die Saarländer waren das so gewöhnt, daß andere für sie die Kastanien aus dem Feuer holten. Und mit diesem Denken ist man doch seit den siebziger Jahren fertig geworden. Einfach rein biologisch bedingt, weil ja doch der Generationswechsel über die Bühne ging und die jungen Gewerkschaftsfunktionäre heute gar nicht zu messen sind in ihrem Gedankengut mit den alten Säcken, die jetzt auf dem Altenteil sitzen. Wir dürfen nicht vergessen, daß wir profitierten von dem Umstand, daß die Mitbestimmung in der Bundesrepublik und die dort gesammelte Erfahrung schon vorhanden war. Damals kam Heinrich Sträter von der Ruhr, das war der große Macker in Sachen Mitbestimmung, stellte sich vor die Betriebsräte in Dillingen, Völklingen und Neunkirchen und brachte denen einmal bei, was unter Mitbestimmung zu verstehen ist. Die Saarländer haben partizipiert an den Erfolgen der Mitbestimmung und der IG Metall im Ruhrgebiet.«

Ein anderer dieser »Veteranen« meinte: »Die Metallgewerkschaft an der Saar war ja nicht diese große machtbestimmende Gewerkschaft wie die IG Metall, und aus dem Grunde war ja auch das Organisationsverhältnis entsprechend gering. Und nun kam laufend die IG Metall von der großen Organisationsform. Und man merkte automatisch, einmal beim Mitglied, wie auch dann bei den Unorganisierten, hier ist eine große Gewerkschaft da, und die arbeitet.«

Ein Vertrauensmann aus Neunkirchen erzählte, wie seine Funktionärskarriere aus nationaler Entrüstung entsprungen ist: »Als der damalige Vorsitzende der Bergarbeitergewerkschaft Kutsch verhaftet und ausgewiesen worden ist, da bin ich damals zum Betriebsratsvorsitzenden, das war ein Landtagsabgeordneter der SPS (die Partei des Arbeits- und Sozialministers Kirn und des Präsidenten der Arbeitskammer Wacker, d. V.). Der aber sagte mir, da könne man nichts machen, und da habe ich mein Gewerkschaftsbuch hingeworfen. Da gab es diesen totalen Bruch, und ich bin in der illegalen Partei tätig geworden. 1956 haben wir dann alles umgekrempelt und gleichzeitig den Vertrauenskörper aufgebaut, und ich bin mit jungen Jahren schon (mit 25 Jahren) Vertrauenskörperleiter geworden. Es war hier natürlich ein harter Kampf: die Ja-Sager (gegen Anschluß) und die Nein-Sager (für den Anschluß) –

das ging quer durch die Familien. Jeden Ja-Sager haben wir hier unterdrückt: ab, weg mit dir! Man hat ihn als Lump und Landesverräter bezeichnet. Wir haben im ganzen Werk ›Nein-Plakate‹ aufgehängt, und alle ›Ja-Plakate‹ abgerissen, man sah nur noch ›Nein-Plakate‹ . . . Der Ministerpräsident Hoffmann wollte uns an die Franzosen verkaufen. Dabei ist das hier eine urdeutsche Bevölkerung. Ich kann kein Wort Französisch! Ich habe es auch nie gewollt! Man muß schon etwas tun, und wir waren damals sehr aktiv. Wir haben sogar die alten Betriebsräte fortgejagt, das gebe ich zu. Wir haben einiges verändert, und das hat natürlich Auftrieb gegeben. Und gerade weil wir so aktiv waren, sind wir auch vom Vorstand der IG Metall unterstützt worden.«

Jung, prodeutsch und aktiv sein, hieß: für die IG Metall sein. In Neunkirchen hat zum Beispiel der langjährige IG Metall-Bevollmächtigte Rudi Tschirner zur Zeit der Saarabstimmung eine besondere Rolle im nationalen und gewerkschaftlichen Kampf gespielt. Er kam aus der schlesischen Arbeiterbewegung und hatte dort eine Funktionärsausbildung erhalten. Schon während der ersten Saarabstimmung 1935 hatte er aktiv am Saarkampf teilgenommen. Er hatte nach dem Anschluß als Bevollmächtigter der IG Metall in Neunkirchen wesentlichen Anteil am Ausbau und an der Stärkung des Vertrauenskörpers im Neunkircher Eisenwerk.

Seltsamerweise war in der Aufbauphase der IG Metall bei Röchling in Völklingen ebenfalls ein Schlesier gleichen Vor- und Nachnamens (aber kein Verwandter) die herausragende Figur. Er kam ebenfalls aus der dortigen Arbeiterbewegung und hatte – auch nach 1933 – Kaderschulen besucht. Er wird von den Informanten als »Kadertyp«, als »geborene Führernatur« charakterisiert. Der Aufbau der saarländischen Metallgewerkschaft hat in den ersten Jahren in der Tat sehr große Impulse von nicht-saarländischen Kräften erhalten: die operative und finanzielle Stütze durch den Bezirk Frankfurt (Hans Eick), die Einführung der Mitbestimmung durch das Mitbestimmungsbüro (Heinrich Sträter) und durch die Erfahrungen an der Ruhr; die Besetzung der drei Aufsichtsräte durch hervorragende Spitzenrepräsentanten der IG Metall, und in den Stahlzentren Völklingen und Neunkirchen durch zwei prägende Persönlichkeiten aus der Arbeiterbewegung anderer Industriezentren. Aber selbstverständlich gab es auch schon in der ersten Stunde saarländische Persönlichkeiten, die mit aller Kraft die Weichen in die neue Richtung stellten.

Ein IG Metall-Bevollmächtigter urteilt über die Geschichte so: »Mit der Gewerkschaft war hier nicht viel los. Man hat immer schon gesagt, daß bei der Luisenthaler Brücke die Gewerkschaftsarbeit aufhört. Das war schon immer so gewesen, das hängt natürlich auch mit der Bevölkerung zusammen und auch mit der Nachkriegszeit und der gesamten politischen Lage, in der die entsprechenden Funktionäre gefehlt haben ... Erst die Generation, die nach dem Krieg gekommen ist, hat eine innenpolitische, gewerkschaftliche Verantwortung getragen, die sind mit einem neuen Weltbild an die Geschichte herangegangen. Die haben sich an den Organisationsfragen orientiert und an den Idee-Fragen der IG Metall. Es gab vorher hier auch nicht diese Ausbildungsmöglichkeiten. Unsere jungen Funktionäre haben ... die Schulungen der IG Metall, das heißt alle Lehrgänge, auf allen Ebenen und Schulen, besucht. So ab 1956 hat man doch dann schon mehr mitbekommen. Es war eine ganz andere Mentalität vorhanden. Es ist ja auch eine ganz andere Gesellschaftseinstellung vermittelt worden. Es gab ein Umschwenken der innerbetrieblichen Verhältnisse. Hans Eick, der damalige Bezirksleiter, der später Vorstandsmitglied wurde, er war sozusagen der Vater, der alles mit in Bewegung gebracht hat. Und der DGB und die IG Metall haben sich große Mühe gegeben, auch die richtigen Leute zur Verfügung zu stellen.«

Und ein Betriebsratsmitglied aus Neunkirchen: »Ich würde sagen, daß die Sache erst nach der Wiedervereinigung zur Entwicklung kam. Und dann kam die IG Metall. Zwar gab es schon vorher im Saarland illegale Parteien und illegale Gewerkschaften. Die Metall-Gewerkschaft in der Franzosenzeit hat ja politisch sehr nahe dem Joho (Johannes Hoffmann, d. V.) gestanden. Deshalb hatte sich auch eine Opposition gebildet. Und diese Illegalen sind auch teilweise zum Erfolg gekommen vor der Wiedervereinigung. Zum Beispiel ist der Rudi Tschirner hier schon vor der Wiedervereinigung erfolgreich gewesen und hat die Separatisten in der Gewerkschaft verdrängt. Als dann die Angliederung gelaufen ist, kam die stark organisierte IG Metall mit ihrer ganzen Kraft, die da schon eine programmierte Vorstellung hatte und eine geklärte Politik. Das hatten die anderen ja damals nicht. Der ganze Apparat und die Politik, das kam vom Reich, aber die Initiative ging von den Leuten aus, von der Abstimmung an der Saar. Die Leute, die als erste in die Gewerkschaft gingen, das waren die gleichen, die auch die Plakate geklebt haben. Das waren also die Anfangszeiten.«

Auffallend einhellig ist der Eindruck, den die IG Metall damals auf die saarländischen Kollegen machte: Sie waren geradezu fasziniert von der Größe und Kraft dieser Gewerkschaft. Immer wieder hieß es bei den Interviews: Und dann kam die »große IG Metall«. Zu einer solchen

Organisation mit über zwei Millionen Mitgliedern, einem so straffen Apparat und so imponierenden Spitzenfunktionären zu gehören, war beeindruckend für sie.

Willi Michels, der als Mitarbeiter von Heinrich Sträter die – zuerst illegalen – Gespräche mit den alten Gewerkschaftsrepräsentanten zur Einführung der Mitbestimmung miterlebte, berichtet:»Die Besprechungen fanden hinter verschlossenen Türen statt. Aber da zeigte sich schon, daß es sehr schwierig war. Der Abstimmungskampf hat natürlich eine sehr große Rolle gespielt. Ein Teil wollte lieber ein selbständiges Saarland. Das spiegelte sich auch in unseren Gesprächen wider. Wir wurden ein bißchen als ›Reichsdeutsche‹ betrachtet; der Begriff spielte eine erhebliche Rolle. Man hat uns nicht mit großer Euphorie oder freundlichen Gesten aufgenommen, das kann man nicht behaupten. Die Saarländer hatten ja eigentlich sozialpolitisch große Vorteile. Sie sagten: Wir haben netto mehr als brutto in der Tüte! Das kam durch die vielerlei Regelungen. Frankreich hat ja das Saarland so ein bißchen gepflegt. Aber es spielte auch die Atmosphäre eine große Rolle, der Begriff ›Reichsdeutsche‹. Und die christlichen Gewerkschaften spielten eine erhebliche Rolle, sie wurden auch sehr gepflegt von manchen Seiten. Die positiven Kräfte für eine Angliederung waren in der Gewerkschaft doch nicht so stark vorhanden, das konnte man feststellen. Man mußte also sehr viel Geduld aufbringen und sehr viel Mühe reinstecken. Wenn wir natürlich mit unseren Zahlen kamen – in der Bundesrepublik haben wir so und so viel Organisierte –, so hat das beeindruckt. Wir konnten doch schon eine gewisse Kraft darstellen. Wenn man zurückdenkt, so ist es erstaunlich, wie die Organisation im Saarland gewachsen ist, denn vorher war ja nichts da.« – Und zu den frühen Erfahrungen mit der Mitbestimmung sagte er:»Es gab keine Sitzung, keine Besprechung mit den Aufsichtsräten oder Gespräche ohne Auseinandersetzungen mit den christlichen Gewerkschaften, mit der DAG oder mit dem DHV, das gab es nicht. Bei jeder Neuwahl war Theater. Hatten wir in einer Besprechung mit denen Einigkeit erzielt, vier Wochen später war alles vergessen, und wir mußten wieder dorthin.«

Ein Problem waren auch die Mitgliedsbeiträge. Die waren im Industrie-Verband Metall sehr niedrig, wesentlich niedriger als bei der IG Metall. Der Bezirk Frankfurt mußte acht bis zehn Jahre lang Geld ins Saarland pumpen.

»Im Saarland war das hierarchische Denken – da oben sitzt der Patron – doch stärker ausgeprägt als an der Ruhr. Das konnte man gut feststellen . . . Da waren wir hier schon näher dran. Dieses hierarchische

Denken war nicht mehr so verbreitet. Daß ins Kasino ein Arbeiter reinging, das war für Dillingen unmöglich. Und Röchling hatte einen großen Einfluß in der Stadt selbst.« (Willi Michels)

In die Aufsichtsräte setzte die IG Metall erfahrene Spitzenvertreter: Hans Eick (Leiter des Bezirks Frankfurt) in Völklingen; Fritz Strothmann (IG-Metall-Vorstandsmitglied) und Bernhard Tacke (stellvertretender Vorsitzender des DGB) in Neunkirchen.

Die IG Metall war für die patriotischen Arbeiter damals das Sinnbild fortschrittlicher deutscher Entwicklung nach 1945. So wollten sie auch sein. Dieselbe »patriotische Blindheit«, die 1935 die saarländische Arbeiterschaft ungeachtet aller Warnungen in die Hände Nazideutschlands trieb, wirkte sich jetzt als maßgebliche Bedingung für einen rapiden fortschrittlichen Wandel der Sozialstrukturen aus. Es gibt nur noch ein Ereignis in der Geschichte der saarländischen Arbeiterschaft, das eine in etwa vergleichbare Veränderung brachte: der Zusammenbruch der alten politischen Ordnung 1918, der sich als eine Befreiung aus den abstrusesten Formen der Stummschen Knechtschaft darstellt und die Mitgliedschaft in den freien Gewerkschaften und SPD schlagartig von fast Null auf dreißig bis vierzig Prozent emporschnellen ließ.

Der schnelle und geglückte Einzug der IG Metall in das Saarland im Jahre 1955 stellte sich bald als eine historische Zäsur heraus. Unter den Teilstücken dieses Wandels ist eines die Einführung der Mitbestimmung. Sie erlangte im Konzert mit den anderen Teilen aber bald eine besonders große Bedeutung. Schauplatz dieser Entwicklung waren die einzelnen Hütten.

Teil II
Die Entwicklung der Mitbestimmung in der saarländischen Stahlindustrie

1. Die Entwicklung der Mitbestimmung bei Röchling

Die Röchlingsche Eisen- und Stahlwerke GmbH, nach dem Krieg das größte Hüttenwerk an der Saar, stellten den Schwerpunkt des weitverzweigten Kapitalbesitzes der Industriellenfamilie Röchling dar. Im November 1956 wurde die Zeit der Sequesterverwaltung beendet und das Unternehmen der Familie Röchling zurückgegeben. Im Jahr der Rückgliederung betrug die Belegschaftsstärke ca. 14 500 Beschäftigte. Ein paritätisch besetzter Aufsichtsrat wurde im Mai 1958 gewählt. Bereits in den sechziger Jahren zeichneten sich gravierende Strukturprobleme ab. Gleichzeitig verlagerte die Familie Röchling ihre Kapitalinteressen in andere Sektoren. 1971 übernahm die Luxemburger ARBED 50 Prozent der Röchlingschen Anteile und brachte ihre Burbacher Betriebsabteilung in das so erweiterte Unternehmen Stahlwerke Röchling-Burbach GmbH ein. Damit wurde die Burbacher Hütte, die ca. 5 000 Beschäftigte hatte, in die Mitbestimmung einbezogen, von der sie vorher als unselbständige Abteilung eines ausländischen Unternehmens ausgeschlossen war. 1976 erfolgte die Ausgliederung der Weiterverarbeitungsbetriebe in eine selbständige Tochtergesellschaft, die Röchling-Burbach Weiterverarbeitung in Völklingen, die unter Einbeziehung noch einer Reihe anderer Weiterverarbeitungsbetriebe der ARBED seit 1981 als Techno-ARBED Deutschland GmbH fungierte. Sie fiel damit in den Geltungsbereich der 76er Mitbestimmung, die hier aber – in Orientierung an der paritätischen Mitbestimmung der Muttergesellschaft – großzügig praktiziert wird.

1978 übernahm die ARBED die restlichen Anteile der Röchling-Familie und außerdem die Neunkircher Eisenwerke als Tochtergesellschaft. 1982 erfolgte die Vollfusion beider Unternehmen zur ARBED-Saarstahl GmbH.

Schwerpunkte der Mitbestimmung in der Pionierzeit
Was wir für die gesamte saarländische Stahlindustrie festgestellt haben,

53

gilt insbesondere auch für die Entwicklung der Arbeitnehmerinteressenvertretung bei Röchling: Der gewerkschaftliche Organisationsaufbau im Betrieb und das Tätigwerden der Mitbestimmungsorgane gingen Hand in Hand. Beides voneinander zu trennen, wäre müßig und übrigens auch kaum möglich.

Will man sich ein Bild von den eingetretenen Veränderungen machen, darf man diese Dinge nicht getrennt betrachten. Vorschnelle Kategorisierungen und Generalisierungen führen in die Irre, da die drei Stahlunternehmen, obwohl eng benachbart, von jeher drei getrennte, auf gegenseitiges Sichabsetzen bedachte eigene Territorien bildeten und dieses territoriale Denken und Handeln sich in der Mitbestimmungsära fortsetzte. Dasselbe Ereignis, zum Beispiel der Abschluß einer Betriebsvereinbarung oder eine Demonstration für die Erhaltung von Mitbestimmung, hat in jedem Werk einen anderen Wert, eine andere Bedeutung. Es haben sich werkseigene Mitbestimmungsstile und -traditionen herausgebildet. All dem können wir nur gerecht werden, wenn wir die Strukturen und die Historie der drei Werke (Unternehmen) in den Mittelpunkt stellen und sie jeweils als Einheit behandeln. Erst danach kann versucht werden, zusammenzulesen und zu komprimieren, was unter dem Strich das Gemeinsame an der Wirkung von Mitbestimmung an der Saar ist.

In Völklingen bahnte sich mit der ersten Betriebsratswahl (1957) nach dem Anschluß an die Bundesrepublik eine entscheidende Wende an. Eine Gruppe von entschlossenen und fähigen IG-Metall-Kandidaten unter der Führung von Rudi Tschirner erhielt zwar nur eine knappe Mehrheit gegenüber den Christlichen und der DAG, begann aber sofort mit dem Aufbau einer entschiedenen Vertretungspolitik. Im März 1958 wurden der Arbeitsdirektor bestellt und der paritätisch besetzte Aufsichtsrat gewählt, in dem Hans Eick stellvertretender Vorsitzender wurde. Auch in der Unternehmensführung hat 1956/57 ein Wechsel stattgefunden. Die Familie Röchling hatte nach zwölf Jahren ihre alten Besitzrechte wiedererlangt. Ernst Röchling leitete das Familienunternehmen (keine Aktiengesellschaft) und wurde Vorsitzender im Aufsichtsrat. Die Röchlings standen der Mitbestimmung anfangs sehr ablehnend gegenüber, hatten sie doch gerade erst ihre Herrschaft wiedererobert und sollten sie nun sogleich mit anderen teilen. Ein damaliges Betriebsratsmitglied erinnerte sich: »Es war von vorneweg eine Abwehrbereitschaft von vorne bis hinten, von unten bis oben. Die haben geglaubt, die Welt bricht zusammen.« Ein anderes Betriebsratsmitglied meinte: »Der Arbeitsdirektor hatte die heikelste Stellung, der mußte erst mal nach und nach, vorsichtig taktierend auf glattem Parkett, seinen Geschäftsbereich zusammenholen ... Man bot ihm zuerst nur das Sozialwesen an, Werkswohnungen, Kindergartengeschichten. Dann kamen das Ausbildungswesen, das Personalwesen für Arbeiter, dann hatten wir die Angestellten geholt. Dann haben wir eine größere Pause gemacht bei den Vertragsangestellten, wo die Röchlings gar nicht gejauchzt haben. Das hat ein bißchen länger gedauert, deswegen, weil ja mit einem gewissen Gespür für die besondere Situation vorgegangen werden mußte. Denn da waren ja die ganzen Führungskräfte drunter: Wer wird denn Betriebschef dort und Abteilungsleiter hier? Das ging alles dann in Verbindung mit der Arbeitnehmerseite im Aufsichtsrat, sukzessive, mit einem gewissen Fingerspitzengefühl in Anbetracht der besonderen Lage des Unternehmens.«

Das Einzigartige und Interessante an der Einführung der Mitbestimmung bei Röchling ist, daß sie von Gewerkschaftsseite bewußt als Lernexperiment inszeniert wurde. Hans Eick hatte von Beginn an eine Losung ausgegeben, an die sich alle Mitbestimmungsträger wie an die Zehn Gebote gehalten haben, und die man durchaus als Schlüssel für den geglückten Übergang vom »Königreich Röchling« ins Mitbestimmungszeitalter in kürzester Zeit begreifen muß: Angesichts der besonderen Lage dieses Unternehmens müssen wir uns so vorsichtig und unauffällig wie möglich verhalten, um die Familie nicht zu erschrecken. Diese Devise spielte auf sämtlichen Ebenen: im Aufsichtsrat, im Verhalten des Arbeitsdirektors und in der Strategie des Betriebsrats immer und immer wieder eine große Rolle und wirkte schließlich wie eine Doktrin.

Der damalige Betriebsratsvorsitzende sagte dazu: »Hans Eick kam mit der Weisung, wir müssen äußerst vorsichtig hier zu Rande gehen. Wir wollen die Familie nicht erschrecken ob der Mitbestimmung. Er hat immer zu mir gesagt: Wir werden uns in der ganzen Mitbestimmungsfrage im Aufsichtsrat so unauffällig wie möglich verhalten, klar und bestimmt in unserem Auftreten, aber du wirst es nicht erleben, daß wir es irgendwie zur Abstimmung kommen lassen. Das war auch aus der Überlegung heraus, daß man der Arbeitgeberseite unter gar keinen Umständen mit dem Holzhammer sagen wollte, was Mitbestimmung ist. Sondern es ging immer wieder um die Anpassung ... Und so haben wir eigentlich vom good will her eine wunderbare Zusammenarbeit in den ganzen Jahren im Aufsichtsrat gehabt. Eben weil man von der Gewerkschaftsseite wußte, wir können jetzt hier nicht wie der Elefant im Porzellanladen mit Mitbestimmung rumhauen, genauso wie ich meinen

Leuten im Betriebsrat sagte: Nun macht mal langsam, wir haben einen Arbeitsdirektor, aber der kann jetzt nicht alles mit einmal rumschmeißen, der steht als neuer Mann da oben in einer Stellung gegenüber den alteingefuchsten Familienmitgliedern, der kann also gar nichts mit Gewalt. So daß ich sogar meinen engsten Kollegen im Betriebsrat, dem Fritz Heckmann und den anderen, mal sagen mußte: ›Fritz, wir nehmen eher 'ne Unterlassung auf Kosten des Betriebsrats hin, als daß wir uns die Mitbestimmung in Verruf bringen lassen, daß es heißt: es war der Arbeitsdirektor.‹ Es ging mir nicht so sehr um die Schonung des Mannes, sondern um die Einrichtung. Wir konnten Kritik eher schon mal ertragen, auch wenn wir eine christliche Konkurrenz hatten, als daß wir mit leichter Hand den Arbeitsdirektor . . . hätten verbraten lassen. Lieber fingen wir das auf.«

Diese intensive Vertrauensarbeit angesichts der durch die ganze Tradition aufgebauten Ablehnungsfront der anderen Seite – was eben die besondere Lage ausmachte – ging von der Gewißheit aus, daß eine nutzlose und endlose Konfrontation unvermeidlich sei und die Mitbestimmungsorgane, insbesondere der Arbeitsdirektor, keinen Boden für eine wirksame Arbeitnehmerpolitik gewinnen könnten, wenn man keinen Vertrauensvorschuß gäbe. Das Nahziel war die Akzeptierung des Arbeitsdirektors als Vorstandsmitglied unter seinesgleichen, das »Hoffähigwerden« der führenden Mitbestimmungsträger in der so ganz anderen Welt der Familie. Dazu brauchte man vor allem Vertrauen und viel Zeit. Ein Befragter drückte das auch ganz deutlich aus: »Zur Zeit seiner Einführung konnte der Arbeitsdirektor ja eigentlich viel weniger beim oberen Management beeinflussen als wir Betriebsräte, denn der war noch unter seinesgleichen ein Küken; seine Stellung mußte erst mal gestärkt werden. Das brauchte Zeit. Wir haben gesagt, der Arbeitsdirektor muß erst mal älter werden, bis so nach und nach andere Gesichter da oben neben ihm sitzen und bis er in seinem Bereich eigene Leute um sich scharen kann.«

Diese Erwartung ist voll aufgegangen. Die Losung von der geräuschlosen Einführung der Mitbestimmung durch Vertrauenswerbung konnte sich freilich nur deshalb so konsequent durchsetzen, weil sie den Absichten und der Mentalität des damaligen Betriebsrats entsprach. Nach der Beurteilung seiner Mitstreiter im eigenen Unternehmen war der Arbeitsdirektor die geeignete Persönlichkeit, diese Losung auf der Vorstandsebene zu verwirklichen. Als sein großes Verdienst wird ihm angerechnet, daß er es in relativ kurzer Zeit schaffte, als Person – und damit unter der Hand auch als Funktion – akzeptiert zu werden. Er repräsentierte nicht den gewerkschaftlichen Buhmann, sondern den Mann mit Stil und Manieren, der gesellschaftlich »von denen da oben« aufgenommen wurde wegen seiner Verbindlichkeit. Er hat den Ton gemacht, die Atmosphäre geschaffen, in der – bildlich gesprochen – dann auch harte Brocken – wie in Watte verpackt – leise zur Erde fielen, dennoch aber die gewünschte Wirkung erzielten. Daß er Forderungen und Anregungen des Betriebsrats eher vorsichtig bearbeitete, hat man ihm nicht übel genommen, weil er das anfangs Unvorstellbare zuwege gebracht hat: als Gewerkschaftsmann mit der Familie warm zu werden, das aber stets im Bewußtsein seiner Bindung zu den Arbeitnehmervertretern und zur Gewerkschaft. Die Leistung des Arbeitsdirektors am Anfang habe in seiner sozialen Geschicklichkeit, weniger in richtungsweisenden Ideen und Anstößen in der mitbestimmten Personalpolitik gelegen. Seine heilsame Rolle ist unumstritten.

Der dominierende Mann auf der Arbeitnehmerseite im Aufsichtsrat war Hans Eick. »Er war fachlich unschlagbar, der Mann hatte ein immenses Wissen. Und er hatte ein bestimmtes Auftreten, eine harte Linie in Verhandlungen. Vor dem hatten die Röchlings alle Achtung. Er brachte der Industrie das Revolutionäre bei, dazu war er geboren.« (So ein damaliges Betriebsratsmitglied.)

Die entscheidende Frage war, ob die Röchlings den Vertrauensvorschuß der Arbeitnehmerseite in der Mitbestimmungspolitik annahmen. Ihre Anfangstaktik bestand darin, durch Abwarten, Hinhalten und Vorsicht dem Ganzen den Stachel zu nehmen. Sie waren wohl überzeugt, daß, wenn sie sich selbst harter Konfrontation enthielten und geschickt genug taktierten, sich der Mitbestimmungsdrang totlaufen würde oder zumindest in harmlose Bahnen gelenkt werden könne. Sie vermieden alles, was nach Reizen und Herausfordern aussehen konnte. Entsprechend ihrem kultivierten Familienstil behandelten sie – ganz anders als die Stumms und Schluppkottens in Neunkirchen – die Mitbestimmungsträger mit ausgesuchter Höflichkeit.

Dazu äußerte sich ein damaliges Betriebsratsmitglied: »Sie waren äußerst bemüht, uns Neue in keiner Weise zu schneiden, sondern ganz im Gegenteil, man zeigte sich uns gegenüber sehr entgegenkommend, und zum Arbeitsdirektor noch mehr als zu mir und meinen Betriebsratskollegen. Man gab sich größte Mühe, nicht zu konfrontieren, sondern diese Seite der Mitbestimmung durch Freundlichkeit für sich zu gewinnen.«

Auch die Vertreter des Zweigbüros Düsseldorf der IG Metall erzählen von der ausgesuchten Höflichkeit und Zuvorkommenheit, mit der sie von Ernst Röchling behandelt wurden. Die Arbeitnehmervertreter trauten freilich dieser Seite nicht ganz, waren aber froh, daß keine feindselige Stimmung aufkam.

Wieder ein Stück vorgreifend, müssen wir sagen, daß Ernst Röchling in der Tat eine ganz pragmatische Lernbereitschaft besaß. Er ließ sich schnell durch den faktischen Verlauf der Ereignisse von den Vorteilen der Mitbestimmung überzeugen. Bereits drei Jahre nach ihrer Einführung sagte er: Wenn es die Mitbestimmung nicht gäbe, müßten wir sie einführen. In der Zwischenzeit waren einige Dinge geschehen, die ihm nicht nur theoretisch, sondern konkret zeigten, daß es Vorteile hat, »in Gemeinsamkeit zu marschieren«.

Von da an war er, sowohl unter den Direktoren im eigenen Haus als auch innerhalb der Unternehmerkreise, ein Verbündeter der Mitbestimmungssache. Willi Michels, Mitglied des Beratenden Ausschusses in Luxemburg, in dem auch Ernst Röchling saß, weiß zu berichten, daß Röchling oft mit der Arbeitnehmerseite stimmte – »gegen den eisenharten Schluppkotten, die sich beide gar nicht leiden konnten« (Michels).

Röchling hatte die Erfahrung gemacht, daß eine starke Arbeitnehmervertretung seine Position als oberster Unternehmenslenker stärkte. Die speziellen Vorteile in dieser Hinsicht, die unsere betrieblichen Gesprächspartner aus ihrer Sicht nannten, sind, daß er erstmals detaillierte Informationen über Vorgänge an den Arbeitsplätzen erhielt, die er sonst nur gefiltert und entstellt von den Vorgesetzten bekam; daß er die Reaktionsweisen der Belegschaft kennenlernte und sie besser abschätzen konnte; daß starke Arbeitnehmervertreter die Belegschaft »im Griff« haben, wodurch das eigene Verhältnis zu ihr kalkulierbar wird; daß der stärkste Mann der Belegschaft, der Betriebsratsvorsitzende, durch seinen Sitz im Aufsichtsrat gezähmt ist, und schließlich, daß die Arbeitnehmerseite im Aufsichtsrat ihn als Geschäftsführer stärkt gegenüber den übrigen Gesellschaftern (Familienmitgliedern).

Der damalige Betriebsratsvorsitzende sagte: »Er war wirklich froh, daß die Dinge endlich mal von der Sicht von unten da oben hineingetragen wurden und daß diese Dinge dann ein ganz anderes Gesicht bekamen, daß auch die Anteilseigner im Aufsichtsrat jetzt mal interessant fanden, daß Perspektiven erörtert wurden, die sie nicht kannten . . . Die hatten das Gefühl, wir haben eine positive Arbeitnehmervertretung. Es war also für die erste Zeit auch für unseren alten erfahrenen Ernst Röchling eine wesentliche Komponente, daß sie plötzlich mal überhaupt mit Belegschaftsfragen vertraut gemacht wurden. Denn für die war manches auch nicht ganz klar, zum Beispiel beim Streik im Martinwerk. Der Ernst Röchling wußte gar nicht, warum streiken die? Dieser Streik war unsere erste Bewährungsprobe.«

Röchling öffnete sich also vorsichtig, Schritt für Schritt, von denen jeder ihm einen Vorteil sichtbar machen mußte, für die Mitbestimmung. Eicks Strategie hatte gute Früchte getragen. In wenigen Jahren war ein positives Mitbestimmungsklima geschaffen, der Rohbau stand, und darin konnte sich eine starke gewerkschaftliche Basisorganisation entfalten. Begonnen wurde damit schon 1957, vor der Akzeptanz der Mitbestimmung. Aber erst unter dem stabilen Schirm der geglückten Mitbestimmung wurde die gewerkschaftliche Basisorganisation zum eigentlichen Motor einer wirksamen Interessenvertretung im Werk.

Wir können nicht genau rekonstruieren, wie vor Einführung der Mitbestimmung der Betriebsrat zustandekam, wer die neuen Leute in der Spitze als Kandidaten aufgestellt hat, von denen nur einer vorher zum alten Betriebsrat gehörte. Sicher ist, daß die IG Metall von Frankfurt aus schon Fäden ins Werk gesponnen hatte im Laufe des Übergangsjahres 1956. Jedenfalls war dies ein Betriebsrat, wie ihn das Werk Röchling zuvor noch nie gesehen hatte.

Mit dem neuen Betriebsratsvorsitzenden Tschirner wurde aus dem Betriebsrat ein handlungsfähiges, starkes Vertretungsorgan. Er holte sieben qualifizierte Männer, alle in der IG Metall organisiert, in den Betriebsausschuß. Diese acht machten gemeinsam die Betriebsratspolitik. Das Gruppenerlebnis bei der gemeinsamen Arbeit muß sehr groß gewesen sein. Tschirner schwärmt noch heute davon:»Meine Leute und ich, wir waren immer ein Team, wir waren so stark ein Team, daß der Arbeitsdirektor mir oft böse war, weil ich immer alle mitnahm zu jedem Gespräch. Wir waren acht Mann, die waren das Verhandlungsgremium. Und ich war immer mit all diesen Leuten beim Arbeitsdirektor. Wir hatten auch feste Termine bei den anderen Direktoren, wo alle acht mitgingen, jede Woche. Meine Kollegen, die hatten Gott sei Dank Hirn und Auftretungsvermögen, die nicht unbedingt beim Chef sagten, entschuldigen Sie, daß ich geboren bin, sondern die sehr wohl mit den Chefs sprechen konnten. Und ich wollte, daß diese Leute aus all diesen Gesprächen ihr Wissen mitnehmen können bei ihren Gesprächen dann in den Betrieben. Und das war sehr, sehr gut und richtig so. Der Betriebsrat entsprach ja auch vorher nie der Gehirnmasse des Durchschnitts. Intelligente Leute machen lieber die Meisterschule, als daß sie in den Betriebsrat gehen. Mit 'ner Pflaume kann ich aber nichts anfan-

gen . . . Wir waren immer zusammen, wir haben alles gemeinsam besprochen, es gab keine Extratouren. Kritik von anderen gab es zwar.
Der Vertrauenskörpervorsitzende kam oft zu mir und sagte: ›Da unne,
die hecken wieder was gegen dich aus.‹ Ich sagte, laß sie mal machen.
Ich konnte gelassen sein, und das war das Schöne. Wir acht haben wohl
alle unsere bestimmten Meinungen gehabt, aber jeder hatte so viel
Schlauheit, daß er wußte, ich bin zwar entgegengesetzter Meinung,
aber ich muß mich auch ein bißchen unterordnen, aber das kann ich
noch vertreten. Wir haben Auseinandersetzungen gehabt, aber nie offene Feindschaft, es war nie der Fall, daß in diesem Team hintenrum
intrigiert wurde . . . Diese Umstellung hat sehr viel bewirkt. Ob man
das nun der Mitbestimmung zugesprochen hat, das könnte sehr wohl
sein, denn im Grunde ist es ja alles in die Zeit hineingepackt. Es war
freilich leichter durch die Mitbestimmung, daß man organisatorisch,
gewerkschaftlich besser in die Betriebe hineinwirken konnte. Das ist
logisch, das brachte aber, wie gesagt, der ganze Umschwung mit sich,
daß wir nun plötzlich von der gewerkschaftlichen Form her in die deutsche IG Metall übernommen wurden. Das war ein Ansatzpunkt für
eine gedeihliche Betriebsratsarbeit.«

Dank seiner straffen Innenorganisation und Zielstrebigkeit übernahm
dieser Betriebsrat das Gesetz des Handelns. Man muß bedenken, daß
ein gutes Drittel der Sitze von christlichen Gewerkschaftern eingenom-
men wurde. Tschirner und seine Kernmannschaft brachten es fertig,
daß ein Religionskrieg im Betriebsrat vermieden wurde und die Christlichen in der Regel die vorgeplante Linie der IG-Metall-Riege passiv
unterstützten. Ein wichtiger Punkt war die Autonomie gegenüber dem
Arbeitsdirektor. Der Betriebsratskern ging davon aus, daß er nur dann
Einfluß gewinnen könne, wenn er den direkten Kontakt zu allen Direktoren hat, um über sie als Experten und Verantwortliche aus erster
Hand Einblick in die jeweiligen Entscheidungsbereiche zu bekommen.
Vor allem die regelmäßigen Gespräche mit dem technischen Direktor
seien von großem Wert gewesen. Dazu wieder die Stellungnahme des
damaligen Betriebsratsvorsitzenden: »Der gab uns sehr viel technisches
Wissen, und der war ein wendiger Mann, der wußte die Listigkeit des
Betriebsrates auch für seine Person zu nutzen. Wir wußten plötzlich
über Investitionen, über Organisation mehr als mancher Betriebschef.
Sie glauben nicht, wie amüsant und interessant das manchmal war,
wenn wir zu den Betriebschefs gingen, wie froh die waren, daß wir überhaupt kamen, denn wir wußten oft mehr und konnten manches Wissen
gut verkaufen. Dem Arbeitsdirektor paßte das nicht . . . Er wollte der

einzige Geschäftsführer sein, mit dem wir Dinge besprechen, er wollte Filterstation sein. Aber wir wollten uns unsere Beweglichkeit nicht beschneiden lassen. Da kommt es auf den Betriebsrat an, ob er den Arbeitsdirektor als Oberbetriebsrat fungieren läßt, dann ist er dem in allem ausgeliefert, und ich wollte das von Anfang an nicht . . . Auf der anderen Seite wußten wir sehr wohl, wie weit wir mit unseren Forderungen gehen konnten, um den Arbeitsdirektor nicht zu diskriminieren, um ihn nicht vor zu viel abgewiesene Situationen zu stellen.«

Der Betriebsrat fuhr oft zu anderen Betriebsräten an der Ruhr, um Einsicht in dort bereits errungene Leistungen zu bekommen. Er ist aber in den ersten Jahren nicht zurückgekommen, um gleich die Verwirklichung derselben Dinge einzufordern. Das kam später. »Wir haben, wenn man so will, partizipiert an den Erfolgen, die die Mitbestimmung im Ruhrgebiet schon gebracht hatte. Wir haben das nach und nach hier auch reingebracht.« (Ein damaliges Betriebsratsmitglied.) In den ersten Jahren hielt sich der Betriebsrat aber mit spektakulären Forderungen zurück. Sein oberstes Ziel war die Anerkennung der Institution Betriebsrat als Machtfaktor. Dies geschah auf dem Weg der allmählichen Infiltration in den täglichen Betriebsablauf und im Aufbau eines Vertrauensleutesystems. Er machte sich unentbehrlich dadurch, daß er sich in immer mehr Dinge in der Produktion, an den Arbeitsplätzen, einmischte: Einmal, wie schon erwähnt, von oben über den Kontakt mit den Direktoren, und ebenso von unten, indem er die Beschwerden und Probleme einzelner Arbeiter aufgriff und sich zu deren Sprecher machte: »Wir haben den Mann immer spüren lassen, wir sind da, wir sind immer wieder da. Und wir konnten uns in den Betrieben immer mehr sehen lassen, immer mehr durchsetzen und immer mehr bei Entscheidungen mitsprechen. Und dabei waren die Gespräche mit den Direktoren sehr nützlich.« (Der damalige Betriebsratsvorsitzende.)

Der Hauptschwerpunkt der Arbeit dieses Betriebsrats waren der Aufbau der gewerkschaftlichen Organisation in der Belegschaft und der Aufbau eines qualifizierten gewerkschaftlichen Vertrauenskörpers. 1957 waren nicht mehr als ca. 15 Prozent der Belegschaft Mitglieder der IG Metall, und es gab keine engagierten und verläßlichen Vertrauensleute. »Wir hatten 'ne saumäßige Organisation hinsichtlich der Mitglieder. Das Wichtigste war also, die Organisation zu stärken durch gute Betriebsratsarbeit und durch Kontakte zur Belegschaft. Und wir hatten zu wenig gute Vertrauensleute. Das war mein Wichtigstes, das auszumerzen.« (Damaliger Betriebsratsvorsitzender.)

Was die Mitgliederwerbung betraf, stand man in harter Konkurrenz zum Christlichen Metallarbeiter-Verband, der nicht schlief und vor allem bei den Arbeitern aus dem Hinterland Anklang fand. Der IG-Metall-Kern im Betriebsrat sagte sich: Die kommen nicht zu uns, wir müssen zu denen gehen, und startete über Jahre eine Werbeaktion. Er fuhr sonntags mit der Werkskapelle über die Dörfer im Hochwald und gab Belegschaftskonzerte mit anschließendem Tanz, um – wie ein Befragter sagt – »den Leuten zu zeigen, wir sind für euch da, und um die Christliche Gewerkschaft herunterzuschrauben«. Diese volkstümliche Werbemethode hatte er den Christlichen, die in den ländlichen Gebieten besonders stark waren, abgeschaut.

Von der Ruhr wußte man, wie man über die Einstellungspraxis den Mitgliederbestand erhöht. Diese Praxis hat großen Eindruck gemacht auf die Völklinger, so etwas hatte man sich vorher im Traum nicht ausdenken können. Das war für sie, wie kaum etwas anderes, ein Zeichen für die Macht der IG Metall. Das wollte man auch einführen. Aber, wie bei so vielem, mußte man hier saarländisch-vorsichtig vorgehen. Man war noch nicht stark genug, um es ganz offen zu tun, aber es hat sich mit der Zeit doch in stiller Kooperation mit dem Arbeitsdirektor eingebürgert, trotz Christlichem Metallarbeiter-Verband, »der auch wußte, daß uns auf Dauer die Mitbestimmung organisatorisch hilft«, so ein damaliges Betriebsratsmitglied.

Die Heranbildung eines qualifizierten Funktionärskörpers war auf lange Sicht die wichtigste und schwierigste Frage. Mit den Vertrauensleuten lag es sehr im argen. Die vom alten I.V. Metall waren vom Selbstverständnis her bloße Beitragssammler. Die, die an Aktiven da waren, waren schon im Betriebsrat, und deren Zahl war sehr klein. Wenn auch bald viele Arbeiter die IG Metall als »große Kraft« anerkannten – bis zum aktiven Engagement in einem »sozialistischen Verband« war angesichts des katholisch-konservativen Umfeldes noch ein weiter Weg. Der IG-Metall-Kern im Betriebsrat entschied sich für einen unkonventionellen Weg. Man sagte sich, daß es keinen Zweck habe, wahllos jemand, der nur das IG-Metall-Mitgliedsbuch hat, zum Vertrauensmann zu machen; Klasse gehe vor Masse. Man wollte in jedem Betrieb und in jeder Schicht den qualifiziertesten und wendigsten Mann und wandte bei deren Auswahl offenbar manchmal unkonventionelle Methoden an, die beim Vorstand der IG Metall und beim Arbeitsdirektor nicht immer Beifall fanden.

Bis jedoch ein gut organisierter Vertrauenskörper auf den Beinen stand, vergingen noch viele Jahre – über die eigentliche Pionierzeit hinaus. Es dauerte bis 1970/72. Dabei hat der Arbeitsdirektor eine unter-

stützende Rolle gespielt. Eine Kernfrage bei der Arbeit des Vertrauenskörpers sind seine Arbeitsmöglichkeiten. Sitzungen während der Arbeitszeit waren in der ersten Zeit nicht denkbar, obschon der Betriebsrat Verhandlungen mit dem technischen Direktor darüber führte. Der
entscheidende Durchbruch kam, als der Arbeitsdirektor während einer
schwierigen Lohnrunde von sich aus alle Vertrauensleute während der
Arbeitszeit im Schlafhaus zusammenholte und – wie ein Betriebsratsmitglied erzählt – »dort Auskunft über die Meinung des Arbeitgebers
gab. Der Arbeitgeber war heilfroh, daß er einem Gremium von Leuten
in etwa das Verständnis für die Lohnsituation beibringen konnte. Und
so kam das dann langsam da hinein. Das hat lange gedauert. Wir haben
hart dafür gekämpft.« Dies ist ein gutes Beispiel für den vorsichtig prü-
fenden, schrittweise vorgehenden, experimentellen Stil der Röchling-
Geschäftsführung: Immer wenn sie einen konkreten Vorteil der Mitbestimmung und der Interessenvertretung erfahren hatte, ließ sie ein
Stück Leine los.

Ein gehöriger Teil des Umschwungs in der Pionierzeit geht zurück auf
die Art, wie der Betriebsrat seinen Kontakt zur Belegschaft ab 1958/59
organisierte. Man muß sich auch dieses Problem plastisch vorstellen:
an der Spitze eine Handvoll aktiver und qualifizierter Leute im Betriebsrat, daneben eine noch nicht organisierte Belegschaft von ca.
14 000 Beschäftigten, und dazwischen nichts. In der Vergangenheit liefen die Belegschaftsversammlungen so ab, daß kurz vor Schichtende,
wenn dann die andere Schicht schon dazu kam, eine große Versammlung für die ganze Belegschaft – es kam vielleicht ein Fünftel davon –
abgehalten wurde, bei der dann lediglich die Berichte heruntergelesen
wurden. Jetzt wurde die Betriebsversammlung in der Freizeit abgehalten und mit 5 DM entschädigt. Nun fanden viermal im Jahr acht Teilversammlungen statt, zu denen jeweils 800 bis 1000 Arbeiter kamen.
Ernst Röchling war zunächst gegen die Abhaltung solcher übersichtlich
strukturierter Versammlungen, weil er fürchtete, sie könnten zu einer
Bühne für die kommunistischen Aktivisten werden. Der Betriebsratsvorsitzende entgegnete ihm: »Herr Doktor, die Kommunisten über-
nehme ich, Sie aber dann nachher die Direktoren!« (Gemeint ist die
Beeinflussung einer mitbestimmungsoffenen Haltung der Direktoren,
d. V.)

An den Versammlungen nahmen fast immer Röchling selbst und die
anderen Vorstandsmitglieder teil. Röchling habe es später sogar Spaß
gemacht, dort zuzuhören und aufzutreten. Dieses Bild: der Herr Doktor Röchling in Bereichs- oder Teilversammlungen unter diskutieren-

den Arbeitern, und das schon ab 1959, besagt mehr als alle Worte über das, was sich da in Veränderung befand. Die in dieser Symbolik und Dramaturgie sichtbare Veränderung ist den Zeitgenossen so nachhaltig im Gedächtnis geblieben, daß sie noch heute nur mit Bewegung darüber sprechen können. Einer, der es erlebte, sagte dazu:

»Uns Alten bleibt das ewig unvergessen; auf einmal gab es für jeden Bereich vier Belegschaftsversammlungen im Jahr. Das war ein historischer Augenblick, als zum ersten Mal in Anwesenheit von Ernst Röchling und den ganzen hohen Herren ein Arbeiter in die Bütt ging und das Maul riskierte. Sie hätten die Spannung in der Versammlung erleben müssen, kaum zu beschreiben: Das war für das Saarland fast dasselbe wie die Französische Revolution. Ohne Mitbestimmung, ohne Aufsichtsrat und Arbeitsdirektor im Rücken wäre das gar nicht möglich gewesen. Und das wurde von Jahr zu Jahr mehr, das hat so fünf bis sechs Jahre gedauert, da waren dann auf den Versammlungen so viele Wortmeldungen, daß wir gar nicht immer durchkamen. Und gleichzeitig kam, und das war fast noch wichtiger, daß auf einmal jede Arbeitsgruppe ihren besten Mann als Vertrauensmann wählen konnte, der dann verpflichtet war, seine Anliegen auf den Tisch zu legen, und das auch tat. Und darüber, bitte schön, mußte nun geredet werden. Vorher war die Familie Röchling alles, da hätte keiner was gewagt. Ich war genauso einer, man hätte sich doch nie etwas zu sagen getraut. Nun merkte doch die Belegschaft, hier weht ein anderer Wind.« (Ein ehemaliges Betriebsratsmitglied.)

Auf den ersten Belegschaftsversammlungen wurden die Mitbestimmung und die Zuständigkeitsbereiche der Vorstandsmitglieder vorgestellt. Die Notwendigkeit dazu formulierte ein Veteran so: »Die Mitbestimmung war ein im Moment geborenes Kind, was gar keinem bekannt war. Selbst die Mitglieder und viele Funktionäre wußten nicht mal, was ist nun los mit der Mitbestimmung.«

Rückblickend ist es schon erstaunlich, was dieser erste Betriebsrat an Organisationsaufbau zuwege gebracht hat angesichts der »besonderen Lage«. Es kam eine Stimmung auf, die über vieles, was gerade vorher noch unüberwindbar schien, mit relativer Leichtigkeit hinwegtrug. Die Zeit gehörte dem Neuen, der »starken IG Metall«, für die sich immer mehr Hände rührten. Es wirkte wie eine Befreiung, und es kam eine entsprechende Euphorie auf: »Unter den Aktiven entstand eine richtige Euphorie, das ging ins Vollgefühl: Ich kann in die Bütt. Die müssen mit mir reden: Da war Begeisterung. Man ging von Tür zu Tür, von Mann zu Mann und redete über alles im Betrieb und über Politik.« (Damaliges Betriebsratsmitglied.)

»Die ersten Jahre waren wohltuend. Ich möchte diese Zeit als Pionierzeit bezeichnen. Es wurde nicht viel an der Sache herumgemäkelt und an Personen. Jeder war bestrebt, positive Kritik zu machen und sich einzufügen in das Gesamte.« (Damaliger Betriebsratsvorsitzender.)

Ein anderer sprach vom Geist des Dienens, der unter den vielen namenlosen Leuten herrschte, die ihre Kraft der IG Metall gaben, ohne ein großes Amt erwarten zu können. Es kann kein Zweifel sein, daß in diesen wenigen Pionierjahren die Entwicklung der Arbeiterbewegung auf der Völklinger Hütte im Eiltempo nachgeholt wurde. Heutige Betriebsratsmitglieder, die die damalige Zeit schon als Vertrauensleute miterlebten, sagten, es sei die Zeit gewesen, in der die Mitarbeit am meisten Spaß gemacht habe. Für viele Funktionäre wurde die IG Metall eine echte geistige Heimat. Das, was sich da aufbaute, machte natürlich auch auf die Masse der Arbeiter, selbst wenn sie ganz woanders standen, Eindruck, was ein Veteran so wiedergibt:»Sie sahen, daß Entscheidungen, die sich bis hin auf den Arbeitsplatz auswirkten, plötzlich auch indirekt durch die Gewerkschaft und den Betriebsrat gesteuert waren. Man muß auch sagen, der Arbeitsdirektor steht auch mit da. Man wollte sich also so langsam mit dieser Macht solidarisieren: Ich stelle mich nicht dagegen, ich kann nicht passiv bleiben, ich gehe einfach mit hinein. Dann kam hinzu, daß wir im Laufe der Zeit Entlassungen, Verschiebungen, Umsetzungen hatten, Betriebe wurden geschlossen, und jeder wollte natürlich sicher sein und wußte, als Mitglied kann mir eventuell nicht so viel passieren. Es war also auch ein bißchen ichbezogen, das Denken, was ja auch in Ordnung ist.«

Erste Bewährungsproben und Erfolge

In diesem Kapitel geht es darum zu zeigen, welche konkreten Belegschaftsbelange bereits in den ersten Jahren angepackt wurden und welche besonderen Herausforderungen auf die mitbestimmende Interessenvertretung zukamen.

Mit das erste, was angepackt wurde, war die Beseitigung der vorher bestehenden großen Lohnungerechtigkeit durch Einführung eines durchsichtigen Lohnsystems. Dies ergab sich quasi als selbstverständliche Folge der Übernahme des deutschen Tarifsystems nach dem Anschluß des Saarlandes, war aber für den Betriebsrat und den Arbeitsdirektor mit viel Arbeit verbunden. Ebenfalls schon sehr früh wurde für

Schwerstarbeiter (im Hitzebetrieb) der Verdienstausgleich bei Umsetzung wegen Leistungsminderung durchgesetzt. Die Konditionen des Ausgleichs waren aber noch nicht so vorteilhaft wie nach dem späteren Tarifvertrag.

Der Betriebsrat bildete eine Wohnkommission, die nach festgesetzten Anspruchsvoraussetzungen die Werkswohnungen vergab. Etwas später – um 1965 – wurden die Stechuhren abgeschafft und der Monatslohn für Arbeiter eingeführt; gleichzeitig wurde die Krankmeldungspflicht der Arbeiter der der Angestellten angeglichen (3-Tage-Regelung). Bei all diesen Verbesserungen holte sich der Betriebsrat bei den Kollegen im Ruhrgebiet Rat.

In den ersten Jahren wurde das Blechwalzwerk in Hostenbach stillgelegt; 180 Arbeiter waren davon betroffen. Etwas später geschah das gleiche mit der Benzolfabrik. Betriebsrat und Arbeitsdirektor erreichten, daß keine Arbeiter entlassen wurden, es konnten alle innerhalb des Werkes umgesetzt werden.

Der damalige Betriebsrat selbst sah in seinem Einfluß auf die Betriebschefs und Abteilungsleiter die größte, für den einzelnen Arbeiter konkret faßbare Verbesserung. »Reklamationen vom Arbeitsplatz, vom Arbeitsablauf, die Willkür der Chefs wurden geringer, weil sie doch wußten, daß wir als Betriebsrat einen längeren Arm haben als sie selbst. Man nahm uns ernst. Wenn das Recht auf unserer Seite stand, dann wurde so gefahren: Gut, zum Anhören und Überprüfen haben Sie ein Recht. Was Sie sagen, ist richtig in der Sache, also wird's geändert.« (Ein damaliges Betriebsratsmitglied.)

Dies ist ein ganz entscheidender Punkt für die Eindämmung der einseitigen Herrschaft. Der Betriebsrat wurde ein Kontroll- und Machtfaktor dort, wo Arbeit angeordnet und ausgeführt wird, was wesentlich zur Entstehung eines Rechts- und Regelbewußtseins bei den Vorgesetzten und eines Selbstbewußtseins bei den Arbeitern beitrug.

Bei der Durchsetzung seiner Ziele hielt sich der Betriebsrat an die schon geschilderte vorsichtige Taktik. Dabei ging es darum, den Arbeitsdirektor nicht durch zu weitgehende und zu prompte Forderungen zu verprellen. Ein Ausfluß dieser Taktik war, daß vergleichsweise nur wenige Betriebsvereinbarungen abgeschlossen wurden, ja daß überhaupt wenig schriftlich festgelegt wurde. Daraus entwickelte sich andererseits ein für dieses Unternehmen charakteristischer Stil des Umgangs zwischen Betriebsrat und Direktion: ein Stil vertraulicher Vereinbarungen und mündlicher Absprachen, die den Vorteil des geringen Öffentlichkeitseffektes hatten und dabei jede Seite in ihrer Beziehung zu ihrer Bezugsgruppe schonten. Man konnte so Grenzen des Entgegenkommens ausloten, ohne daß der Geber sich als Nachgeber fühlen mußte. Das brachte aber zugleich eine Art stiller Verschworenheit zwischen Vorstand und Betriebsrat. Innerhalb dieses taktischen Arrangements galt: ein Mann – ein Wort. Das ist natürlich durchaus betriebsbezogenes Denken. Die Ausgeschlossenen sind die jeweiligen Verbände und Verbündeten. Ernst Röchling hatte Scheu, eine Betriebsvereinbarung abzuschließen, er rief immer erst in Düsseldorf (Arbeitgeberverband) an, er wollte nicht Vorprescher sein. »Aber von mir aus würde ich es machen, sagte er.« (So der damalige Betriebsratsvorsitzende.) Dem Arbeitsdirektor half dieser Stil sehr, denn er stand nach außen nicht mit zu viel unerreichten Sachen da. Und der Betriebsrat erntete auch dabei, weil er – angesichts der völlig anderen Taktik in Neunkirchen – als positive Arbeitnehmervertretung empfunden wurde, wofür er in anderen Dingen freiere Hand bekam, zum Beispiel beim Organisationsaufbau. Ein Beteiligter kommentierte diese Taktik so: »Wir machten es vorwiegend mit Gesprächen. Freilich kommt dann die Auslegung. Da hatten wir Gummi, und die in Neunkirchen hatten bereits die Paragraphen. Der Gummi konnte sich mitunter gegen uns wenden, aber wir konnten ihn auch dehnen. Das kam auf die Wendigkeit an. Unsere stillere Taktik war für uns richtiger.« Es habe auch Meinungsverschiedenheiten und Zähneknirschen im Betriebsrat gegeben, weil manche aus Ungeduld gleich alles haben wollten, was es an der Ruhr gab.

Ein Schlüsselereignis für die Herausbildung des Betriebsrates als anerkanntes Vertretungsorgan der Belegschaft war ein spontaner Streik im Martin-Werk im Jahre 1959. Die Ursache des Streiks war, daß die Arbeiter im Martin-Werk einen geringeren Lohn bekamen als die Arbeiter in den anderen Werken des Unternehmens. Sie wollten nun nachziehen. Der Betriebsrat wurde durch diesen Streik genauso überrascht wie die Geschäftsführung. Weil es noch keinen handlungsfähigen Vertrauenskörper gab, hatte er von der aufkommenden Unzufriedenheit vorher nichts gemerkt. Der Betriebsratsvorsitzende war verärgert, daß eine so gravierende Angelegenheit sich an ihm vorbei entwickelte, und sah darin eine Herausforderung für den Betriebsrat. Es gelang ihm, sich zum Sprecher der Streikenden zu machen. Er diskutierte einige Stunden lang mit ihnen, gab ihnen das Versprechen, in Verhandlungen mit der Geschäftsführung bis zu einem Erfolg zu streiten, und konnte sie daraufhin dazu bewegen, am nächsten Tag wieder an die Arbeit zu gehen.

Die Geschäftsführung akzeptierte den Betriebsrat – beeindruckt von seiner Führungsstärke in einer für sie verwirrenden Situation – als Sprecher und Verhandlungsführer der Streikenden und ging weitgehend auf die Forderungen ein. Die Erleichterung auf beiden Seiten beschreibt der Vorsitzende so: »Das war unsere erste Bewährungsprobe, nachdem der Betriebsrat neu eingesetzt worden war. Damals konnten wir uns bewähren in der Durchsetzungskraft auf unsere Belegschaftsmitglieder und konnten auch nach oben vermittelnd vorbringen: Hört mal, so geht es nicht, es muß das Notwendige geschehen. Und man war dann allgemein froh, daß überhaupt jemand da war, der diese Dinge so klar umriß, und daß man auch wirklich mit einem Problem fertig wurde. Das war vorher so ausgeprägt nicht der Fall gewesen. Wir konnten nun in etwa gleichgewichtig die Dinge zur Sprache bringen. Das war auch für die Geschäftsführung ein vollständig neues Moment, wofür sie dankbar war, aber auch klug genug, um zu sehen, daß hier der Betriebsrat immer stärker heranwächst. Darüber waren sie aber nicht böse.«

Dieses Ereignis hat die Stellung des Betriebsrates sehr gestärkt. Er war nun der anerkannte und erfolgreiche Sprecher der Belegschaft. Das Risiko wäre fehlgeschlagen, wenn er nur auf eine Seite Einfluß gehabt hätte. So aber war Ernst Röchling beeindruckt, wie er die Mannschaft wieder an die Arbeit brachte, und die Arbeiter waren beeindruckt, wie er in wenigen Stunden ihre Forderungen befriedigen konnte. Eine langfristig bedeutsame Folge dieser Ereignisse war, daß der Betriebsrat nun noch gezielter daran ging, qualifizierte Vertrauensleute zu werben, »die die Schicht im Griff haben«, damit der Betriebsrat nicht noch einmal so unvorbereitet überrollt werden konnte.

Die organisatorischen Voraussetzungen der Mitbestimmung bei Röchling sind nach der Pionierzeit mit großer Kontinuität gefestigt bzw. weiterentwickelt worden. Diese Kontinuität hatte unter anderem folgende Ursachen und Voraussetzungen: die lange Amtsdauer des Arbeitsdirektors, die Fortentwicklung der in der Anfangszeit eingeführten »Geschäftsgrundlagen« zwischen Betriebsrat und Direktion und vor allem die weitere Intensivierung der Vertrauensleutearbeit sowie die Stärkung des Vertrauenskörpers.

Diese Entwicklung vollzog sich auf dem unruhigen Hintergrund einer sich ständig verschlechternden wirtschaftlichen Situation des Unternehmens mit gravierenden personalpolitischen Folgen, die ab 1975/76 fast katastrophenartige Formen annahmen. Daß angesichts dieser sehr ungünstigen Rahmenbedingungen die organisatorische Infrastruktur und die Dynamik der Mitbestimmung in diesem Unternehmen nicht zum Stillstand kamen, sondern fortentwickelt wurden, verdient – einmal ganz abgesehen von den unternehmensübergreifenden Krisenaktionen im Rahmen der Mitbestimmung – besondere Beachtung.

Der Arbeitsdirektor als Garant der Kontinuität

Der Arbeitsdirektor, der schon in der Aufbauphase durch Geschicklichkeit und Anpassungsfähigkeit seinem Amt Gewicht verliehen hat, wurde zum dienstältesten Arbeitsdirektor in der Bundesrepublik. Das Ausscheiden von Ernst Röchling und der übrigen Vorstandsmitglieder hat dieses Gewicht freilich noch vergrößert. Der Arbeitsdirektor, der nach Aussage der übrigen Mitbestimmungsträger im Unternehmen eine »starke Stellung« im Vorstand besitzt, hat die Dynamik der Mitbestimmung dadurch maßgeblich gefördert, daß er einen starken Betriebsrat und einen starken Vertrauenskörper neben sich heranwachsen ließ und die enge Zusammenarbeit mit beiden Vertretungsorganen suchte. Er war der Garant dafür, daß die betriebliche Interessenvertretung im gesamten Vorstand einen kooperationswilligen Ansprechpartner fand. Er hat ihr den Weg frei gehalten und das Arbeiten erleichtert, ohne selbst als eine Art Oberbetriebsrat ihre Arbeit mitzuübernehmen. Aussagen über den eigenen Arbeitsdirektor wurden in allen drei Unternehmen immer nur im Vergleich zu den beiden anderen Arbeitsdirektoren an der Saar gemacht. Deshalb sind die Feststellungen zu diesem Arbeitsdirektor durchaus nuanciert im Rahmen eines solchen Vergleichs zu lesen. Ganz eindeutig ist, daß die Völklinger, trotz Einzelkritik mit ihrem Arbeitsdirektor am zufriedensten waren. Er habe seine Anerkennung bei seinen Vorstandskollegen erreicht, und er habe den Kontakt zur Gewerkschaftsseite im Betrieb gepflegt. Nach diesem Urteil ist er der in der Funktion des Arbeitsdirektors angelegten Ambivalenz am ehesten gerecht geworden, dadurch, daß er einen mittleren Weg ging, der zwar einigen der Interessenvertreter manchmal etwas schillernd erschien, der aber doch unisono als »Leistung« akzeptiert und honoriert wird.

Die Stärkung des Vertrauenskörpers

In der vorausgegangenen Pionierzeit war der Betriebsrat ein Motor der Mitbestimmung beim Aufbau der gewerkschaftlichen Organisation. Sein Ziel war, überhaupt erst einmal ein paar Dutzend qualifizierte Vertrauensleute auf die Beine zu stellen. Diese waren aber noch lange keine eigenständige Kraft im Rahmen der betrieblichen Interessenvertretung, obwohl sie zahlreicher und stärker wurden. In der zweiten Hälfte der sechziger Jahre behandelte der damalige Betriebsratsvorsitzende sie wie seine Handlanger und Werkzeuge. Es kam zu einem Konflikt zwischen Betriebsratsspitze und Vertrauenskörperleitung, aus dem der Vertrauenskörper eindeutig als Sieger hervorging, was allein schon daran abzulesen ist, daß er den damaligen Betriebsratsvorsitzenden stürzte. Seit Anfang der siebziger Jahre sind die Machtsphären beider Organe nicht nur durch eine strenge Satzung, sondern auch in der Praxis sehr sensibel aufeinander abgestimmt. Seitdem wählen die Vertrauensleute die IG-Metall-Kandidaten für die Betriebsratswahl, und zwar nicht nur formell. Und seitdem kooperieren beide Organe im Bewußtsein ihrer Eigenständigkeit und ihrer unterschiedlichen Funktion miteinander. Die Organisation des Vertrauenskörpers ist stark durchformalisiert. Die Anzahl der Vertrauensleute in einer Abteilung ist genau entsprechend dem Belegschaftsanteil festgelegt. Der Hauptgrund dafür ist, einer Machtballung einzelner Betriebsratsmitglieder vorzubeugen. Früher waren Betriebsratsmitglieder, die aus Betriebsbereichen mit überdurchschnittlich vielen Vertrauensleuten stammten, faktisch nicht abwählbar. Die Vertrauensleute benachbarter Betriebseinheiten wurden zu insgesamt sechs Arbeitskreisen zusammengefaßt. Die Arbeitskreise, die auch ihren eigenen Sprecher wählen, sind organisatorische Zellen mit eigenen Aufgaben. Die 24 Sitze in der Vertrauenskörperleitung verteilen sich auf die einzelnen Arbeitskreise ebenfalls nach der entsprechenden Belegschaftsstärke und werden auch von den Arbeitskreisen gewählt. Nur der Vertrauenskörperleiter wird vom Plenum der Vertrauensleute gewählt. Einen Platz in der Vertrauenskörperleitung erhält kraft Amtes der stellvertretende Betriebsratsvorsitzende. Umgekehrt haben der 1. und 2. Vorsitzende des Vertrauenskörpers volles Stimmrecht in der wöchentlichen Fraktionssitzung der IG-Metall-Mitglieder des Betriebsrates, und sie nehmen auch beratend an allen Betriebsratssitzungen teil. Beide Organe sind dadurch eng miteinander verschränkt. Alle vier Wochen findet eine Sitzung der Vertrauenskörperleitung statt. Alle drei Monate, unmittelbar vor der Betriebsversammlung, findet eine Plenumssitzung des Vertrauenskörpers statt, in der der Betriebsrat seinen Bericht vorlegt, der dann diskutiert und ergänzt wird.

Die Kandidatenaufstellung für die Betriebsratswahl geschieht analog zur Wahl der Vertrauenskörperleitung: Die einzelnen Arbeitskreise wählen die ihnen zustehende Zahl von Kandidaten. Nur der Listenführer wird vom Plenum der Vertrauensleute gewählt. Er wird dann auch

Betriebsratsvorsitzender. Die Kandidatenwahl für den Betriebsrat ist nach Aussage des Vertrauenskörperleiters in vielen Fällen eine heißumkämpfte Angelegenheit, weil die amtierenden Betriebsratsmitglieder wiedergewählt werden wollen und kurz vor der Wahl durch erhöhte Präsenz, Versprechungen und Rechtfertigung in ihren Stammabteilungen eine Art Wahlkampf für sich betreiben. Das Amt des Betriebsratsmitglieds besitzt, wie der durch die Vertrauensleute kontrollierte Machtkampf darum beweist, hohe Anziehungskraft.

Eine große Erleichterung für die Vertrauenskörperarbeit, auf die alle Gewerkschafter im Betrieb stolz sind, ist die Tatsache, daß die Sitzungen der Vertrauenskörperleitung und der Arbeitskreise wie auch spontan einberufene Informationssitzungen in der Arbeitszeit stattfinden. Am Zustandekommen dieser Regelung hat der Arbeitsdirektor großen Anteil. Er nimmt auch oft selbst an den Sitzungen teil. Unter seiner schützenden Hand konnte der Aufbau der Vertrauensleutearbeit zügig vorangetrieben werden.

Die Vertrauensleute sind in diesem Unternehmen nicht nur der Idee nach die unmittelbaren Interessenvertreter an den Arbeitsplätzen. Einen großen Teil der anfallenden Konfliktpunkte erledigen sie gemeinsam mit dem für den Bereich zuständigen Betriebsratsmitglied allein: Einmal im Monat finden Gespräche des Arbeitskreises einschließlich des zuständigen Betriebsratsmitgliedes mit dem jeweiligen Betriebschef statt, »um die kleinen Probleme durchzukauen, damit wir uns in den größeren Veranstaltungen nicht damit herumschlagen müssen« (Betriebsratsvorsitzender). Probleme, die sie nicht selbst mit den Betriebschefs regeln können, leiten sie weiter an die Vertrauenskörperleitung oder den Betriebsrat.

Zusammenfassend können wir feststellen, daß der Vertrauenskörper hier großen Einfluß besitzt, auch bis in den Vorstand und den Aufsichtsrat hinein. Zwischen ihm und dem Betriebsrat gibt es seit der vor Jahren erfolgten Abgrenzung der Einflußsphären keine grundsätzlichen Reibungspunkte, aber fast täglich Meinungsverschiedenheiten und kontroverse Diskussionen in konkreten Vertretungsangelegenheiten. Die befragten Betriebsratsmitglieder sprachen respektvoll von der Arbeit der Vertrauensleute. Sie, wie auch die befragten Vertrauensleute selbst, waren der Ansicht, daß ohne Mitbestimmung diese Stellung und Aktionsmöglichkeit der Vertrauensleute nicht erreicht worden wäre. Die Vertrauensleute seien die Dränger; es gäbe auch mal Krach, wenn der Betriebsrat sagen müsse, das eine oder andere sei nicht durchsetzbar. Wichtig sei dann aber, daß die Vertrauensleute mit den Beschäftigten darüber reden könnten, warum es nicht so geht, wie sie es wünschten.

Selbstverständnis des Betriebsrats, Kooperation mit der Geschäftsführung

Die laufende Betriebsratsarbeit ist sehr stark auf die verschiedenen Ausschüsse verlagert. Bei besonderen Problemen, wie sie zum Beispiel bei der Übernahme des in Neunkirchen abgebauten Personals entstanden sind, wird eine Projektgruppe gebildet. Charakteristisch für die Arbeitsweise und die Strategie des Betriebsrates ist, daß er großen Wert auf den direkten Zugang zu allen Geschäftsführern und Direktoren legt, um von den zuständigen Ressortchefs aus erster Hand seine Informationen zu bekommen. Er läßt sich in seinen Kontakten zur Leitung also nicht auf den Arbeitsdirektor als einzigen Ansprech- und Verhandlungspartner eingrenzen. Wenn er wissen will, was geplant und entschieden wird, macht er ad hoc einen Termin mit dem Vorstandsvorsitzenden oder einem anderen Vorstandsmitglied aus und unterrichtet den Arbeitsdirektor davon, der dann oft an dem Gespräch ebenfalls teilnimmt. In diesem von ihm selbst als sehr wichtig erachteten Punkt führt er die Tradition des Betriebsrates aus der Pionierzeit fort. Sein Bemühen ist es, so früh wie möglich bei sich anbahnenden Entscheidungen seinen Standpunkt einzubringen, und zwar – ganz im Unterschied zu seinem Vorgänger aus der Pionierzeit – in möglichst offensiver Form. Der Umgangsstil ist viel weniger vorsichtig als in der Anfangszeit – wahrscheinlich bedingt durch die rauhen Jahre der wirtschaftlichen Unsicherheit und wohl auch durch die Konsolidierung des Mitbestimmungsklimas, in dem man nicht mehr Angst haben muß, Porzellan zu zerschlagen.

Der Betriebsrat hat ein ausgeprägtes Selbstverständnis von seiner Rolle als »harter« Interessenvertreter. Die lange Praxis der Mitbestimmung hat in diesem Unternehmen nicht zu einer Vermischung der Funktionen und Verantwortlichkeiten zwischen Management und Interessenvertretung geführt. Der Betriebsrat geht von einer scharfen Funktionstrennung aus und lehnt es ab, auf der Direktionsebene mitverantwortlich »mitzumischen«. Nach wie vor ist für ihn die Unternehmensgewalt aufgeteilt zwischen »denen da oben« und »uns da unten«. Einem integrativen, gemeinsamen Prozeß des Entscheidens über die eigentlichen und wichtigen unternehmerischen Fragen steht er skeptisch gegenüber. Damit lehnt er für sich selbst als Organ freilich auch eine Mitbestimmung ab, die sich primär als mitverantwortliches Mitentscheiden, das heißt als Teilhabe am Management, begreift. Für ihn ist die Montanmitbestimmung vor allem ein Weg zu einer effektiveren Interessenvertretung – ein Weg, der gelegentlich eine partielle, zeitlich begrenzte Beteiligung bei der Komplettierung, Korrektur oder Konkretisierung von speziellen unternehmerischen Einzelentscheidungen auf der Vorstandsebene nicht ausschließt. Dies geschah bisher überwiegend in Form seiner Beteiligung am Krisenmanagement: wenn es galt, in bedrohlichen Unternehmenslagen durch Nutzung des eigenen großen Wissens über konkrete Produktionszusammenhänge optimale Vorschläge für spezielle unternehmerische Krisenmaßnahmen zu machen, um die negativen Konsequenzen, die sich für die Belegschaft aus Unternehmenspolitik ergeben (haben), möglichst gering zu halten.

In geradliniger Konsequenz dieses Denkens sieht der Betriebsrat im Arbeitsdirektor auch zunächst und vor allem ein Vorstandsmitglied wie jedes andere, verlangt und erwartet von ihm keine Verbrüderung mit der Interessenvertretung, jedoch eine besondere Offenheit für Arbeitnehmerfragen und eine wohlwollende Einstellung gegenüber den Arbeits- und Verhandlungsbedingungen der Interessenvertretung. Auch im Verhältnis zu ihm ist Macht die eigentliche Kategorie, und zwar die gewerkschaftliche Macht über die Verlängerung seiner Karriere. Der Kern des Selbstverständnisses des Betriebsrates ist Machthandeln als Interessenvertretung in einem durch die Mitbestimmungsregeln abgesteckten und erweiterten »konstitutionellen« Rahmen. Dieses interessenbewußte Selbstverständnis schließt das Hineinwachsen in eine das Unternehmen als Gesamtsystem stabilisierende Ordnungsfunktion nicht aus. Die Bereitschaft dazu, als Konsequenz der eigenen Vertretungsstärke auch indirekt als Ordnungsfaktor zu fungieren, stand nie in Frage. Aber – verkürzt ausgedrückt – diese Bereitschaft wurde nicht »gratis« angeboten. Sie sollte für die Unternehmensleitung einen Preis haben, und zwar einen möglichst hohen.

Zum Selbstverständnis des Betriebsrats einige authentische Erläuterungen aus der Betriebsratsspitze: »Als Betriebsrat haben wir eine bestimmte Rolle, und zwar bei Personalmaßnahmen die unmittelbar Betroffenen zu vertreten hinsichtlich der Auswirkungen. Und im Zuge dessen ergeben sich natürlich auch kontroverse Standpunkte mit dem Arbeitsdirektor, das ist ganz klar. Investitionen, wirtschaftliche Entscheidungen, das ist eine rein unternehmerische Geschichte, das geht den Betriebsrat überhaupt nichts an. Der kann sich wohl Gedanken über die personellen Auswirkungen machen und kann dann seine entsprechenden Maßnahmen daraus ableiten, dann zu sagen: Bitteschön, die Kollegen werden nicht rausgeschmissen. Dann ist der Betriebsrat dran. Aber die Entscheidung, ob man konzentriert oder was es da alles für Modelle gibt, und die letzten Endes auch kein Allgemeinrezept gestatten, sondern man muß als Unternehmer gucken, wie das eben im Moment auf dem Markt aussieht, das geht den Betriebsrat nichts an, überhaupt nichts! Wenn die sagen: Entlassungen! – Na bitte, dann sind wir dran. Dann kommt das ganze Konzert mit der Gewerkschaft zum Tragen. Ohne Gewerkschaft wäre da gar nichts. Das heißt, wir können schon früher ansetzen, wenn das entsprechende Problem im Aufsichtsrat vorgetragen wird, dann ist die erste Frage von uns: Wo sind die personellen Auswirkungen?«

Diese Äußerungen könnten leicht mißverstanden werden, solange unklar bleibt, wo genau für die Befragten die Grenze liegt zwischen solchen unternehmerischen Entscheidungen, bei denen sie sich eine Mitbestimmung als Mitbeteiligung am Entscheidungsfindungsprozeß vorstellen können, und solchen, bei denen ihr möglicher Einfluß nur in der nachträglichen Verweigerung besteht. Aus dem Zusammenhang des gesamten Interviews geht hervor, daß dieser Betriebsrat nicht – wie man eventuell aus den »radikalen« Passagen der zitierten Aussage entnehmen könnte – pauschal die wirtschaftliche Mitbestimmung ablehnt. Vielmehr nimmt er Differenzierungen in zwei Richtungen vor, die für ihn allerdings sehr bedeutsam sind: Die erste Differenzierung bezieht sich auf die Konkretisierung dessen, was er unter »wirtschaftlichen Entscheidungen, die eine rein unternehmerische Geschichte (sind)«, in Abhebung von anderen wirtschaftlichen Entscheidungen, die auch eine »Geschichte« des Betriebsrates sind, versteht. Die zweite Differenzierung bezieht sich darauf, daß die »rein unternehmerischen Geschichten« zwar nicht Sache des Betriebsrates sind, gleichwohl aber ein Teil der Mitbestimmung, letzteres in einer Art von Arbeitsteilung mit den überbetrieblichen gewerkschaftlichen Aufsichtsratsmitgliedern. Unter Berücksichtigung dieser Differenzierungen wollen wir im folgenden das Rollenbild des Betriebsrats etwas ausführlicher behandeln.

Zunächst muß die Tatsache festgehalten werden, daß der Betriebsrat wiederholt Einfluß auf wirtschaftliche Entscheidungen genommen hat. Wichtig zu wissen ist, wie die Art und der Prozeß dieser Beeinflussung aussehen und bei welchem Typus unternehmerischer Entscheidungen sie wirksam werden. Ganz auffallend an der Selbstdeutung dieses Betriebsrats ist, daß er sich die Art und den Prozeß seines Einflusses auf wirtschaftliche Entscheidungen nur reaktiv vorstellen kann. Seine Durchsetzungsmacht und die ganze Zielrichtung seines Handelns sind darauf gerichtet, möglichst frühzeitig und authentisch über die Planungen und Absichten des Vorstandes *informiert* zu werden, um auf die personellen und sozialen Auswirkungen vorbereitet zu sein. Dagegen ist sein Sinnen nicht darauf gerichtet, sich in der Weise in den Planungs- und Zielformulierungsprozeß einzuschalten, daß er durch Mitbeteiligung selbst erarbeitete, alternative Vorstellungen in den Planungsablauf einfließen läßt. Die Befragten sehen für sich selbst weder eine realistische Möglichkeit, noch haben sie den Willen, weitreichende und grundlegende unternehmerische Planungsfragen (»große« Unternehmenspolitik) aktiv mitzugestalten und mitzuverantworten. Ihr Weg, Unternehmenspolitik zu beeinflussen, ist ein reaktiver: durch die Drohung mit bzw. Organisierung von Gegenmacht die Unternehmensleitung zu einer – wenigstens partiellen – Revidierung und Veränderung der von ihr beschlossenen Maßnahmen mit dem Ziel einer Abmilderung der damit für die Belegschaft verbundenen Härten zu zwingen. Das ist ihre Art, unternehmerischen Einfluß auszuüben oder, anders ausgedrückt, zu verhindern, daß eine beschlossene Maßnahme, die mit Härten für die Belegschaft verbunden ist, so durchgeführt wird. Das »So nicht!« wird ausgesprochen, aber nicht erst nach vollendeten Tatsachen, wenn die Durchführung schon anrollt, sondern ein bis zwei Schritte früher, wenn an der Maßnahme vielleicht zwar nichts mehr in der grundsätzlichen Richtung, sehr wohl jedoch an der Form ihrer Ausführung (Abschwächung, Verzögerung, Streckung usw.) etwas geändert werden kann. Auf eine solche Arbeitsweise ist das konkrete Handeln des Betriebsrats ausgerichtet. Ein solcher Prozeß des Beeinflussungshandelns macht freilich das so stark in den Vordergrund gestellte Verlangen nach frühzeitiger authentischer Informierung verständlich. Und er macht ebenso verständlich, warum dieses Bemühen um Informationen nicht mit einem vergleichbar starken Bemühen um die Ausformulierung alternativer Pläne verbunden ist. Da, wo der Betriebsrat in der Vergangenheit Veränderungen an unternehmerischen Entscheidungen erreichen konnte, handelte es sich daher auch nicht um Veränderungen weitreichender unternehmensstruktureller Entscheidungen (Absatz, Finanzierung, Produktgestaltung, Investition), sondern um Verbesserungen im Rahmen eines beschlossenen Programms. Inwieweit eine solche Art und ein solcher Prozeß der Einflußnahme eher dem Muster »Mitbestimmung« oder dem Muster »kollektive Interessenvertretung« zugeordnet werden, ist natürlich vorrangig eine Definitionsangelegenheit und eine Frage der Erwartungen an Mitbestimmung überhaupt.

Das Verhalten der betrieblichen Mitbestimmungsträger führt zu folgenden Fragestellungen: Was sind die Motive für dieses Verhalten? Wie manifestiert sich das Rollenverständnis der betrieblichen Mitbestimmungsträger hinsichtlich unternehmenspolitischer Entscheidungen in der Phase der Restrukturierung der saarländischen Stahlindustrie? Gibt es die Vorstellung einer komplementären Arbeitsteilung zwischen betrieblichen und überbetrieblichen Mitbestimmungsträgern? Wie beurteilen die betrieblichen Mitbestimmungsträger generell die Möglichkeiten und Grenzen der »wirtschaftlichen« Mitbestimmung?

Bei der Beantwortung dieser Fragen können wir lediglich auf die spontanen und sporadischen Äußerungen unserer Gesprächspartner zurückgreifen und versuchen, sie interpretierend ein bißchen mehr zusammenzufügen als sie sich im Interview darstellen.

Wirtschaftliche Mitbestimmung

Das wichtigste Motiv für die Zurückhaltung bei den großen unternehmenspolitischen Fragen ist die mehr oder weniger bewußte Befürchtung, daß ein Mitplanen und Mitentscheiden in der Unternehmenspolitik den Betriebsrat in eine heikle und zwielichtige Situation gegenüber denen bringt, von denen er in hohem Maße abhängig ist: seinen Wählern, den Vertrauensleuten und der Belegschaft. Als Mitentscheider würde er von den Entscheidungsbetroffenen mitverantwortlich gemacht. Er wäre die erste Zielscheibe der Unzufriedenheit. Er geriete in die gleiche Zwitterstellung wie (in der Wahrnehmung der Belegschaft) der Arbeitsdirektor, ohne aber wie dieser dank der verständnisvollen Einfühlung des Betriebsrates und der Vertrauensleute daraus entlassen zu werden. Der Betriebsrat wählt daher eindeutig den Part des Kollektivvertreters.

Ein zweites, sehr wichtiges Motiv für die Mitbestimmungsabstinenz in Unternehmensfragen ist die tiefsitzende Erfahrung aus der gesamten Mitbestimmungszeit, daß unternehmerische Entscheidungen in einem derart unsicheren Kontext und mit so vielen Informationslücken und Fragezeichen gefällt werden müssen, daß sie wie ein Glücksspiel erscheinen. Fast keine unternehmerische Konzeption im letzten Jahrzehnt hatte durchschlagenden Erfolg. So manche war mit gravierenden negativen Folgen für die Belegschaft verbunden. In der undurchsichtigen, von wirtschaftlicher Unsicherheit und nationalem wie transnationalem politischem Gerangel bestimmten Lage der Stahlindustrie bietet das Mitmischen wenig positive Möglichkeiten für ein von den – meist negativ – Betroffenen gewähltes Vertretungsorgan.

Ein drittes Motiv ist im engeren Sinne sozialpsychologisch bedingt. Die Mitglieder der Betriebsratsspitze halten sich von ihren klassenmäßigen, bildungsmäßigen und erfahrungsmäßigen Voraussetzungen her für wenig geeignet, »große« Unternehmenspolitik zu machen. Nach ihrer ausformulierten Vorstellung ist das das Geschäft »gewiefter Bosse«. Man hält sich allenfalls für berufen, Entscheidungen der »Bosse« zu kommentieren und zu kritisieren. Aber es bleibt ein fremdes Geschäft. Das eigene Metier dagegen ist die Organisierung von Gegenmacht als Interessenvertreter, das Fordern und Abwehren, Drohen und Taktieren, um Vorteile herauszuschlagen für die eigene Belegschaft. Diese Einschätzung der Dinge wird sehr deutlich greifbar in der Antwort auf unsere Frage, ob denn die Mitbestimmung nicht die verheerende Arbeitsmarktpolitik der Montanbosse an der Saar hätte verhindern können (vorher wurde festgestellt, daß die Montanunternehmer mit allen Mitteln die Ansiedlung neuer Industrien an der Saar verhindert hätten). Die Antwort war: »Nee, das ist ausgeschlossen. Also, wie gehen denn solche Entscheidungen vonstatten? Erst mal sind da die Anteilseigner, einige von denen überlegen sich, wie die Marschrichtung sein wird. Und dann werden Vorgespräche geführt, die sich ... auch über das gesamte Instrumentarium Banken usw. erstrecken, und da werden schon Weichen gestellt. Sehen Sie, dann wird eines schönen Tages ein wichtiger Mann (!) hergeholt, dem man zutraut, daß er eine solche Maßnahme, wie sie die Restrukturierung eben ist, durchziehen kann. Und der führt nochmals Gespräche, da weiß der Betriebsrat noch immer nichts davon. Und wenn er davon wüßte, könnte er sich damit noch gar nicht befassen, denn es ist ja überhaupt noch nicht aktuell, es ist noch Zukunftsmusik, da wissen die Aufsichtsräte in diesem Stadium unter Umständen noch gar nichts. Das wird erst mal abgeklopft und ein kleines Rahmenprogramm gemacht, und erst dann geht es in die Gremien. Dann sind aber schon die Weichen gestellt, auf deren Basis man argumentieren kann. Das war eben der Fall bei der Restrukturierung.« (Betriebsratsmitglied)

Was im Bewußtsein wirkt, ist also die Vorstellung vom Ablauf wirtschaftlicher Entscheidungen als Schachzüge von mächtigen Drahtziehern (Anteilseignern, Banken) und gewieften (Krisen-)Managern bzw. in neuerer Zeit als Schachzug trickreicher Politiker im internationalen Stahlkrieg. In diese Welt des Geldes, der Drahtzieher und Wirtschaftsmagnaten dringt die eigene Mitbestimmungswirklichkeit nicht vor.

So kann es auch nicht verwundern, daß wir bei den Befragten wenig originäres Interesse an einer Vertiefung in die wirtschaftlichen und wirtschaftspolitischen Einzelheiten der Restrukturierung an der Saar vorfanden. Die Hauptaufmerksamkeit richtete sich auf die Einzelheiten der Durchführung des Sozialplans. Es ist nicht so, daß man eigentlich auf wirtschaftliche Entscheidungen Einfluß nehmen möchte, aber wegen zu geringer Macht nicht kann. Nein, es fehlt ein überzeugendes Konzept, das es möglich machte, lenkend einzugreifen. Und damit fehlt das Vertrauen in die eigene Kompetenz. Skepsis und Unsicherheit gegenüber der Wirksamkeit und der »Ehrlichkeit« dessen, was »die da oben« ausgeheckt haben, war auch in der Restrukturierungsphase eine vorherrschende Mentalität der betrieblichen Mitbestimmungsträger.

Symptomatisch für das Rollenverständnis und den mentalitätsbedingten Habitus des Völklinger Betriebsrats gegenüber den hier angeschnittenen Entscheidungsbereichen ist seine Reaktion auf die ersten bekanntgewordenen Restrukturierungspläne: »Wir haben gesagt, macht, was ihr wollt! Modernisiert das Werk; aber nicht auf Kosten der Belegschaft. Die kann nichts dafür, daß wir in der Patsche sitzen.« (Ein Betriebsratsmitglied.) Bis zu einer inneren Akzeptanz der Restrukturierungsmaßnahmen und der unersetzbaren Beteiligung an der Durchführung der riesigen personellen Folgeprobleme bedurfte es einer intensiven Überzeugungsarbeit, vor allem durch außerbetriebliche Funktionäre der IG Metall.

Wir kommen zu der (dritten) Frage nach der komplementären Arbeitsteilung zwischen betrieblichen und überbetrieblichen Funktionären in der Mitbestimmung. Diese hat sich in der Tat – wie anderswo auch – in Völklingen herausgebildet. Die Arbeitsteilung besteht darin, daß die überbetrieblichen Mitbestimmungsträger die Federführung der Arbeitnehmerseite im Aufsichtsrat innehaben und damit die eigentlichen Träger der »wirtschaftlichen« Mitbestimmung sind, während die betrieblichen Arbeitnehmervertreter im Aufsichtsrat eher arbeitsorganisatorisches, personalwirtschaftliches und soziales Detailwissen von der Produktionsebene her einbringen, sich im übrigen aber auf die betriebliche Mitbestimmung, die Regelung personeller und sozialer Probleme auf der Ebene des Vorstandes und im Zuständigkeitsbereich des Arbeitsdirektors konzentrieren. Diese Teilung hat allein oder vorwiegend arbeitsorganisatorische Gründe: Wegen der Arbeitseffizienz spezialisiert sich jeder auf das Gebiet, das ihm am nächsten liegt und für das er die meiste Erfahrung mitbringt. Nach dieser Sichtweise würden die betrieblichen und überbetrieblichen Mitbestimmungsträger in Arbeitsteilung eine einheitliche und gemeinsame »wirtschaftliche« Mitbestimmung der Arbeitnehmerseite ausüben. Diese Sichtweise unterschlägt jedoch die oben festgestellte innere Reserve und Distanz der betrieblichen Vertreter gegenüber ihrer Beteiligung an der »Weichenstellung«.

Die vierte und letzte Frage in diesem Zusammenhang richtet sich auf Einstellungen der Befragten zur wirtschaftlichen Mitbestimmung als allgemeines gewerkschaftspolitisches Ziel. Kein Befragter hat Bemerkungen gemacht, die auf eine Ablehnung oder Einschränkung der gewerkschaftlichen Forderungen nach wirtschaftlicher Mitbestimmung schließen lassen. Die meisten ließen bedauernd durchblicken, daß der faktische Einfluß der Mitbestimmung auf wirtschaftliche Weichenstellungen lange Zeit nicht groß gewesen sei: Er habe im wesentlichen in der Unterstützung der Investitionspläne des Vorstandes bestanden bzw. in der generellen Ermunterung der investitionswilligen Personen in den Organen der Unternehmensleitung; wo zu wenig oder falsch investiert wurde, habe die Mitbestimmung das jedoch nicht verhindern können. Seit der Restrukturierung habe sich die Lage aber grundlegend geändert. Der Einfluß der Mitbestimmung auf die »Weichenstellungen« während der Restrukturierungsplanung und auf die Einzelheiten ihrer Realisierung sei groß gewesen. Entscheidend für unsere Erörterung des Themas ist, daß die Befragten diese Entwicklung der wirtschaftlichen Mitbestimmung für notwendig halten, um die Saar als Stahlstandort überhaupt zu retten. Sie sehen voraus, daß diese Entwicklung auch für andere Regionen und generell für die Zukunft Modellcharakter bekommen könnte. Sie unterstützen diese Entwicklung als eine gewerkschaftspolitische Notwendigkeit, jedoch ohne Begeisterung, wenn nicht gar mit Unbehagen. Man wünscht sich eine Mitbestimmung auf die Weichenstellungen einer ganzen Branche unter Bedingungen, die größere gewerkschaftspolitische und wirtschaftliche Gestaltungsmöglichkeiten enthalten. Die aktuelle Mitbestimmung in der Restrukturierung besitzt für sie das Odium des »Lücken- und Krisenbüßers des Kapitalismus«.

Das Voranstehende macht eines deutlich: Mit zunehmendem Einfluß der Mitbestimmung auf die grundlegenden Entscheidungen des Unternehmens oder der Branche driften die Lebens- und Aktionswelten der betrieblichen und der überbetrieblichen Mitbestimmungsträger weiter auseinander. Die Bezugspunkte, Erfahrungen, Bindungen und Empfindungen zwischen Betriebsrat und überbetrieblichen Gewerkschaftsfunktionären in der Mitbestimmung entfernen sich voneinander mit der Entfernung ihrer Aktionswelten und -stile (hier Gegenmacht organisieren in Werkshallen und sie instrumentell gegenüber der Geschäftsleitung einsetzen – dort in die Rolle eines wirtschaftspolitischen Spitzenfunktionärs auf nationalem und europäischem Parkett hineinwachsen). Die betrieblichen Vertreter scheinen zu befürchten, daß sich die alten Innenbeziehungen »ihrer« Gewerkschaft durch die neue Aufgabenerweiterung verändern.

Wenn wir bisher von »wirtschaftlicher« Mitbestimmung sprachen, so haben wir versucht, deutlich zu machen, daß wir damit elementare Unternehmensentscheidungen meinen, die für Bestand und Entwicklung der Unternehmen ausschlaggebend sind. Es gibt gute Gründe, für bestimmte Zwecke und Zusammenhänge den Begriff »wirtschaftliche Mitbestimmung« schon tiefer anzusetzen, also bei Entscheidungen geringerer Reichweite. Es liegt auf der Hand, daß die von uns benutzte Begriffsbedeutung durch die Erfahrungen der betrieblichen Mitbestimmungsträger in Völklingen vorgegeben ist, also von wirtschaftlichen Entscheidungen allergrößten Ausmaßes (Restrukturierung). Quasi in einem Rückschlußverfahren nimmt bei den Befragten die Vorstellung von dem, was wirtschaftliche Mitbestimmung inhaltlich ist, auch für die Zeit vor der Restrukturierung dieselbe Reichweite an: Alle Befragten, die darauf zu sprechen kamen, akzeptierten die in den letzten Jahren von Außenstehenden oft an sie gerichtete Frage, wie angesichts der paritätischen Mitbestimmung »so etwas passieren konnte« (das wirtschaftliche Versagen des Unternehmens), als legitime Frage, auf die sie eine Antwort schuldig zu sein glaubten. Die Antworten thematisierten teilweise die realen Machtverhältnisse zwischen Kapital und Arbeit in Anhebung zu den rechtlichen Bestimmungen, teilweise die Funktionsaushöhlung des Organs Aufsichtsrat und teilweise die Ohnmacht sämtlicher Leitungsorgane im Unternehmen angesichts der Preisbindung und Mengenquotenbestimmungen in der europäischen Stahlindustrie.

Wir kommen wieder zurück auf das, was der Betriebsrat als sein ureigenstes Metier ansieht: Schutz der Belegschaft vor negativen Auswirkungen von unternehmerischen Entscheidungen. Eines seiner Mittel dabei ist, wie schon gesagt, das direkte Gespräch mit dem jeweils zuständigen Vorstandsmitglied oder dem Vorstandsvorsitzenden. Diese Gespräche wurden als sehr hart und kontrovers, aber auch als kooperativ und vertraulich bezeichnet: »Wir sagen gleich unseren Standpunkt, um die Ausgangsbasis in der Diskussion zwischen Arbeitsdirektor und Geschäftsführer zu stärken. Denn der Arbeitsdirektor hat die personellen Konsequenzen mitzuvertreten, und wenn die wissen, der Betriebsrat geht nur in einem Teilbereich mit, dann wird schon etwas vorsichtiger taktiert in der Geschäftsführung, oder ein Antrag wird zurückgestellt, bis Vorbehalte ausgeräumt sind. Es sind also harte Diskussionen. Wir laden den Vorstandsvorsitzenden oder den technischen Mann ein und machen ihm unverhohlen klar: Sie können damit rechnen, daß wir anderswo Schwierigkeiten machen. Meistens zieht das. Es ist immer ein Geben und Nehmen. Die letzte Diskussion muß der Arbeitsdirektor ausstehen. Aber dann hat er den entsprechenden Rückhalt. Er kann sagen: Wenn das nicht funktioniert, müssen Sie die Verantwortung übernehmen. . . . Wenn wir so aber nicht weiterkommen, dann müssen wir fortgesetzt auf dem Mitbestimmungsinstrumentarium spielen. Mit dem Betriebsverfassungsgesetz allein können wir ja furchtbar wenig machen. Dann werfen wir schlicht und einfach unsere Aufsichtsratstätigkeit in die Waagschale und machen in anderen Bereichen Schwierigkeiten.« (Ein Betriebsratsmitglied.) Die Aktivierung der Aufsichtsratstätigkeit besteht darin, daß die außerbetrieblichen Arbeitnehmervertreter, die wie zu Eicks Zeiten unzweifelhaft als die potenteren und einflußreicheren auf dieser Ebene eingeschätzt werden, gebeten werden, die Angelegenheit dort vorzubringen. Das ist aber der Ausnahmefall, woher auch ein Teil der Wirkung rührt. Normalerweise »belastet« die Arbeitnehmerbank die Aufsichtsratssitzungen nicht mit Arbeitnehmerproblemen, die in den Regelungsbereich zwischen Betriebsrat und Geschäftsführung gehören.

Trotz unverblümter Durchsetzungshärte ist die Kooperationsgrundlage zwischen Betriebsrat und Geschäftsführung die gleiche geblieben wie in der Pionierzeit. Beide Seiten sind bestrebt, ihren Verhandlungsspielraum durch ein gewisses Sichabschließen gegenüber außenstehenden Dritten zu vergrößern. Man will stille Absprachen und Vereinbarungen treffen können – ohne besondere Rücksicht auf Empfindlichkeiten anderer, insbesondere der eigenen Verbände. Darum wurden vergleichsweise wenig Betriebsvereinbarungen und sonstige schriftliche Vereinbarungen getroffen. Ein Betriebsratsmitglied sagte: »Wir bevorzugten die mündliche Vereinbarung und bei wichtigen Sachen eine Aktennotiz dazu. Manchmal auch eine Richtlinie, aber nicht gleich eine Betriebsvereinbarung. So haben wir es auch beim Härteausgleich beim jetzigen Sozialplan gemacht. Es gibt Unternehmen, die müssen wegen jedem Scheiß eine Betriebsvereinbarung machen. (Das zielt gegen die Neunkircher Kollegen, d. V.) Wir haben gesagt: ein Mann – ein Wort. Um zu sagen, ob wir mehr oder weniger haben als andere, da kommt es ja nicht auf die Zahl, sondern auf die wirkliche Substanz der Vereinbarungen an. Wenn wir eine Betriebsvereinbarung machen, die saust dann überall rum, geht auf Lehrgänge der IG Metall, und dann gehts los: Wieso haben die das und wir nicht? Und dann kommen die Arbeitsdirektoren zusammen und sagen: Was hast du denn da gemacht, ich hab' das nicht durchgekriegt. Deshalb haben wir das mit einer Aktennotiz erledigt, und das hat bis heute noch Gültigkeit.«

Die Handlungsstruktur zwischen Betriebsrat und Geschäftsführung gründet auf gegenseitigem Vertrauen, ja sogar einer gewissen Verschworenheit. Das Vertrauen wird begründet durch die guten Erfahrungen, die man in der Vergangenheit miteinander gemacht hat, und durch die Verläßlichkeit. Als Klammer dient dabei die Überzeugung jeder Seite, für sich dadurch zu gewinnen, daß man die Probleme zwar kontrovers, aber so verschwiegen wie möglich löst. Das sich in dem Ausspruch von Ernst Röchling (»Wir haben eine positive Arbeitnehmervertretung«) ausdrückende Bewußtsein gilt nach wie vor.

Dieser Verhaltensstil wurde Außenstehenden 1969 während der spontanen Arbeitsniederlegungen der Neunkircher Kollegen schlagartig bewußt. Die Geschäftsführung bei Röchling bewegte die Vertrauensleute zum Stillhalten mit dem Versprechen, man werde die gleiche Lohnerhöhung gewähren, wie die, die in Neunkirchen noch erstreikt werde. So kam es auch. Die Völklinger Belegschaftsvertreter und besonders auch der Arbeitsdirektor standen daraufhin unter dem Vorwurf mangelnder gewerkschaftlicher Solidarität. Bei den spontanen Streiks in Neunkirchen 1973 haben sich die Völklinger aber sehr solidarisch verhalten. In den Akten fanden wir einen Brief des Arbeitgeberverbandes an die Völklinger Geschäftsleitung, in der ihr massiv Hintertreiben der Verbandsdisziplin vorgeworfen wird, weil sie vor Abschluß der Kämpfe Zugeständnisse gemacht habe. Außerdem wird sie in dem Brief gewarnt, gewerkschaftliche Vertrauensleute im Betrieb offiziell anzuerkennen und den Gewerkschaftsbeitrag über das Lohnbüro abzubuchen. Um Erfüllung beider Anliegen hatte kurz zuvor – im Zusammenhang mit den spontanen Streiks – der damalige Betriebsratsvorsitzende die Geschäftsführung gebeten, bemerkenswerterweise mit dem Hinweis auf »die bekannte Besonnenheit unserer Belegschaft« (laut Aktennotiz). Der eine der beiden Wünsche wurde erfüllt: Die Vertrauensleute erhielten für ihre Sitzungen die Freistellung von der Arbeit. Dieser Vorgang wird heute noch als großer Durchbruch gewertet. Nicht nur hier, in allen Werken haben wir festgestellt, daß wichtige gewerkschaftsorganisatorische Fragen im Bewußtsein der betrieblichen Mitbestimmungsträger eine fast größere Bedeutung für die Dynamik der Mitbestimmung haben, als Leistungen auf einzelnen Vertretungsgebieten.

Der hier angesprochene Kooperationsstil impliziert freilich eine Verstärkung des in allen saarländischen Hüttenbetrieben anzutreffenden

Standortdenkens. Aber es dürfte auch deutlich geworden sein, daß er nicht die Offensivität und Stärke der Interessenvertretung beeinträchtigt. Das zeigt sich bei allen Aktionen, die der Betriebsrat zum Schutz der bedrohten Belegschaft führt. Ein gutes Beispiel dafür war die Stillegung des Martinwerkes vor mehreren Jahren. Es waren nur noch zwei Öfen in Betrieb. Einer davon wurde gerade ausgemauert, und der andere brach plötzlich aus. Eine Stunde später teilte der Technische Direktor dem Betriebsrat mit, daß das ganze Werk stillgelegt werden müsse. Das hätte die unvorbereitete Entlassung von 220 Arbeitnehmern bedeutet. Der Betriebsrat machte aber nicht mit. Er sagte: »Fahren Sie den anderen Ofen an, dann sind die Leute beschäftigt, wir werden keinen entlassen!« Darauf die Geschäftsführung: »Wir werden keinen Ofen mehr anfahren.« Dann wieder der Betriebsrat: »Wir vertreten die Belegschaft, für die technische Planung sind Sie zuständig.« Der Betriebsrat bewegte die Kollegen dazu, täglich zu den Arbeitsplätzen zu kommen, obwohl keine Arbeit da war. Sie spielten dort 14 Tage Skat, bis schließlich Detailgespräche begannen über einen Umsetzungsplan. Ein Befragter berichtet darüber: »Als das abgeschlossen war, war auch für uns das Werk stillgelegt. Aber bis dahin haben wir die Interessen der Belegschaft vertreten, dafür sind wir da.«

Die »Völklinger Krankheit«

Es kommt vor, daß Menschen sich um so mehr voneinander unterscheiden und abgrenzen, je enger sie benachbart sind. So war es mit den Mitbestimmungsträgern der saarländischen Stahlunternehmen. Sie hielten sich gegenseitig gut im Auge, verfolgten möglichst jeden Schritt des anderen, mäkelten hinter vorgehaltener Hand aneinander herum, aber miteinander kooperierten sie nicht. Diese Art nachbarschaftlicher Verhältnisse war zwischen den Völklinger und den Neunkircher Mitbestimmungsträgern vergleichsweise harmlos, weil sich beide als verwandt und ähnlich im gesamten Zuschnitt der Mitbestimmungskonzeption, der Interessenvertretung und der Gewerkschaftsarbeit anerkannten, wenngleich jeder einzeln marschierte. Ganz anders ist es zwischen Dillingen und seinen beiden Nachbarn. Der Begriff »Völklinger Krankheit« wurde in kritischer Absicht über die zu große Vertretungsstärke des Völklinger Betriebsrates in der Dillinger Hütte geprägt. Der Völklinger Betriebsrat reagierte darauf in einer Art, die seine Mitbestimmungskonzeption präzisiert. Wir geben unkommentiert die Aussagen mehrerer Befragter wieder:

– »Das kann man als Völklinger Krankheit bezeichnen, daß wir den

Mut haben und sagen: Wir vertreten die Arbeitnehmer, da gehen wir keinen Splitter zurück. Deshalb geht bei uns auch keiner mit einem Gipsbein ins Werk. Den Mut muß man haben. Das ist die Frage: Was macht man aus einem Organ, wie versteht man die Mitbestimmung?«

– »Das ist das Rückgrat des einzelnen Betriebsratsmitglieds. Ich muß mir die Frage stellen, wo beginnt meine Verantwortung für die Belegschaft, wo für das Unternehmen, wo für die Region. Es dient dem Kumpel nicht, wenn er entlassen wird, und der Region auch nicht. Wir kennen die Version der Dillinger. Die sagen: Ihr hättet früher umstrukturieren müssen. Ja, aber wie die das gemacht haben, ist das einfach. Der Betriebsrat hat zu allem Ja gesagt, und die überzähligen Leute haben sie entlassen. Die, die nicht so arbeitsfreudig waren, die sind bestellt worden: Kamerad, es ist für dich besser, du kündigst im Einvernehmen, als wenn wir dich rauswerfen. Und dann haben sie ihm noch 2 000 DM gezahlt. Der Betriebsrat war aus dem Geschäft, und sie haben die modernen Anlagen fahren können, ohne viel Bohei. Aber der Mann war raus. So einfach können wir uns das nicht machen.«

– »Ich meine, das ist die Einstellung des jeweiligen Arbeitsdirektors mit dem Betriebsrat in der Verantwortung gegenüber seinen Kollegen. Was ist Mitbestimmung, wie verstehe ich sie, wie wird sie ausgelegt? In Dillingen, kann ich Ihnen sagen, da wurde in der Vorstandssitzung französisch gesprochen, und der Arbeitsdirektor hat da gesessen und nichts verstanden, und die haben den auch gar nicht informiert. So ist das gelaufen.«

– »Es kann gar nicht die Mitbestimmung geben, wenn man sich vor Augen hält, daß da ein modernes Werk steht und hier ein altmodisches bis vor einigen Jahren. Daß da ganz allein aus diesem Ansatz heraus unterschiedliche Probleme auf die Mitbestimmungsleute zukommen, liegt auf der Hand.«

– »Es gibt Mitbestimmungsleute, die sagen, ich schließe mich den buchhalterischen Zwängen an. Aber das kann doch ein Betriebsrat niemals machen. Wir können nicht 9 000 Leute einfach auf die Straße stellen.«

Die in diesen Zitaten zum Ausdruck kommende Vertretungskonsequenz des Betriebsrats – eben die »Völklinger Krankheit« – läßt sich anschaulicher begreifen im Vergleich mit der ganz anderen Mitbestimmungskonzeption und -praxis in Dillingen, welche sich in diesem Schlagabtausch anzeigt und noch näher beschrieben wird.

Regelungsbereiche der Mitbestimmung

Sozialpläne:

Ohne Frage, die Hauptleistung der Mitbestimmungsträger bei Röchling-Burbach waren das Auffangen der personellen Konsequenzen der Stahlkrise und die fast reibungslose Integrierung der Arbeitnehmer aus Burbach und später aus Neunkirchen als Folge der Restrukturierungsverträge. Bei der Konzipierung, Durchsetzung und Durchführung des Sozialplans haben die betrieblichen Mitbestimmungsträger Betriebsrat und Arbeitsdirektor entscheidend mitgewirkt. Auch schon vor dem Sozialplan im Rahmen der Restrukturierungsverträge wurden in Völklingen Sozialpläne ausgehandelt. Die erste große Maßnahme war die Stilllegung des Martinwerkes 1976, von der gerade die Rede war. Die Geschäftsführung hatte vor, die 220 Arbeiter zu entlassen. Fast gleichzeitig sollten 250 Angestellte entlassen werden. Es wurde nach langen Verhandlungen ein Sozialplan durchgesetzt, der vorzeitige Pensionierungen mit dem 59. Lebensjahr beinhaltete. Bei späteren Personalreduzierungen wurde das Pensionierungsalter schrittweise bis auf 55 Jahre heruntergeschraubt. Der im Rahmen des Restrukturierungsvertrags ausgehandelte Sozialplan ist der weitestgehende, den es bisher in der Bundesrepublik gab. Niemand zweifelt daran, daß er ohne Mitbestimmung nicht durchsetzbar gewesen wäre. Es gilt allenthalben als ein Ruhmesblatt der Montanmitbestimmung. Viele Mitbestimmungsträger meinten, daß er anderswo kaum noch einmal in dieser Form durchgesetzt werden könnte.

Ein großes Problem für die Völklinger Mitbestimmungsträger war die Durchführung der Umsetzung von über 2 000 Arbeitnehmern aus dem Werk Burbach in das Werk Völklingen. Damit war ja nicht nur das Ausscheiden von ebenso vielen Arbeitnehmern im Werk Völklingen (über den Sozialplan) verbunden, sondern notwendig wurden auch zahlreiche Umsetzungen innerhalb des Werks und damit natürlich auch die Enttäuschung vieler Aufstiegserwartungen. Das Gelingen dieser Aktion ist vor allem das Verdienst der beiden Betriebsräte in Völklingen und Burbach und des Arbeitsdirektors.

Schutz vor Kündigung und Disziplinierung:

Der Betriebsrat besitzt faktisch ein volles Mitbestimmungsrecht bei

Kündigungen, so daß ohne seine Zustimmung niemand entlassen wird. Er nimmt diesen Schutz sehr ernst. Außer bei eindeutigen und groben Disziplinarverstößen stimmt er nicht zu. Dies ist vor allem ein Schutz für kranke und leistungsgeminderte Arbeitnehmer. Es gibt eine Betriebsvereinbarung, in der festgelegt ist, daß die Personalverwaltung nur mit Zustimmung des Betriebsrates eine Krankenkontrolle durchführen kann.

Es habe in der Vergangenheit kaum einen disziplinierenden Druck auf die Kranken gegeben, wurde gesagt. Aber in jüngster Zeit würde etwas strenger verfahren, dies vor allem deswegen, weil der Personaleinsatz seit einiger Zeit rationalisiert worden sei. Die Ersatzquoten für Fehlzeiten wurden reduziert. Früher hätten die Abteilungsleiter leicht einen Ersatzmann aus dem Einsatzbetrieb anfordern können, heute müßten die Kollegen »mehr ran«. Deshalb passen sie gegenseitig aufeinander auf. Der Betriebsrat stimme aber Kontrollen nur zu, nachdem er die Personalakte eingesehen und festgestellt habe, daß es »ein Dauerfall« sei.

Eine große Leistung der Mitbestimmung sehen die Befragten in dem sehr weitgehenden Schutz der Arbeitnehmer vor Willkür und autoritärem Gehabe der Vorgesetzten. Durch die hohe Vertretungswirksamkeit von Betriebsrat und Vertrauensleuten in sämtlichen Fragen der Arbeitsbedingungen und des Arbeitsvollzugs bestehen eine hohe Sicherheit der Beschäftigten und ein ausgeprägtes Regelbewußtsein bei den Vorgesetzten.

Verdienstabsicherung und Arbeitseinsatz leistungsgeminderter Arbeitnehmer:

Der Arbeitseinsatz leistungsgeminderter Arbeitnehmer war neben dem Personalabbau aufgrund der Stahlkrise das brennendste Problem der Mitbestimmung in diesem Werk. Schon in der Anfangszeit der Mitbestimmung wurde eine Lohnabsicherung bei Versetzung wegen Leistungsminderung durchgesetzt, die dann später tarifvertraglich ausgeweitet wurde. Nach dieser Regelung erhalten Arbeiter ab 45 Jahren 90 Prozent, solche ab 50 Jahren 100 Prozent ihres alten Lohns. Für Arbeiter im Feuerbetrieb gilt eine noch günstigere Regelung: Sie erhalten bei mehr als fünfzehnjähriger Tätigkeit 90 Prozent und bei einer mehr als zwanzigjährigen 100 Prozent. So könnte also schon ein etwa fünfunddreißigjähriger Arbeiter im Feuerbetrieb einen Ausgleich von 90 Prozent erhalten, wenn er auf einen schlechter bewerteten Arbeitsplatz versetzt werden muß.

Für die meisten Leistungsgeminderten sind belastungsreduzierende Maßnahmen durchgeführt worden. Ein Teil von ihnen ist in der Behindertenwerkstatt eingesetzt. Darunter ist eine Zusammenfassung von zahlreichen Hilfs-, Neben- und Zuliefertätigkeiten zu verstehen: Kistenmacherei, Schreinerei, mechanische Werkstatt, Buchbinderei, Druckerei, Waschräume, Botentätigkeiten.

Der Beitrag des Betriebsrates auf diesem Gebiet liegt darin, daß er die Regeln für die Anwendung und Auslegung der tarifvertraglichen Normen durchgesetzt hat – vor allem die beiden Regeln, daß kein Arbeitnehmer wegen Leistungsminderung entlassen wird und daß kein Arbeitnehmer auf seinem alten Platz weiterarbeitet, wenn der Werksarzt ihm Leistungsminderung bescheinigt hat. Durchführung und Anwendung der Maßnahmen im Einzelfall liegen zentral bei der Abteilung Arbeitswirtschaft, die dem Arbeitsdirektor untersteht. Ihr obliegt vor allem die Suche »leichter« Arbeitsplätze. Der Betriebsrat erhält einen Durchschlag des Umsetzungsvorschlags. Daraufhin schaut sich der zuständige Bereichsbetriebsrat den Platz an und redet mit dem Arbeitnehmer. Die Abteilungsleiter und Betriebschefs haben keinen Einfluß auf die Umsetzungsmaßnahme. Knapp die Hälfte der Leistungsgeminderten wurde auf andere Arbeitsplätze in der Produktion versetzt. Selbst in diesem Fall haben die Abteilungsleiter kein Einspruchsrecht gegenüber der Arbeitswirtschaft, die zentral nach den von ihr erstellten Anforderungsprofilen aller Plätze den gesamten Arbeitseinsatz plant und lenkt. Die Wartezeiten zwischen der Feststellung der Leistungsminderung durch den Werksarzt und der Umsetzung sind kurz. Wenn keine anderen geeigneten Arbeitsplätze vorhanden sind, dann wird die Zahl der Besetzungen in den genannten Behindertenwerkstätten einfach vermehrt. Wo fünf Waschraumwärter genügten, werden dann eben sieben oder zehn eingesetzt. Es wird ganz offen darüber geredet, daß bei vielen Leistungsgeminderten der Einsatz als Sozialmaßnahme zu verstehen sei. Die Betriebsräte und der Arbeitsdirektor bestehen aber darauf, daß das Unternehmen die soziale Verantwortung für die Arbeitnehmer zu übernehmen hat, die sich bei der Arbeit verschlissen haben. Da die Fluktuation – von den Umverteilungen aufgrund der Restrukturierung abgesehen – gering ist, sind die Umgesetzten fast sämtlich langjährige Betriebsangehörige. Wenige Wochen nach unserer Befragung stand die Übernahme von weiteren 270 Arbeitern aus Burbach an, von denen man sagte, daß sie fast alle leistungsgemindert seien. Der Betriebsrat hatte keine Sorge, daß auch für sie ein Arbeitsplatz gefunden werde. Bei der Einschätzung der hohen Zahl von Leistungsgeminderten muß man noch in Rechnung stellen, daß es sich ausschließlich um Arbeitnehmer handelt, die jünger als 55 Jahre sind. Die älteren sind über den Sozialplan sowohl in Völklingen, wie in Burbach und Neunkirchen ausgeschieden. Aufgrund eigener Untersuchungen über den Arbeitseinsatz von Leistungsgeminderten in Großbetrieben außerhalb des Bereichs Eisen und Stahl[7] können wir feststellen, daß nirgendwo der Schutz der gesundheitlich angeschlagenen Arbeitnehmer so groß war, wie hier bei Röchling-Burbach und – wie wir noch sehen werden – in den Neunkircher Eisenwerken.

Aber auch bei Röchling-Burbach ist dieser Schutz nicht dauerhaft gesichert. So hat die Geschäftsführung dem Betriebsrat angekündigt, daß sie in bestimmten Zeitabständen die Leistungsgeminderten erneut durch den Werksarzt untersuchen lassen will, um eventuelle gesundheitliche Verbesserungen festzustellen. Diejenigen, bei denen sich der Gesundheitszustand gebessert habe, wolle man dann wieder voll einsatzfähig verwenden. Diejenigen, bei denen er sich nicht gebessert habe, wolle man in drei Kategorien einteilen: Die, die in Kürze die Altersgrenze des Sozialplans erreichen, die, die unter den Manteltarifvertrag fallen und die, die von keinem der beiden Verträge erfaßt werden. Diese letzteren gedenke man zu entlassen. Die Betriebsratsmitglieder sagten uns, daß dieses Vorgehen zwischen den Arbeitgebern in der Stahlindustrie – auch an der Ruhr – abgestimmt worden sei. In den Stahlwerken Bochum wurde es vorexerziert. Sie nennen diese den Werksärzten abverlangte Maßnahme ironisch »Rehabilitations-Medizin«. Sie waren sich einig, daß sie das nicht durchgehen lassen werden.

Das Problem der Leistungsgeminderten, das freilich immer schon bei den Schwerstarbeiten in den Stahlbetrieben bestand, hat sich in den letzten Jahren quantitativ ganz erheblich verschärft – und das aufgrund der vielfältigen Rationalisierungen. Die Rationalisierung der Personalwirtschaft ist darunter wohl die folgenschwerste. Ein Befragter erklärte das so: »Jetzt, wo halt scharf gerechnet wird, sagen die Produktionsbetriebe, der Mann ist nicht mehr tragbar.« Die Abteilung Arbeitswirtschaft, die sowohl diese Rationalisierungen durchzuführen als auch die Leistungsgeminderten unterzubringen hat, steht da wie jemand, dessen Linke nicht wissen darf, was die Rechte tut.[8]

Vermittelt über das Stichwort »Leistungsminderung«, muß hier auch von einer Mitbestimmungsleistung bei Röchling gesprochen werden, die für die saarländischen Stahlunternehmen einzigartig ist: die Sozialbetreuung. Die Zahl der Arbeitnehmer, die aufgrund von Schwierigkeiten, die im privaten Bereich manifest werden, in ihrem Arbeitsverhalten

Probleme aufweisen, scheint nach dem Urteil vieler Betriebsräte zuzunehmen: Alkoholismus, häufige Abwesenheit, häufiges Zuspätkommen usw. sind die Manifestationen. In vielen Betrieben ist die Entlassung die unvermeidliche Folge. Die drei Sozialbetreuerinnen im Werk Völklingen leisten auf diesem Gebiet auch nach Aussage von Mitbestimmungsträgern anderer Unternehmen Vorbildliches. Das ist allerdings nur auf dem Hintergrund ihrer Zuordnung zum arbeitsdirektorialen Bereich verständlich. Obwohl vom Unternehmen angestellt, haben die Sozialbetreuerinnen einen echten sozialarbeiterischen Freiraum. So gewinnen sie vertraulichen Zugang zu den persönlichen Hintergründen von auffälligen Arbeitnehmern und können hilfreiche Maßnahmen einleiten. Es wird zum Beispiel von dem Fall eines Arbeiters berichtet, der fast täglich zu spät zur Schicht kam, und keiner wußte, warum. Die Sozialbetreuerin fand im Gespräch heraus, daß er aufgrund starker finanzieller Belastung durch die Folgen seiner Ehescheidung das Fahrgeld sparen wollte und daher täglich per Anhalter ins Werk kam. Man gab ihm darauf das tägliche Fahrgeld, und er war pünktlich. Bei Alkoholikern vermitteln die Betreuerinnen entsprechende Fachberatungen oder Klinikaufenthalte. Bei häufig Fehlenden gehen sie ins Haus – und es spricht für das Vertrauen der Arbeitnehmer in die Mitbestimmung, daß dies nicht als Kontrolle aufgefaßt wird –, um den tatsächlichen Grund herauszufinden, therapeutische Maßnahmen einzuleiten und den Vorgesetzten zu verstehen zu geben, daß es sich um eine echte Krankheit handelt.

Arbeitsschutz:

Hierüber liegen uns nur pauschale Urteile der Mitbestimmungsträger des Werkes vor. Das liegt aber nachweislich daran, daß dieser Problembereich so selbstverständlich und unproblematisch dem Arbeitsfeld des Arbeitsdirektors zugeordnet wird, daß er keine aktuellen Anforderungen mehr stellt. Die vereinzelten Bemerkungen dazu beziehen sich nur auf die Anfangszeit der Mitbestimmung, als der Unfall- und Arbeitsschutz im Brennpunkt des Mitbestimmungsinteresses stand. Heute sind die Arbeitsschutzmaßnahmen zur Routine geworden.

Berufsausbildung:

Das Werk hatte zur Zeit unserer Befragung 490 Ausbildungsplätze (3,5 Prozent aller Arbeitsplätze). Diese hohe Zahl ist auch in der Krisenzeit der letzten Jahre aufrechterhalten worden. Zwar können nicht alle Ausgebildeten im Ausbildungsberuf im Werk übernommen werden, aber fast alle haben die Möglichkeit, nach der Ausbildung im Betrieb zu bleiben, zunächst viele in einem anderen Beruf, aber mit der Möglichkeit, nach einer Wartezeit den Sprung in den Ausbildungsberuf zu schaffen. 1981 wurden alle Ausgebildeten übernommen. Bis vor einigen Jahren hatte der Betrieb noch eine eigene Werksschule. Zur Zeit der Untersuchung beteiligte sich der Betrieb an einem Modellversuch des Bundes zur beruflichen und sozialen Integration benachteiligter Jugendlicher, in diesem Fall junger Ausländer (überwiegend Türken), die zum Hüttenfacharbeiter ausgebildet werden, sowie an einem Modellversuch zur Ausbildung von Mädchen in gewerblich-technischen Berufen.

In der Berufsausbildung gehen die Mitbestimmungsträger von einer besonderen Verantwortlichkeit des Großbetriebes in der Region aus. Es wird von Arbeitsdirektor, Betriebsrat und Geschäftsführung akzeptiert, daß man angesichts der schlechten Arbeitsmarktlage für ausbildungswillige Jugendliche etwas Vorbildliches tun muß.

Rationalisierungsschutz:

Auf diesem Sektor wurden zwei Fälle aus jüngerer Zeit berichtet. Der erste betrifft die Lohnabsicherung der Arbeiter im neu errichteten Stahlwerk. Weil eine Reihe schädlicher Umwelteinflüsse weggefallen ist, war für viele Arbeiter – aufgrund der analytischen Arbeitsplatzbewertung – die Lohnhöhe in Gefahr. Der Betriebsrat konnte die Geschäftsführung zu einem »gentleman agreement« bewegen, wonach an manchen Arbeitsplätzen der Belastungsfaktor Konzentration höher bewertet wurde, so daß der Lohn am Ende konstant blieb. Das ging allerdings nicht überall. Wo die Geschäftsführung nicht mitzog, erreichte der Betriebsrat aber wenigstens einen personenbezogenen Lohn, das heißt, eine Lohnabsicherung für den jetzt dort Arbeitenden.

Der zweite Fall betrifft die Bildschirmarbeitsplätze. Ca. 70 Arbeitsplätze im neuen Stahlwerk sind Bildschirmplätze, dazu kommen noch einige im Walzwerk. Der Betriebsrat verlangte – als erster in einem Stahlunternehmen – den Abschluß einer Betriebsvereinbarung über die Regelung der Arbeitsbedingungen (Pausen, Ausstattung mit Spezialbrillen, Gestaltung des Platzes, regelmäßige ärztliche Untersuchungen). Die Geschäftsführung war jedoch nicht dazu bereit – auch der Arbeitsdirektor nicht: Erstens kostete es Geld, und zweitens steht eine solche Regelung im Tabukatalog des Arbeitgeberverbandes. Man wollte also nicht Vorreiter sein. Der Betriebsrat berichtete, er habe es dann »durchboxen« müssen. Das ging nur über die außerbetrieblichen Arbeitnehmervertreter im Aufsichtsrat und mit Unterstützung der Bezirksleitung der IG Metall in Frankfurt. Der Arbeitsdirektor sei schon zu überzeugen gewesen, er habe aber Durchsetzungsmacht gebraucht, die er auf diese Weise erhalten habe. Das Ergebnis war der Abschluß der ersten Bildschirm-Betriebsvereinbarung in der deutschen Stahlindustrie, die fast identisch ist mit der Musterbetriebsvereinbarung der IG Metall. Hier war also der Völklinger Betriebsrat mit Unterstützung des gesamten »Mitbestimmungsinstrumentariums« Vorkämpfer – bedingt durch die Tatsache, daß hier das neueste und modernste Stahlwerk mit vielen Bildschirmplätzen angefahren wurde. Sie schufen damit ein Modell für die Übernahme dieser Errungenschaft in anderen Stahlunternehmen.

So ist es in der Vergangenheit bei fast allen Kernleistungen der Mitbestimmung gewesen: Was in einem Unternehmen an Errungenschaften vorexerziert wurde, haben die anderen später übernommen. Daher kommt es, daß das Niveau der Kernleistungen in allen Unternehmen so ähnlich ist. Der Transfer von Vertretungsleistungen innerhalb des Wirtschaftszweiges war sehr hoch. Die Mitbestimmung hat die Transferierbarkeit faktisch zur Norm gemacht. Darin erblicken wir eine ihrer größten Erfolge. In diesem Ausmaß hat es das in den Großbetrieben anderer Wirtschaftszweige nicht gegeben, auch nicht in der Automobilindustrie. Am meisten haben die saarländischen Stahlunternehmen davon profitiert; denn das »Lernen von der Ruhr« implizierte ja, daß der Transfer von Mitbestimmungsleistungen als selbstverständlich galt. So konnte es kommen, daß binnen weniger Jahre die saarländischen Unternehmen in den Vertretungsleistungen einen gewaltigen Ruck nach vorn gemacht haben. Sie konnten einfach auf den Zug aufspringen.

2. Die Entwicklung der Mitbestimmung in den »Neunkircher Eisenwerken AG, vormals Gebr. Stumm«

Die Neunkircher Eisenwerke AG ist eines der ältesten und war zugleich das kleinste integrierte Hüttenwerk der Bundesrepublik. Bis zum Ende des Ersten Weltkrieges war das Unternehmen im Alleinbesitz der Industriellenfamilie Stumm. Nach Inbesitznahme durch die Franzosen und erneutem Rückkauf im Jahre 1926 teilten sich der Stumm-Konzern und die Otto-Wolff-Gruppe die Anteile am Unternehmen. Nach dem Zweiten Weltkrieg stand das Unternehmen bis 1956 unter französischer Sequesterverwaltung. Die Anteile des Stumm-Konzerns wurden nach dessen Zusammenbruch im Jahre 1974 auf dem Markt feilgeboten und gingen 1977 an die Mineralölgesellschaft Mabanaft. Die sich 1975 anbahnende Stahlkrise hat die Neunkircher Eisenwerke am stärksten getroffen. In einem »Crashprogramm« legte das Unternehmen im Jahre 1977 Kapazitäten still und baute Personal ab. Die Existenzkrise spitzte sich weiter zu. Zu Beginn des Jahres 1979 übernahm schließlich die ARBED 97 Prozent der Anteile der Neunkircher Eisenwerke und gliederte sie als Tochtergesellschaft den Stahlwerken Röchling-Burbach GmbH an. Im Jahre 1982 erfolgte die Vollfusion beider Unternehmen.

Zum 31. Dezember 1958 hatte das Unternehmen einschließlich seines Weiterverarbeitungsstandortes Homburg 9 658 Beschäftigte. Nach einem Höchststand im Jahre 1964 mit knapp 12 000 Beschäftigten sank ihre Zahl bis zum Zeitpunkt der Übernahme durch die ARBED Ende des Jahres 1978 auf knapp 7 000. Die Restrukturierungsmaßnahmen, in deren Folge die gesamte Flüssigphase in Neunkirchen stillgelegt wurde, reduzierten die Belegschaft auf ca. 1 500 Beschäftigte (Stand 1985).

Ansätze einer Arbeiterbewegung

Im Unterschied zu Völklingen faßte die Arbeiterbewegung nach dem Ersten Weltkrieg in Teilen der Neunkircher Arbeiterschaft bald Fuß. Dies hängt – wie schon erwähnt – im wesentlichen mit drei Faktoren zusammen. Der erste ist, daß sich Anfang der zwanziger Jahre die Unternehmerfamilie aus der Geschäftsführung zurückzog und die Leitung bestellten Managern übertrug. Der Hintergrund ist, daß als Folge französischer Ansprüche nach dem verlorenen Krieg die Stummschen Eisenwerke in eine Aktiengesellschaft umgewandelt wurden und 60 Prozent der Aktianteile an eine französische Firmengruppe gingen. Auch wenn diese sie nach wenigen Jahren wieder an die Gruppe Otto Wolff abstieß und der französische Einfluß nicht übermäßig stark blieb, so war nach diesem Schritt doch endgültig das Stummsche Führungssystem in Auflösung begriffen, weil es von der Präsenz der Unternehmerpersönlichkeit abhing. Für dessen Nachfahren war das Neunkircher Werk nur noch eine Geldanlage. Von dem patriarchalischen System blieb lediglich die autoritäre Seite übrig.

Der zweite Faktor ist, daß Stumm mit seinem Herrschaftssystem den Bogen überspannt hatte und die Folgebereitschaft bei einem Teil der Arbeiter in Widerstand umschlug. Der dritte Faktor ist darin begründet, daß die Entstehung einer sozialistischen Arbeiterbewegung in Neunkirchen nicht durch das kirchliche Element gehindert wurde. Neunkirchen ist überwiegend evangelisch, und die evangelische Kirche hatte in der sozialen Frage weder die Zielstrebigkeit noch die organisatorischen Voraussetzungen, den Wandel aufzuhalten. Die christlichen Gewerkschaften spielten in Neunkirchen nie eine solche Rolle, wie dies im unteren Saartal der Fall war. Erst viel später, Anfang der sechziger Jahre, gewannen sie beträchtliche Anteile unter der katholischen Pendlerarbeiterschaft aus dem Raum um St. Wendel, konnten aber schneller und leichter als in Völklingen zurückgedrängt werden, weil hier bereits eine Tradition der freien Gewerkschaften bestand.

So kam es, daß in den zwanziger Jahren Neunkirchen die »rote Stadt im Saarland« wurde. SPD und KPD waren sowohl hier wie auch in Wiebelskirchen, das den zweithöchsten Ortsanteil in der Hütte hatte, die stärksten Parteien. Diese Tradition setzte sich nach 1945 fort. Neunkirchen hatte nach dem Zweiten Weltkrieg immer einen SPD-Bürgermeister. Es war und blieb das Zentrum aller sozialistischen und sozialdemokratischen Vorstöße in der saarländischen Politik. Hier lag der Schwerpunkt der »Nein-Sager« bei der Volksabstimmung 1935 (Nein zu Hitler-Deutschland) und wiederum bei der Volksabstimmung 1955 (Nein zur französischen Annexionspolitik).

Dennoch gab es im Betrieb nach 1945 keine starke gewerkschaftliche Organisation und Interessenvertretung. Die Auswirkungen der politischen und gewerkschaftlichen Verhältnisse des Saarlandes gingen natürlich auch um dieses Werk nicht herum. Die Leitung des Werkes hatte die französische Sequesterverwaltung inne. Sie wird heute noch als liberal, »unpreußisch«, was den Stil angeht, ja gemütlich gelobt. Den Arbeitern ging es damals besser als ihren Kollegen in der Bundesrepublik. Aber die Organisation der Interessenvertretung war nicht frei. Die ersten Betriebsräte waren die »Weißmacher«, Leute, die aufgrund ihrer Verdienste bei der Entnazifizierung und nicht aufgrund gewerkschaftlicher Kraft in den Sattel gehoben wurden. Das blieb so, wenn auch mit sich abschwächender Tendenz, bis zum Anschluß 1957. Die Mitgliedschaft des Industrieverbandes Metall war in Neunkirchen wohl gut doppelt so hoch wie in Völklingen, aber das bewirkte noch keine organisatorische Stärke und keine klare Vertretungspolitik. Die Wende, der große Schwung kamen hier genauso wie in Völklingen erst mit der Eingliederung in die »große IG Metall«. In diesem Punkt gilt für dieses Werk alles, was zuvor schon dazu gesagt wurde.

Dennoch: Die jahrzehntelange Tradition in Neunkirchen führte in dieser Zeit des Aufspringens auf den IG-Metall-Zug zu einer anderen Form der Politik und Strategie der Interessenvertretung als in Völklingen. Hier gab es ein Potential gewerkschaftlich orientierter Kräfte. Das hatte vor dem Anschluß zwar teilweise geschlummert, aber es war da, wurde jetzt wach und bestimmend, und zwar um so mehr, je näher der Tag des erwarteten Wechsels herankam. In den beiden Jahren vor der Abstimmung gab es eine spürbare Aktivierung der I.V.-Metall-Mitgliedschaft im Werk. Es gab einen gewerkschaftlichen Vertrauenskörper. Diese jungen Aktivisten waren die Truppe der »illegalen« Wortführer um Tschirner und Konrad und bald darauf die Funktionäre der IG Metall in Vertrauenskörper und Betriebsrat.

Einführungsphase: Kampfzeit

In allen drei Saarhütten stieß die Einführung der Mitbestimmung auf großen Widerstand der Unternehmer. In den Neunkircher Eisenwerken war er am größten, frontalsten und unversöhnlichsten. Die Geschäftsführung hatte nach der Aufhebung der Sequesterverwaltung Generaldirektor Dr. Schluppkotten inne, ein als autoritär geltender Mann. Er war zugleich Vorsitzender der Industrie- und Handelskammer und in allen Dingen der politische Tonangeber der saarländischen Montanindustrie. Er hatte in der Leitung des Werkes einen autoritären Führungsstil durchgesetzt und war entschlossen, der Mitbestimmung die Stirn zu bieten. Anders als Ernst Röchling ließ er sich auch nicht taktisch darauf ein. Er war auch keineswegs der Mann, durch ausgesuchte Höflichkeit gegenüber den Mitbestimmungsträgern die Mitbestimmung weich aufzufangen. Auch später hat er keine Lernerfahrung mit der Mitbestimmung gemacht. Er war und blieb ihr gegenüber ablehnend.

An seinem Tisch saß nun ein nicht-saarländischer Arbeitsdirektor, der seinen Weg in der Gewerkschaftsarbeit an der Ruhr gemacht hatte, der organisationsbewußt dachte und handelte und dem der saarländisch-vermittelnde, vorsichtig diplomatische Zug nicht zu eigen war. Allein durch diese Konstellation, wenn man von allen anderen Einflüssen aus der Tradition der Neunkircher Arbeiterschaft absieht, war die Konfrontation vorgegeben. Was folgte, waren Kampf, Hauen und Stechen. Der Hauptstratege auf Arbeitnehmerseite in diesem Kampf war der Arbeitsdirektor selbst. Einer, der es noch miterlebt hat, schildert die Situation so: »Dies war mit Sicherheit der autoritärste Betrieb. Der Vorsitzende des Vorstandes, damals nannte er sich Generaldirektor, war sehr autoritär und hatte überall seine Finger im Spiel, hier im Saarland und darüber hinaus. Deshalb hat es der Arbeitsdirektor hier besonders schwer gehabt, weil die ja von der Sache nicht überzeugt waren, die fanden es also nicht als notwendig. Und dann wollten die sich auch

Die Silhouette des »Eisenwerks« prägte bis zu dessen Abriß Anfang der achtziger Jahre das Bild der Stadt Neunkirchen

keine Arbeit abnehmen lassen, der Generaldirektor sowieso, der hat immer seinen Techniker und Kaufmann zweitrangig behandelt. Das ging schon beim Einrichten der Büros los. Wir haben dem Arbeitsdirektor immer gesagt, er soll sich das nicht gefallen lassen. Keiner hat den am Anfang behandelt wie ein Vorstandsmitglied, sogar die mittlere Führungsschicht hat nie daran geglaubt, die dachten immer, er sei ein verlängerter Arm des Betriebsrats . . . Ja, für die war das ganz schlimm. Die haben gewettert, wenn sie unter sich waren: Das gibt es doch nicht, daß diese Proleten mitreden!«

Auf der anderen Seite gab es hier auch keinen Strategen der Gewerkschaftsseite, der – wie Hans Eick in Völklingen – die Einführung der Mitbestimmung unter das Motto stellte: So behutsam wie möglich – kein Porzellan zerschlagen! Vielleicht, sogar wahrscheinlich, hätte das hier keinen Eindruck auf die Unternehmensseite gemacht; ebenso wahrscheinlich ist, daß auch die betrieblichen Funktionäre und die Mitgliedschaft für einen behutsamen Kurs nicht zu gewinnen gewesen wären. Eindeutig läßt sich so etwas rückblickend nicht feststellen. Tatsache ist, daß von Anfang an eine Atmosphäre der Konfrontation und des Mißtrauens herrschte und blieb, zumindest bis zum Ende der Ära Schluppkotten im Jahr 1970.

Der Arbeitsdirektor, dem die Anerkennung im Vorstand versagt blieb, resignierte nun nicht etwa, sondern legte seine Einflußmöglichkeiten entschieden auf das Machtpotential der Interessenvertreter und erzwang konsequent das gesamte arbeitsdirektoriale Feld, wie er es von der Ruhr her kannte. Das Auffallendste bei der Beschreibung dieser Vorgänge durch unsere Gesprächspartner sind die Attribute des Zupackens, der Entschlossenheit, der frontalen Direktheit im Handeln des Arbeitsdirektors, und der heute noch spürbare Stolz, in fast allen wichtigen Mitbestimmungsregelungen die schnellsten und die ersten an der Saar gewesen zu sein. Dies war ohne Zweifel eine Einführung der Mitbestimmung im Sturmangriff. So wurde Zug um Zug der Geschäftsbereich des Arbeitsdirektors – einschließlich der Zuständigkeit für AT-Angestellte und Arbeitssicherheit – erobert, so wurden der Geschäftsleitung die Arbeitsmöglichkeiten der Vertrauensleute und sehr schnell größere Vertretungserfolge abgetrotzt. Ein älterer Vertrauensmann sagt: »Der Arbeitsdirektor hat hier Ordnung in den Laden gebracht unter großen Schwierigkeiten. Er hat seine Funktion gut und voll ausgefüllt. Er war für mich der konsequenteste Arbeitsdirektor. Er hat sich um alles gekümmert, um jedes Ressort, ob das jetzt Arbeitssicherheit, ob das Ausbildung war, in Personalfragen – er hat überall mitgesprochen. Er hat alles aufgebaut, Stück für Stück. Er hat die Politik im wesentlichen bestimmt. Die Nachfolger brauchten dann schon nicht mehr so viel zu machen.«

Das Aktionszentrum, von dem aus die Durchsetzung vorangetrieben wurde, war die Einheit von Arbeitsdirektor und betrieblichen und örtlichen Gewerkschaftsfunktionären, über die ein Veteran berichtet: »Wir standen immer in Verbindung, der Arbeitsdirektor, der Vertrauenskörperleiter, der Betriebsratsvorsitzende und der Bevollmächtigte. Wir haben uns immer zusammen an einen Tisch gesetzt, alles gemeinsam angepackt und haben überlegt, was wir tun können: Ist das der richtige Weg? Wie können wir das erreichen? Was muß in diesem Fall der Betriebsrat tun? Was müssen dabei die Aufsichtsratsmitglieder machen? Die Richtung hat meistens der Arbeitsdirektor gewiesen.«

Der Arbeitsdirektor hat sich demnach mehr als in anderen Unternehmen auf der Interessenvertreterseite eingegliedert. Er wurde dadurch nicht zu dem, was man manchmal »Oberbetriebsrat« nennt. Er hat der betrieblichen Interessenvertretung, die selbst sehr stark wurde, nicht Arbeit abgenommen – er hat ihr Arbeit gegeben, oder genauer: Er hat in taktisch gut durchdachten Schachzügen Ziele und Etappen abgesteckt und die Rollen verteilt. Da man ihm die Spielräume eines Vorstandsmitglieds nicht kollegial gewährte, erkämpfte er sie. Später hatte er sie und konnte als Vorstandsmitglied in seinem Bereich nach unten wirken. Sein Einfluß basierte nicht auf kollegialer Respektierung im Vorstand, sondern auf der Macht, die er mit aufgebaut hat. Wo er den einen nicht Kollege sein durfte, blieb er es den anderen. In keinem Unternehmen war das Verhältnis der betrieblichen Interessenvertreter zum Arbeitsdirektor so kollegial gefärbt wie hier.

Noch haben wir nichts über die Munition in diesem Kampf gesagt: Beschränkt auf die Koalition zwischen betrieblichen Interessenvertretern und Arbeitsdirektor wäre ein Erfolg unwahrscheinlich gewesen. Jede Seite hätte der anderen zwar sehr weh tun können, aber es wäre keine funktionierende Mitbestimmung daraus hervorgegangen. Das ging nur dadurch, daß die Geschäftsführung unter »höherem Druck« dem Unvermeidlichen nachgab. Dieser Druck kam aus dem Aufsichtsrat. Fast alles, was die Mitbestimmungsallianz im Betrieb ausheckte, legte sie den externen Arbeitnehmervertretern im Aufsichtsrat vor, damit die es von da aus durchdrückten. Der Aufsichtsrat wurde damit mehr als in Völklingen, wo er ein starker, meist präventiver Schutzschild war, zu einem direkten Durchsetzungsinstrument in Fragen der betrieblichen Personal- und Sozialpolitik. Die Vertreter im Aufsichtsrat waren der stellvertretende DGB-Vorsitzende Bernhard Tacke und das IG-Metall-Vorstandsmitglied Fritz Strothmann. Über die Bedeutung des Aufsichtsrats berichtet ein Veteran: »Wir haben uns dabei immer an Bernhard Tacke gewandt, weil er uns als ›der‹ Mann erschien, er war ein CDU-Mann und konnte vorweisen, daß er kein SPD-Mann ist. Wir haben das mit Tacke, mit Strothmann besprochen, denn wir mußten immer erst sie für uns gewinnen. Wir haben fast alles über den Aufsichtsrat durchgesetzt. Ich kann mich gar nicht erinnern, daß etwas nicht durchging. Es sei denn, der Tacke hat gesagt, daß etwas unklug ist, daß wir lieber noch einmal abwarten sollten, denn das gleiche wäre an der Ruhr. Aber das meiste ist uns gelungen. Das war natürlich auch ein bißchen die Schlitzohrigkeit vom Arbeitsdirektor, man hat ihm das auch ein bißchen übel genommen, denn er hat diese Außenstellen benutzt, um uns hier im Vorstand die Dinge zu verschaffen, die uns sowieso zustanden.«

Im Aufsichtsrat standen sich – in »gesittetem« Umgang – die hohen Repräsentanten der Wirtschaft (Abs, Wolff von Amerongen) und der Gewerkschaft gegenüber. Diesen weltläufigen Wirtschaftsvertretern lag natürlich nichts daran, um den hohen Preis der Vergiftung ihres Verhältnisses zu den Gewerkschaften, mit denen sie auf vielen anderen Ebenen gut kooperierten, unzeitgemäße Verhältnisse in der Randzone Neunkirchen zu decken. Hauptsächlich dies schaufelte in den Eisenwerken der Mitbestimmung die Bahn frei. Dazu zitieren wir nochmals unseren Gewährsmann: »Die andere Seite, der Abs und der Wolff, die wollten ja dann auch nicht den großen Knatsch, die wollten auch lieber schön leben . . . Ohne diesen Druck im Aufsichtsrat hätte sich der Arbeitsdirektor nicht durchsetzen können, so wie wir das gewollt haben. Das wäre nie gelungen. Das muße denen erst klar gemacht werden, daß sie nicht mehr alleine bestimmen können, sie müssen mit den anderen reden, müssen vernünftige Kompromisse schließen, sonst sagt der Tacke: Halt! So geht das nicht! Wir haben immer mit dem Aufsichtsrat gedroht. Auch die Lohnregelung, die analytische Arbeitsplatzbewertung, all das, was es hier gibt, ist immer wieder mit Druck durchgeführt worden. Auch mit Druck des Arbeitsdirektors. Und wenn die nicht pariert haben, dann ist wieder ein bißchen gedroht worden: Dann kommen die einen eben wieder von oben runter, und dann wird auch unten mal wieder marschiert, wenn die das haben wollen!«

Der Aufsichtsrat wurde hier in den betrieblichen Interessenkampf hineingezogen. Er war die Clearing-Stelle für den Machtkampf im Betrieb. Das war das »von oben herunter«. Und »unten wurde marschiert«.

Wenden wir uns nun stärker dem letzteren zu; denn beides gehört, wie der Befragte ja deutlich sagte, eng zusammen. Wenn auch die letzte Durchsetzungsstelle der Aufsichtsrat war – die Initiative, die Richtung, das Tempo und die treibende Kraft kamen von unten, von den betrieblichen Funktionären. Sie hatten ihren Wunsch-Arbeitsdirektor, aber sie hätten auch jedem anderen keine Ruhe gegeben. Sie vertraten eine Belegschaft, die leicht zum Streik aufgelegt war. Alle Befragten in diesem Werk vertraten die Ansicht, daß es ein Verdienst der Mitbestimmung gewesen sei, Streiks zu verhindern. Aber es wurde dennoch gestreikt. Das Verhältnis zwischen Geschäftsführung und Belegschaft war auf Machtkampf ausgelegt. Diese Sprache wurde nie verlernt. Mit Unruhe mußte immer wieder gerechnet werden. Zweimal, im Herbst 1969 und im Sommer 1973, stand die Neunkircher Belegschaft mit an der Spitze der spontanen Streikbewegung in der Bundesrepublik Deutschland. Vorher gab es einen weiteren Streik wegen der Kürzung der Weihnachtsgratifikation, an den sich ein damaliges Mitglied der Vertrauenskörperleitung so erinnert:

»Da standen Hunderte von Leuten vor den Toren und blockierten sie, damit kein Lkw mehr herauskam. Das war die erste große Zeit, wo sich eine breite gewerkschaftliche Basis gebildet hatte. Ich meine nicht die Mitgliederzahl, sondern von der Ideologie her. Die Kollegen fingen an zu fragen, wieso sie weniger Weihnachtsgeld kriegen sollten, wo doch die vollgeladenen Lkw hinausfuhren. Diese Einstellung hat sich dann immer weiter entwickelt und ist bis heute fast zum Perfektionismus gekommen. Nicht, weil für sie jetzt auf einmal die Gewerkschaft so unheimlich wichtig war, sondern die Umstände haben sie dahin gedrängt, weil sie immer wieder schlechte Erfahrungen mit dem Kapitalismus gemacht haben, egal, wer da jetzt der Herrscher war.«

Solche spontanen Erhebungen kamen trotz Mitbestimmung immer wieder vor. Ein Vertrauensmann sagt, das Problem sei nie gewesen, die Leute auf die Beine zu kriegen, »sondern daß man die Sache auch im Griff behalten kann, sonst geht es irgendwohin, was man gar nicht will, was weder die Gewerkschaft noch sonst wer will. Man mußte hier auch immer aufpassen, daß das nicht in eine andere Richtung läuft.« Die sprichwörtlich unruhige und selbstbewußte Belegschaft stellte die Mitbestimmungsträger unter Erfolgsdruck. Die großen Streiks, vor allem im Jahr 1969, haben die Vertretungserfolge schlagartig vorangebracht.

Organisation der Interessenvertretung

Der Aufbau der betrieblichen Interessenvertretung nach 1957 mußte nicht, wie in Völklingen, quasi aus dem Nichts heraus geschehen. Die Bedingungen waren hier günstiger. Ein Vertrauensmann schilderte das so:

»Wir waren sehr engagiert. Wir haben einiges geändert, und das gab natürlich Auftrieb. Wir haben den direkten Draht zu Fritz Strothmann gehabt, der im IG-Metall-Vorstand für Vertrauensleute zuständig war. Die haben ja auch samstags und sonntags unsere Leute geschult, der Strothmann selbst war dabei. So etwas gibt es heute gar nicht mehr! Der hat damals gesagt: Wenn ich das schon verkünde, dann will ich auch sehen, wie die Sachen bei den Leuten ankommen. Vor allem (!) hatten wir die Sache schneller ausgebaut als die in Völklingen. Wichtig war auch der Rudi Tschirner, der hat es sehr früh mitgekriegt, daß ein Vertrauenskörper notwendig ist. Und wir haben es hier aufgebaut. Es gab bei der IG Metall mal Zeiten, da wurde nur noch auf Zahlen geguckt, nur Quantität. Wir haben immer auch schon auf Qualität geguckt. Deshalb haben wir immer schon Leute gesucht, die auch einmal mit anderen Leuten sprechen, die auch bereit waren, Freizeit zu opfern, die sich schulen, um weiterzukommen. Das war ein harter Weg. Damals hatte man als Vertrauensmann noch viel mehr Nachteile.«

Der Anstoß zum Organisationsaufbau ging in Neunkirchen so eindeutig vom Vertrauenskörper aus, wie er in Völklingen vom Betriebsrat ausging. Die Vertrauenskörperleitung war in der Anfangszeit der Motor. Und sie baute nach und nach den Betriebsrat auf. Der Betriebsrat wandelte sich bei der Wahl 1957 nicht auf einen Schlag. Das Sagen darin hatte anfangs noch die ältere Generation der »Weißmacher«. Der Vertrauenskörper stellte aber den Anspruch, den Betriebsrat nach strammeren gewerkschaftlichen Anforderungen umzuwandeln. Dazu noch einmal ein Zeuge: »Wir mußten den Betriebsrat auch noch mit aufbauen. Das war alles zusammengefallen. Wir haben einige von den älteren Kollegen auch im Betriebsrat behalten. Ich war der Meinung, daß ein älterer Kollege auch noch mitgenommen werden kann. Nur diese Betriebsräte, die nach unserer Meinung nichts waren, die haben wir beseitigt und haben einen neuen Betriebsrat aufgebaut. Viele der damals neuen Kollegen sind heute noch drin, damals waren sie so 28, 30 Jahre jung. Wir haben damals von Wahl zu Wahl ausgesiebt. Unsere Aufgabe war ja auch – so wie die IG Metall es in den Richtlinien stehen hat – das Ziel zu erreichen, die Listen für die Betriebsratswahl zu machen. Das ist ja heute noch nicht überall so. Aber bei uns gab es gar nichts anderes. Wir haben das sofort eingeführt. Da war natürlich auch Widerstand da, das ist klar. Aber wir Vertrauensleute waren hier ganz klar in der Übermacht, die hätten sowieso machen können, was sie wollten, das wäre aber nicht gelaufen! Wir haben gesagt: Das macht der Vertrauenskörper, der stimmt ab! Und das ist heute noch so. Der Betriebsratsvorsitzende wird genauso behandelt wie jeder andere. Am Anfang gab es aber Widerstand.«

Als eine ihrer größten Leistungen bewerten die betrieblichen Gewerkschafter ihren erfolgreichen Kampf um die Freistellung der Vertrauensleute von der Arbeit für ihre regelmäßigen Sitzungen. Seit 1958/59 wurde diese Forderung wiederholt gestellt, ohne daß sich etwas bewegte, obschon sich gerade auch Fritz Strothmann als für die Vertrauensleutearbeit zuständiges Vorstandsmitglied der IG Metall und Aufsichtsratsmitglied in den Eisenwerken eifrig dafür eingesetzt hat. In diesem Punkt gab es eine besonders starre Haltung der Geschäftsführung. Erst in den spontanen Streiks 1969 gab Schluppkotten die mündliche Zusicherung, diese Frage anzugehen. Unmittelbar nach dem Streik gab es dann auch Verhandlungen, die mit einer detailliert ausformulierten, schriftlichen Vereinbarung über die Arbeitsmöglichkeiten der Vertrauensleute endeten. Es war die erste Vereinbarung ihrer Art überhaupt gewesen, in der die Gewerkschaftsseite zum Ausgleich nichts aufgeben, zum Beispiel nicht auf eine Betriebsversammlung pro Jahr verzichten mußte. Die Vereinbarung regelte nicht nur die Freistellungen, sondern in ihr wurde auch festgelegt, »daß zur Erörterung aktueller Fragen die Betriebs- und Abteilungsleiter hinzugezogen werden können. Wir können also sagen: Wir wollen den und den dazu haben, ob ihm das paßt oder nicht«, so ein Vertrauensmann. Damit waren die Vertrauensleute offiziell auch als Interessenvertreter anerkannt. Einen erhöhten Kündigungsschutz für die Vertrauensleute enthält der Vertrag nicht. »Wir haben aber unter der Hand mit dem Personalchef abgemacht: Wenn ein Vertrauensmann entlassen werden soll, dann muß mit uns darüber gesprochen werden. Es darf sonst kein Vertrauensmann entlassen werden, selbst, wenn er silberne Löffel gestohlen hätte.«

Bei dieser Entwicklung waren die Neunkircher den anderen Hütten ein gutes Stück voraus. Zwar erhielten auch die Völklinger Vertrauensleute als indirekte Folge des Neunkircher spontanen Streiks 1969 die mündliche Zusicherung der Freistellung, aber nur deshalb, weil sie während des Streiks stillgehalten haben. In Neunkirchen war die Vereinbarung der erfolgreiche Endpunkt eines langen Kampfes. Der Vertrauenskörper war hier schon zehn Jahre lang ein funktionsfähiges, selbstbewußtes Organ. In Völklingen sollte er das erst in den nächsten vier bis fünf Jahren werden.

Die Regeln für die Wahl der Vertrauensleute, die Verteilung und Verschränkung der Einflußsphären zwischen Vertrauensleuten und Betriebsrat, die Arbeitsweise des Vertrauenskörpers, seine Rolle bei der Betriebsratswahl, seine Funktion bei der Interessenvertretung unten an der Basis – all das wurde in den ersten Jahren nach Einführung der Mitbestimmung verwirklicht und deckt sich fast vollständig mit dem System, das seit Anfang der siebziger Jahre in Völklingen aufgebaut wurde. Es gab keinen Gesprächspartner in Neunkirchen, der nicht der festen Überzeugung war, daß ohne die Mitbestimmung diese gewerkschaftliche Basisarbeit im Betrieb nicht so früh und so schnell hätte aufgebaut werden können. Dem Arbeitsdirektor wird ein ausschlaggebender Beitrag dabei zuerkannt, er habe sich stets mit Energie dafür eingesetzt. Auch die überbetrieblichen Arbeitnehmervertreter im Aufsichtsrat trugen viel dazu bei. Größere Durchbrüche gelangen jedoch erst durch den Kampf von unten. Der Wille und die Energie zum Ausbau einer starken betrieblichen Interessenvertretung und Gewerkschaftsarbeit kamen aus dem Kreis der betrieblichen Funktionäre.

Wenn hier in der Darstellung der Schwerpunkt auf die Entwicklung der Vertrauensleutearbeit gelegt wird, so entspricht dies dem zeitlichen Gang der Dinge und dem dynamischen Aspekt in der »Kampfzeit«. Aber schon seit langem ist auch der Betriebsrat ein starkes Organ mit einer autonomen Handlungsstruktur. Er steht nicht im Schatten des Vertrauenskörpers, doch seine Entwicklung kommt aus ihm, und deshalb gab es in den Eisenwerken nie eine Tendenz zum Ausbrechen des Betriebsrates aus der gewerkschaftlichen Disziplin. Diese ist auch in seiner internen Organisation das hervorstechende Prinzip. In keinem anderen Betrieb haben wir einen so streng aus dem Kollegialitätsprinzip heraus agierenden Betriebsrat angetroffen. Das drückt sich besonders darin aus, daß der Betriebsratsvorsitzende ein Primus inter pares ist und die einzelnen Ausschüsse keine Entscheidungsbefugnisse haben.

Ein Betriebsratsmitglied meinte dazu: »Unser Betriebsrat ist nicht bereit, nur eine einzige Entscheidung oder Mitbestimmungsrechte an eine Kommission abzutreten. Für uns sind Kommissionen und Ausschüsse nur Arbeitsausschüsse, und wenn die Arbeit beendet ist, so geht das in das gesamte Plenum und dort wird darüber entschieden. Wenn das nicht so wäre, würde doch die Kontinuität im Betrieb verletzt und würde unter verschiedenen Sacheinflüssen entschieden. Dann kann es sein, daß in einer Sache von der einen Kommission anders entschieden wird als von der anderen. In Völklingen gibt es zum Beispiel eine ›Entlassungskommission‹, die entscheidet. Bei uns entscheidet das Plenum darüber. Es ist für uns ausschlaggebend, daß der Betriebsrat seine originären Rechte an niemand abtritt, nicht an Kommissionen und nicht an Einzelpersonen. Der Betriebsratsvorsitzende würde bei uns auf die Nase fallen, wenn er eine Meinung wiedergeben würde, die nicht die Meinung der Mehrheit des Betriebsrats ist. Das hat es auch noch nie gegeben und wird es auch nie geben. Er würde sofort auffallen und an die Kandare genommen. Er ist derjenige, der berechtigt ist, rechtsrelevante Erklärungen entgegenzunehmen, geben darf er sie nur nach dem Willen des Betriebsrates, nach Abstimmung. Der Betriebsrat kann sich nur über Beschlüsse äußern.«

Schon aus der Intensität dieser Äußerung eines Betriebsratsmitglieds (es ist nicht der Betriebsratsvorsitzende selbst) ist abzulesen, welche Bedeutung die – wie er es selbst ausdrückt – »demokratische Disziplin« für die Arbeitsweise des Betriebsrats hat.

Zusammenfassend ist festzuhalten, daß die Einführung der Mitbestimmung in Neunkirchen wesentlich konfrontativer verlaufen ist als in Völklingen. Druck, Zwang, Drohung und Kampf waren hier die Mittel. Dort: vorsichtiges Taktieren, Diplomatie, Abwarten, Überzeugen, Lernen, Sich-näher-Kommen. Hier Mißtrauen, dort Vertrauen. Hier eine kategorisch fordernde Interessenvertretung, dort »unsere positive Arbeitnehmervertretung«. Die Unterschiede, bedingt durch die Voraussetzungen, waren groß. Um so erstaunlicher ist es, daß das Mitbestimmungsergebnis der Aufbauphase in beiden Werken fast das gleiche ist. Hier wie dort sagten die befragten Funktionäre: Bei denen ist es ganz ähnlich wie bei uns. (Der dabei ausgeschlossene Dritte ist jeweils Dillingen – wir kommen noch darauf.) Das große Gewicht der gewerkschaftlichen Organisation im Betrieb, der starke Einfluß von Betriebsrat und Vertrauenskörper, der Geschäftsbereich des Arbeitsdirektors, seine faktische Wirkung und Ausstrahlung in diesen Bereichen, die Wirkung des paritätisch besetzten Aufsichtsrats, die erreichten großen Mitbestimmungsleistungen – das ist hier wie da dasselbe oder fast dasselbe. In Neunkirchen lief einiges, vor allem was den Gewerkschaftsaufbau im Betrieb betrifft, schneller, drängender. Das ist die Frage: Wie können so unterschiedliche Wege und Methoden zu so ähnlichen Ergebnissen führen? In Neunkirchen ein »konsequenter« Arbeitsdirektor, mehr oder weniger ins Lager der Interessenvertretung gedrängt; in Völklingen ein geschickter und verbindlicher Arbeitsdirektor, der bald kollegiale Anerkennung im Vorstand genießt. Hier baut der Vertrauenskörper den Betriebsrat auf, da der Betriebsrat den Vertrauenskörper. Hier werden fast alle betrieblichen Interessenprobleme im Aufsichtsrat durchgesetzt; da die Devise: Wir belasten den Aufsichtsrat so wenig wie möglich mit betrieblichen Interessenfragen.

Die Antwort auf die Frage können wir vorerst nur andeuten: Die Mitbestimmung hatte, als sie im Saarland eingeführt wurde, bereits eine charakteristische Struktur, ein identifizierbares Gesicht. Das war der Typus, der an der Ruhr entstanden ist. Dieser Typus wurde, das ist das Ergebnis unseres geschichtlichen Teils, ins Saarland importiert. Die Mitbestimmung an der Ruhr war und blieb die Meßlatte. An ihr hatte man sich ausgerichtet. Es war also zu erwarten, daß die Mitbestimmung in den Saarhütten, bei der einen eher, bei der anderen später, sich der Ruhr-Mitbestimmung annäherte und damit auch untereinander ähnlicher wurde.

Die Anfangsphase in Neunkirchen auf Jahr und Tag genau zu begrenzen, ist kaum möglich. Seit etwa 1963/64 wird vieles schon eingespielt gewesen sein, was dann noch eine gute Zeitlang ohne große Veränderungen weiterlief. Ein erster großer Einschnitt waren die spontanen Streiks von 1969 und der wenig später erfolgende Wechsel in der Geschäftsführung durch das Ausscheiden des Vorstandsvorsitzenden Schluppkotten. Es scheint, daß darauf die interne Organisation der Geschäftsführung einen Schwenk um 180 Grad machte: Kollegialitätsprinzip, turnusmäßiger Wechsel des Vorstandssprechers, dadurch auch zeitweise der Arbeitsdirektor als Vorstandssprecher. 1973 wechselte dann nochmals die Geschäftsführung, diesmal einschließlich des Arbeitsdirektors. Die befragten betrieblichen Vertreter sehen in der Neubesetzung des Arbeitsdirektorenamtes auch eine neue Ära der Mitbestimmung. 1978 fand nochmals ein Arbeitsdirektorenwechsel statt. Die folgende Zeit stand schon im Schatten des »untergehenden Schiffes«. Wenn man eine grobe Zeiteinteilung machen will, dann verlassen wir uns am besten auf die erinnernde Bewertung der Gesprächspartner: Für sie sind Arbeitsdirektorenwechsel die großen Einschnitte.

Kommunikationsregeln der Mitbestimmung

Der ins Auge springende Punkt der Kommunikationsstruktur zwischen Interessenvertretung, Arbeitsdirektor und Vorstand während der Amtszeit des ersten Arbeitsdirektors ist der extrem hohe Formalisierungsgrad. Ein Betriebsratsmitglied erzählt: »Es haben gewisse strenge Verhältnisse gegenüber der Arbeitgeberseite bestanden. Der Arbeitsdirektor war dadurch gezwungen, recht formal vorzugehen, die Dinge festzulegen, damit sie auch gesichert waren. Der Arbeitsdirektor hat uns Betriebsräte das auch im Grunde gelehrt, die Abmachung formal zu treffen. Aus schlechter Erfahrung heraus machte er es zum Grundsatz, alles formal abzuschließen, zum Beispiel in Form von Betriebsvereinbarungen mit allem Pipapo, mit Anspruchsgrundlage, mit Begründung usw. und in einer angemessenen Form.« Auch die Mitteilungen, Informationen und Bestimmungen an die Betriebsabteilungen gab der Arbeitsdirektor schriftlich. Gleiches galt für seine Kommunikation zu den übrigen Vorstandsmitgliedern. Selbst in der Kommunikation zwischen ihm und dem Betriebsrat und den Vertrauensleuten spielte das Schriftliche eine große Rolle: Er ließ die Gespräche in größerer Runde mitschreiben; die Vertrauensleute mußten sich auf Formblättern schriftlich abmelden, wenn sie eine Arbeitsbefreiung haben wollten.

Dieser ungewöhnlich hohe Formalisierungsgrad ist freilich auch ein Ausdruck des hohen Mißtrauens, das in der Anfangsphase zwischen Geschäftsführung und Mitbestimmungsträgern bestand. Das Wort »schriftlich« wurde in Neunkirchen für die Mitbestimmungsträger zu einem Rettungsanker. Man wollte alles ganz sicher haben, um nicht mehr reingelegt werden zu können. Die Befragten beurteilen diesen Stil für die damalige Zeit als notwendig und gut. Mit Stolz verweisen sie auf die Mitbestimmungsträger in Völklingen, die nach ihrer Auffassung nichts Vergleichbares hatten. Die Neunkircher hatten eben keinen guten Einblick in die verläßlichen Grundlagen der Völklinger Verkehrsform. Ihnen leuchtete es aufgrund ihrer Erfahrungen nicht ein, daß mündliche Vereinbarungen so viel wie schriftliche gelten können, wenn ein entsprechender Kontext, wenn Vertrauen da ist.

Der hohe Formalisierungsgrad engte natürlich den Verhandlungsspielraum des Arbeitsdirektors ein. Mit Papier und Paragraphen kann man schlecht in eine zeitlich unbegrenzte Verhandlungsbeziehung eintreten. Darum wurde auf dieser Ebene auch weniger verhandelt als durchgeboxt. Der zweite Arbeitsdirektor schaffte den formalistischen Stil ab. Er hatte auch andere Voraussetzungen dazu: einen mehr kollegial organisierten Vorstand und den Umstand, daß eben die wesentlichen Dinge schon »durchgeboxt« waren.

Für den Betriebsrat war und ist der Arbeitsdirektor der einzige Ansprechpartner und Zugang zum Vorstand. Anders als in Völklingen hat hier der Betriebsrat nicht in dem Maße den direkten Zugang zu allen Vorstandsmitgliedern und Direktoren. Der Arbeitsdirektor wird von ihm mehr als der Repräsentant, ja als Bastion der Arbeitnehmerseite im Vorstand gesehen. Vielleicht könnte man hier den Ausdruck »verlängerter Arm« benutzen. Zwar ist das nicht so ganz starr und eindeutig zu nehmen, diese Begriffe sind gewiß übertrieben. Aber es soll damit verdeutlicht werden: Im Vergleich zu den anderen Unternehmen wird hier der Arbeitsdirektor ohne Zweifel »mehr« als Instrument der Interessenvertretung gesehen als anderswo. Für das Kommunikations- und Durchsetzungsverhalten ist das maßgeblich. Betriebsrat und Vertrauenskörper stellen ihre Forderungen an den Arbeitsdirektor in der Erwartung, daß er sie gegenüber dem Vorstand durchsetzt, wie sie es selbst tun würden. Das macht folgender Ausspruch eines Betriebsratsmitglieds deutlich: »Für uns ist nun einmal der Arbeitsdirektor der erste Ansprechpartner. Und wenn es nötig sein sollte, wird er auch mal von uns geknüppelt, damit er unsere Interessen im Vorstand durchbringt. Wenn er nicht durchkommt, dann sind wir dran. Dann kommt nicht nur er, dann kommen wir alle!«

Gefragt, ob der Arbeitsdirektor aufgrund seiner Funktion und vielseitigen anderen Rücksichtnahmen nicht ein relativ stumpfes Instrument der Interessenvertretung sei, antwortete ein anderer Befragter sehr differenziert: »Das möchte ich bezweifeln, denn was für den Arbeitsdirektor gilt, gilt für uns Betriebsräte auch. Der Arbeitsdirektor kommt sicher irgendwann einmal in eine Situation, wo er sagt: Jetzt kann ich nicht mehr. Das gleiche würde für uns aber auch gelten. Irgendwann hört es auch auf, daß der Arbeitsdirektor der Kollege von der Gewerkschaft ist. Ich weiß auch, wie das meßbar ist. Die Frage ist, ob dieser Punkt früh oder spät kommt. Ich bin befangen: Bei uns kommt er ziemlich spät. Man sagt uns nach, wir hätten einen hohen Verschleiß an Arbeitsdirektoren. Und das würde beweisen, daß er ziemlich spät kommt.«

Wenn es einmal Gespräche zwischen dem Betriebsrat und anderen Vorstandsmitgliedern gibt, dann immer erst, wenn der Arbeitsdirektor in der Angelegenheit schon vorgeschickt worden ist. An dieser Stelle drängt sich wieder der Vergleich mit Völklingen auf. Dort war der Betriebsrat immer bemüht, den Arbeitsdirektor aus der Schußlinie herauszunehmen. Bei wichtigen Dingen sprach der Betriebsrat zuerst selbst mit dem zuständigen Vorstandsmitglied und gab seine Stellungnahme ab. Er erleichterte dem Arbeitsdirektor die Arbeit dadurch, gab ihm »Rückendeckung«. In Neunkirchen wird der Arbeitsdirektor vorgeschickt. Erst wenn er nicht weiterkommt, wendet sich der Betriebsrat »kontrovers« an den Vorstand.

Das bisher Gesagte gilt nur für die »großen Sachen«, die außerhalb der Routine liegen und bei denen deshalb konzentrierte Durchsetzungsmacht eine große Rolle spielt. Der Alltag der Interessenvertretung, die Konfliktlösungen, die »Mitbestimmung«, wie sie die betrieblichen

Funktionäre primär verstehen, spielen sich zwischen den Fachabteilungen, die dem Arbeitsdirektor unterstehen, und den Interessenvertretern ab. Das impliziert, daß der Arbeitsdirektor innerhalb seines Geschäftsbereichs auch tatsächlich freie Hand hat. Das unter schwierigsten Bedingungen durchgesetzt zu haben, wird dem ersten Arbeitsdirektor ja von den Befragten auch als großes Verdienst angerechnet. Die Betriebsräte sagen, daß der Arbeitsdirektor in allen Personal- und Sozialfragen, insbesondere auch in Lohnfragen, einen großen Spielraum hat, in den ihm die übrigen Vorstandsmitglieder nicht hineinreden. Der jetzige Arbeitsdirektor selbst sagt dazu:»Der Vorstand läßt den Arbeitsdirektor in seinem Ressort in Ruhe, genauso wie man einen neutralen Mann im Aufsichtsrat nicht verheizt. Wenn der Arbeitsdirektor mal in wichtigen Dingen was in den Vorstand einbringt, hütet man sich, das einfach abzuschmettern. Vielleicht gibt es dann einen Kompromiß. Ich habe jedenfalls das Gefühl, daß man da sehr behutsam ist. Umgekehrt läßt man dann ja auch die Kollegen in ihrem Ressort ruhig, wobei allerdings das Ressort des Arbeitsdirektors immer umstrittener ist, weil das meistens Geld kostet.«

In allen Fragen des Alltags im Personalbereich (Einstellungen, Umsetzungen, Entlassungen), in Lohn- und Gehaltsfragen (Arbeitsplatzbewertung, Eingruppierung, Lohnabsicherung bei Versetzungen), im Arbeitswirtschaftsbereich (Stellenplanung, Arbeitseinsatz), im Bereich Arbeitssicherheit und Arbeitsschutz sowie Arbeitsmedizin – um nur die wichtigsten zu nennen – sitzt der Betriebsrat ausschließlich dem Arbeitsdirektor und seinen Mitarbeitern gegenüber, ohne daß die ganze Linienhierarchie vom technischen Vorstand bis hinunter zum Abteilungsleiter und Meister dabei einbezogen ist, es sei denn als »Betroffene«. Dieses Aktionsfeld ist im Verständnis aller Befragten der eigentliche Mitbestimmungsbereich. Dies ist ihre »Domäne«. Die Tatsache, daß an der Spitze dieser Domäne »ein Mann aus unseren Reihen und von unserer Denkart« (wie ein Befragter es ausdrückt) sitzt, gibt dem Umgang miteinander die Prägung. Es geht dabei nicht immer friedlich zu. Aber die Kommunikation hat eine kollegiale Atmosphäre, es wird dort nicht gekämpft, sondern »gestritten«. Über das, was auf diese Art in der Domäne geleistet wird, sprechen alle Befragten das größte Lob aus. Hier lägen die besten Früchte der Mitbestimmung. Ja, dies überhaupt sei Mitbestimmung.

Die befragten Betriebsratsmitglieder und Vertrauensleute berichteten, daß 99 Prozent der Fälle und Probleme über die Fachabteilungen Personal und Soziales geregelt werden:»Nur im äußersten Fall wird einmal etwas zum Arbeitsdirektor getragen. Bei uns wird alles im Rahmen der Kommission mit dem Gegenpartner Fachabteilung gelöst. Wir verhandeln ja mit der anderen Seite überhaupt nicht, es sei denn auf informativer Basis, aber nicht auf Verhandlungsbasis.« Dies besagt, daß die »technische Seite«, die Produktionsleiter, Bereichs-, Betriebs-, Abteilungschefs und Meister von der Regelung der Personal-, Arbeitseinsatz- und Lohnfragen ausgeklammert sind. Eine so große Autonomie des Personalressorts auf allen Ebenen gibt es in Großbetrieben außerhalb des Montanbereichs nicht. Im Neunkircher Eisenwerk tritt der Betriebsrat gegenüber den unteren Vorgesetzten vornehmlich in seiner Funktion als »Fabrikinspekteur« auf, wenn also Regelverletzungen festgestellt werden. Ein Betriebsratsmitglied erläutert: »Es kommt wieder darauf an, welche Art von Verfehlungen vorliegen. Wenn eine Verfehlung vom Abteilungsleiter vorliegt, dann wird natürlich eine offizielle Beschwerde gegen ihn erhoben. Aber zunächst ist der Ansprechpartner die zuständige Fachabteilung im Ressort des Arbeitsdirektors.« Beschwerden gegen Meister wegen geringer Dinge werden zwar zunächst ihnen selbst vorgetragen. Lenken sie aber nicht sofort ein, so gibt es kein weiteres Gespräch mit dem nächsten höheren Vorgesetzten, sondern gleich eine offizielle Beschwerde, die – je nach Gegenstand – bis hin in den Vorstand landen kann.

Die Autonomie des Personalressorts bietet den Interessenvertretern eine erhöhte Wirksamkeit. Zum einen können sie zu einer effektiven Kontrolle des Verhaltens der unteren und mittleren Produktionsleitung werden. Zum anderen können die anfallenden Probleme und Konflikte, die sich aus dem unmittelbaren Arbeitsvollzug ergeben, unter dem Dach des Arbeitsdirektors – in der »Domäne« – in einer offenen, von unsachgemäßen Herrschaftsansprüchen freien Kommunikationsatmosphäre geregelt werden. Die Verständnisbereitschaft auf beiden Seiten ist größer, Kompromisse sind leichter greifbar.

Die Interessenvertreter stellen bei den Mitarbeitern des Arbeitsdirektors in dessen Fachabteilungen – wir zitieren ein Betriebsratsmitglied – »doch schon eine grundsätzlich andere Einstellung fest als bei der reinen Unternehmerseite. Wir machen ... die Erfahrung, daß die Geschäftsführung doch primär nur die betriebswirtschaftliche Seite sieht.«

Und ein anderer Befragter sagte: »Dadurch, daß diese Fachabteilungen dem Arbeitsdirektor unterstehen, bringen die für unsere Problematik viel mehr Interesse und Verständnis auf, als wenn die einem anderen Vorstandsmitglied unterständen. Der Arbeitsdirektor ist ja von uns auch ein bißchen abhängig, zum Beispiel, wenn er wiedergewählt werden will.«

Was die Mitbestimmung in ihrer Domäne leistet, das läuft demnach auf die Frage hinaus, was die Fachleute in der Arbeitswirtschaft, in der Arbeitsmedizin, in der Arbeitssicherheit usw. unter der Leitung des Arbeitsdirektors anders machen und machen können als in einem nichtmitbestimmten Unternehmen. In der täglichen Verwaltungsarbeit, im Verhalten der betrieblichen Bürokratie muß nach Aussage der Befragten der Kern der Mitbestimmung liegen. Das, was da anders gemacht wird, ist so direkt und materiell nicht leicht zu fassen. Es liegt in der veränderten Kommunikationsweise, ist eine »Sache der Einstellung«, wie es die Befragten formulieren. Der jetzige Arbeitsdirektor hat einige aufschlußreiche Bemerkungen dazu gemacht, die wir hier zitieren:

»Das sind vielleicht nicht weltbewegende Dinge, aber wenn Sie mal die Alltagsarbeit mit den Betriebsräten sehen, was da . . . Woche für Woche an Problemen auf den Tisch kommt, das sind oft gegenüber den großen Dingen kleine Dinge, aber für die zehn vor Ort oder die dreißig, die davon betroffen sind, ist das viel wichtiger als eine ganz große Sache. Und dann, meine ich, ist das schon wichtig, ob . . . der Arbeitsdirektor dem Personalchef sagen kann: Ich gebe Ihnen jetzt vor, daß das in dem Sinne erledigt wird. Da bin ich wirklich davon überzeugt, daß ein Arbeitsdirektor, wenn er seine Funktion richtig sieht, diesem Auftrag einen ganz anderen Inhalt gibt, als in der Regel das ein Techniker machen wird, der ja sonst dafür zuständig ist. . . . Was ich wie die Pest hasse, ist, wenn meine Mitarbeiter sich bei jedem kleinen Mist mit dem Betriebsrat anlegen, weil sie schlauer sind, sie haben ja studiert. Wobei ich noch nie einem Mitarbeiter gesagt habe: Wenn ein Betriebsrat hustet, dann mußt du sofort springen, das ist nicht seine Aufgabe, er ist ja ganz klar Vertreter der Arbeitgeberseite. Aber die besondere Form der Bereitschaft, mit denen zu reden, das muß man, glaube ich, als Mitbestimmungsmann können, und dadurch läuft manches besser, reibungsloser. Ich sage denen immer wieder: Ihr habt eine besondere Qualität, es ist eine Verpflichtung, in besonderer Form aufgeschlossen zu sein, mit Mitbestimmungsleuten zu sprechen und nicht von vornherein zu sagen, die sind blöd. Oder wenn der Betriebsrat, sicherlich aus gutem Grund, eine Betriebsbegehung macht, da gibt es selbst heute noch Mitarbeiter, obwohl die Geschäftsführung das nicht unterstützt, die sagen: Halt, was wollen Sie hier, Sie haben hier nichts zu suchen! Also, das kann man nicht aufzeichnen, das muß man selber mitbekommen, wie das Denken einiger Leitender auch hier, aber auch in anderen Saarhütten, zum Teil noch ist.«

Daß selbst nach 25 Jahren auch in den mitbestimmten Betrieben noch nicht bei allen Mitarbeitern des Arbeitsdirektors und erst recht nicht bei den Managern in den anderen Ressorts eine solche Mitbestimmungseinstellung verbreitet ist, mag verwundern, ist aber letztlich verständlich. Macht es doch in besonderer Weise klar, worum es dabei geht: Wie groß der Unterschied ist, von dem wir reden, wie schwer die andere Einstellung herzustellen ist. In Neunkirchen, wie auch in Völklingen, ist die Mitbestimmungseinstellung aber die dominante; die Arbeitsdirektoren wirken darauf ein. »Ich mußte es einigen erst einbläuen«, meinte dazu der Arbeitsdirektor. Er bringt noch mehr Erläuterungen für den »kleinen Unterschied«, wenn er sagt: »Es ist wohl ein Unterschied, ob meine Mitarbeiter zum Arbeitskreis der engeren Mitarbeiter von Arbeitsdirektoren fahren und dort in Fachausschüssen mitarbeiten, oder da oben hinfahren, zu diesen Finsterlingen da in Norddeutschland, wo sie den Führungsstil beigebracht bekommen und die Tips lernen, wie sie die Vorschriften des Betriebsverfassungsgesetzes umgehen können. Ich war selbst mal bei einer nicht-mitbestimmten Firma, da habe ich das mal so richtig eingesogen, was das heißt, wie stolz die waren, wenn sie meinten, den Betriebsrat mal richtig aufs Kreuz gelegt zu haben – mit juristischen Tricks und so was alles.« Und weiter: »Wenn der Arbeitssicherheitsingenieur weiß, daß er unabhängig ist, daß er von seinem Chef Arbeitsdirektor gedeckt wird, dann macht der das auch, wozu er gesetzlich das Recht hat, nämlich notfalls den Betrieb stillzulegen. Das gibt sicherlich ein ganz anderes Gefühl, als wenn er sagt: Und dann kriege ich von meinem Chef einen verpaßt. Das ist ja nun mal so, das ist menschlich. Der Arbeitssicherheitsingenieur ist zwar rechtlich unabhängig, aber das ist ja eine relative Unabhängigkeit. Was die eigene Person angeht, sind Sie ja nie unabhängig.«

Der Arbeitsdirektor versteht diese »positive Mitbestimmungseinstellung« nicht als Nachgeben oder Verbrüderung mit dem Betriebsrat. Er ist eindeutig Vorstandsmitglied. Von seinen Mitarbeitern verlangt er, daß sie bei undurchführbaren Sachen von Anfang an unnachgiebig gegenüber dem Betriebsrat auftreten. Seine Aufgabe sei es, meint er, den Betriebsrat von Beschlüssen, die er im Vorstand mitgetragen habe, zu überzeugen, damit dieser auch unangenehme Dinge mitträgt. Sein Verhältnis zum Betriebsrat sei nicht konfliktfrei, es gäbe öfter auch einmal Krach. Wörtlich erklärt er: »Mir wird oft gesagt, es sei nicht meine Aufgabe, bestimmte Vorstandsbeschlüsse zu vertreten. Laß das doch die anderen Vorstandsmitglieder machen. Ich sage dann: Wieso denn? Jetzt gerade in dem Bereich, über den wir reden, ist es meine Aufgabe, das euch gegenüber zu vertreten, weil das mein Ressort ist. Umgekehrt kann ich nicht vom Betriebsrat verlangen, mir zuliebe ruhig zu sein.« Durch sein eigenes Wirken werde die Intensität der Arbeit des Betriebsrats nicht geringer, aber der Betriebsrat habe es wahrscheinlich leichter als anderswo, seine Schutz- und Interessenfunktion auszuüben. Seine Funktion als Arbeitsdirektor habe beide Seiten anzustreben: den Vorstand zu überzeugen, daß es eine notwendige Sache ist, berechtigten Anliegen der Belegschaft nachzugehen; andererseits bei den Mitbestimmungsträgern dafür zu werben, auch unangenehme Dinge mitzutragen. Tatsächlich habe der Betriebsrat den Mut, auch für eine gewisse Ordnung mitzusorgen. Es habe zum Beispiel eine ganz andere Wirkung als eine formelle Verwarnung, wenn der Betriebsrat auf Anregung des Arbeitsdirektors einem Arbeitnehmer ins Gewissen rede. Eine sehr wirksame Erhöhung der Schutzfunktion auf der einen und eine Bereitschaft zum Mittragen unvermeidbarer Geschäftsführungsbeschlüsse auf der anderen Seite ist demnach die Praxis der Mitbestimmung. Daß beides nicht problemlos und konfliktfrei verläuft, wird zugegeben. Aber das Ergebnis sei so, daß beide Teile zufriedenstellend erreicht werden.

Das war nicht immer so. Der Neunkircher Betriebsrat hat bei zwei Arbeitsdirektoren die Verlängerung der Amtszeit nicht bestätigt, so daß sie ihr Amt verloren.

Was die Zufriedenheit des Betriebsrats mit den Mitbestimmungsergebnissen betrifft, stellte ein Betriebsratsmitglied fest: »Die ultima ratio wird viel weiter hinausgeschoben als anderswo. Das ist ganz klar. Es werden viel mehr Dinge erreicht, viel mehr Erfolge stellen sich ein. Die anderen müssen also früher auf die Barrikaden gehen, wenn sie etwas erreichen wollen. Die Mitbestimmung senkt ganz bestimmt die Schwellen, wo der Konflikt ausbrechen könnte.« Und: »Es ist besser, einen Mann im Vorstand zu haben, der sich mit halbem Herzen für uns schlägt, als einen ohne Herz.«

Regelungsbereiche der Mitbestimmung

Sozialpläne:
Der beispielhafte Sozialplan von 1978 war für das Werk Neunkirchen von allergrößter Bedeutung, weil es am meisten von Personalabbau betroffen wurde. Auch vor der Restrukturierung gab es eine Reihe von Aktionen zur Personalreduzierung. Die letzte und größte war das

»Crash-Programm« von 1977, von dem über 1 000 Arbeitnehmer betroffen waren. Die Qualität des damaligen Sozialplans war allerdings nicht so hoch, wie die des Sozialplans bei der Teilstillegung der Burbacher Hütte, aber besser als das, was bei einer ähnlichen Lage in den meisten anderen Unternehmen zu geschehen pflegte.

Kündigungsschutz:

Die Befragten aus diesem Werk waren alle der Ansicht, daß der Schutz vor leichtfertigen, »schnellen« Kündigungen zu den an erster Stelle zu zählenden Pluspunkten der Mitbestimmung gehört. Dieser Schutz geht weit über die Marke hinaus, die wohl ein vorsichtiges Management im Kopf hat, wenn es Kündigungen unter dem Gesichtspunkt ihrer »Gerichtsfestigkeit« ausspricht, also sich im Rahmen des Kündigungsrechts behutsam bewegt. Es bestand tatsächlich auch in den Jahren der schwersten Krise ein fast absoluter Kündigungsschutz. Nur schwere und wiederholte Disziplinarverstöße können eine Entlassung nach sich ziehen. Nachdem er mehrere »Leistungen« der Mitbestimmung aufgezählt hatte, sagte ein Vertrauensmann im Interview: »Vor allem ist die Sicherheit der Beschäftigten in einem mitbestimmten Betrieb höher. Ich selbst würde mich in so einem Betrieb sicherer fühlen, obwohl das jetzt ein bißchen komisch klingt, wo die Arbeitsplätze abgebaut werden. Was wir hier alles mitgeschleppt haben, das wäre woanders undenkbar gewesen, vor allem ältere und kranke Leute. Wenn wir Leute zu viel hatten, dann ist gesagt worden: Dann werden wir eben die achtzig auch noch packen.« Ein Betriebsratsmitglied sagte: »Gerade im gesamten personellen Bereich kommt die Mitbestimmung so richtig zum Tragen. Da gibt es Sachen, die in anderen Betrieben zweifellos Kündigungen nach sich ziehen würden. Da muß es also doch schon ein bißchen hart kommen, wenn hier eine Kündigung ausgesprochen wird; überhaupt nur, wenn einer ein Vergehen begangen hat. Das Wort ›krankheitshalber entlassen‹ kennen wir gar nicht, auch nicht in Abwandlungen. Die Stabsabteilungen wissen genau, wenn an einem Arbeitsplatz ein Behinderter sitzt, daß sie uns nicht kommen können: Den können wir nicht mehr gebrauchen. Die wissen, daß wir verlangen, daß der Betreffende im Neunkircher Eisenwerk weiterbeschäftigt wird.« Der Arbeitsdirektor bestätigte diese Praxis.

Arbeitseinsatz der leistungsgeminderten und älteren Arbeitnehmer:

Das Leistungsgemindertenproblem wird hier ganz ähnlich wie in Völklingen gelöst. Zwar gibt es keinen Bereich mit der Bezeichnung »Behindertenwerkstatt«. Aber Arbeitnehmer, denen der Werksarzt eine entsprechende Bescheinigung ausstellt, werden in kurzer Zeit auf einen leichteren Arbeitsplatz umgesetzt. Auf die Frage, ob denn bei der großen Zahl der Leistungsgeminderten noch solche Plätze im Betrieb zu finden seien, antwortete ein Betriebsratsmitglied:»Aber sicher! Es gibt schon seit Jahren keine mehr, aber wir finden immer wieder welche ... Wir gehen ganz einfach davon aus, daß ein Arbeitsplatz da ist. Das erwarten wir von der Personalabteilung. Und das läuft auch.« Das bedeutet, daß – ebenso wie in Völklingen – Plätze in Randbereichen überbesetzt werden.

Über die Art des Arbeitseinsatzes dieses Personenkreises gab es vor Jahren heftige Debatten bei Betriebsräten, Vertrauensleuten und Arbeitsdirektor. Die einen waren der Ansicht, es genüge, angesichts der rapide wachsenden Zahl der Leistungsgeminderten diesem Personenkreis überhaupt eine Beschäftigung zu geben, beispielsweise als Pförtner oder Badewärter; da könnten sie in Ruhe ihre Pension abwarten. Die anderen meinten, es müsse eine für den Betroffenen sinnvolle und wertvolle Arbeit gefunden werden. Der damalige Arbeitsdirektor soll gesagt haben: Die Abteilung, die den Mann kaputtgemacht hat, soll ihn auch in einer anderen sinnvollen Tätigkeit beschäftigen. Wegen der großen Zahl der Betroffenen und vor allem wegen der Krise konnte diese Forderung in vielen Fällen gerade in den letzten Jahren allerdings nicht verwirklicht werden. Bei der Umsetzung leistungsgeminderter Arbeitnehmer ist der Werksarzt eine wichtige Schaltstelle, weil er in der Regel die Berechtigung für eine derartige Umsetzung feststellt. Daß hier je nach der Ausprägung der Herrschaftsstruktur eines Unternehmens große Spielräume bestehen, liegt auf der Hand. Der Arbeitsdirektor ist im Interview darauf eingegangen:»Gerade bei den Schwereinsetzbaren ist es sicherlich nicht unwichtig, ob der Arbeitsmediziner die Vorgabe hat: Die Altersverdienstsicherung wird umgangen, indem man eben jedem sagt, du kannst das noch, oder ob er die Vorgabe hat, daß in allen Fällen eben umgesetzt wird auf andere Plätze. Das kostet viel Geld.«

Es kommt ganz auf die Einstellung an, mit der ein »Fachmann« im Betrieb seine »Sachkriterien« anwendet und über den konkreten Fall entscheidet. Der Arbeitsdirektor verdeutlichte das an einem aktuellen Beispiel. Ende 1982 wurden die Hochöfen in Neunkirchen stillgelegt, die Belegschaft bis auf knapp 2 000 Arbeitnehmer reduziert. Da entstand die Frage, was man mit den Arbeitern macht, die noch nicht 55 Jahre alt sind und nicht unter den Sozialvertrag, gleichwohl aber unter den Tarifvertrag für ältere Arbeitnehmer fallen, die etwa um 50 Jahre alt und noch einigermaßen gesund sind, also noch nicht umgesetzt werden müßten und auch nicht sollten. Sollte man ihnen zumuten, nach Völklingen an den Hochofen zu gehen, oder sollte man sie wie Leistungsgeminderte behandeln, denen man irgendeinen leichteren Arbeitsplatz gibt und den Garantielohn auf der Grundlage des Sozialvertrages zahlt? Der Arbeitsdirektor meinte dazu: »Ich will den Mund jetzt nicht zu voll nehmen, aber ich würde ... sagen, daß ein Arbeitsdirektor ... eine besondere Aufgeschlossenheit haben muß für solche Fälle. Und hierbei treffe ich immer wieder auf Unverständnis: Wenn es um solche Einsparungsmöglichkeiten geht, reden wir immer nur über den Kumpel; bei Angestellten gibt es das überhaupt nicht, bei außertariflichen schon gar nicht. Den setzt man dann an den Schreibtisch irgendwohin. Das habe ich noch nie erlebt, daß da mal überlegt wird, dem 1 000 DM zu streichen. Beim Lohnempfänger ist das eine gottgewollte Folge.«

In diesem Bereich drückt sich sehr plastisch die »Mitbestimmungsmoral« aus, die sich gerade in personellen Angelegenheiten dem Ideal der Gerechtigkeit und Gleichbehandlung verpflichtet weiß: »Im Bereich der personellen Maßnahmen hat man als Arbeitsdirektor großen Spielraum, das heißt, bei der Frage, was wird jetzt einem Mann Gutes getan – ich meine nicht unbedingt im Materiellen.« Auch in Neunkirchen wurde jedoch von Gegentendenzen in diesem Aktionsfeld berichtet. Es gäbe Versuche, den Werksarzt zu veranlassen, Wiederholungsuntersuchungen durchzuführen, um einen Teil der Leistungsgeminderten durch Anlegen härterer Kriterien wieder »gesundzuschreiben«.

Erwähnung finden muß hier auch die Tatsache, daß im Eisenwerk ein sehr aktiver Behindertenvertrauensmann gemeinsam mit dem Betriebsrat Vorbildliches für den Arbeitseinsatz und die Betreuung der Behinderten leistet.

Arbeitssicherheit und Arbeitsschutz:

Mit den Leistungen in diesem Bereich waren alle Mitbestimmungsträger sehr zufrieden. 1969 – als Ergebnis der spontanen Streiks – wurde eine Betriebsvereinbarung abgeschlossen, in der unter anderem geregelt ist, wie der Sicherheitsbeauftragte zu wählen ist, nach welchen Richtlinien er seine Arbeit durchzuführen hat, welche Pflichten die Betriebschefs auf diesem Gebiet haben und welche Kontrollrechte der Betriebsrat besitzt. Die Vereinbarung enthält einen Katalog von unabdingbar zu tragenden Körperschutzmitteln und verlangt die Bildung eines Sicherheitshauptausschusses, in dem alle Direktoren unter dem Vorsitz des Arbeitsdirektors Sicherheitsfragen erörtern. Sie legte fest, daß eine jährliche Sicherheitskonferenz stattzufinden hat, in der die Fachabteilung vor Betriebsrat, Vertrauenskörperleitung und Sicherheitshauptausschuß über Sicherheitswesen und Gesundheitsschutz Bericht erstattet und in der dem Sicherheitsbeauftragten ausdrücklich das Recht auf Kritik und auf die Einbringung von Vorschlägen eingeräumt wird. Um diese Betriebsvereinbarung habe der Betriebsrat zusammen mit dem damaligen Arbeitsdirektor zehn Jahre lang gekämpft, wurde berichtet.

Auch im Bereich Ergonomie wurden große Anstrengungen unternommen. Die Abteilung Ergonomie ist, zusammen mit dem Ergonomie-Ausschuß des Betriebsrates, bei allen Investitionsplanungen vom Beginn an beteiligt. »Und die Anregungen werden nicht einfach in den Wind geschlagen«, bekräftigte der Arbeitsdirektor.

Auf die im Vergleich zu nichtmitbestimmten Unternehmen größeren Spielräume und die größere Verhaltenssicherheit der Fachleute in den Abteilungen Arbeitssicherheit, Arbeitsschutz, Arbeitsmedizin und Ergonomie wurde schon hingewiesen. Anzumerken ist noch, daß in der Aufbauphase der Mitbestimmung bei der Zusammenstellung des Geschäftsbereichs des Arbeitsdirektors sowohl bei Röchling wie im Neunkircher Eisenwerk die Arbeitssicherheit einer der größten Konfliktpunkte war. Man wollte sie vom Arbeitsschutz trennen und beim Techniker angesiedelt lassen mit dem Argument, der Arbeitsdirektor verstehe nichts davon.

Ausbildung:

Hier gilt ohne Abstriche dasselbe, was für Völklingen festgestellt wurde: große Kapazität der Ausbildungsplätze, hohes Niveau bei der Qualität der Ausbildung, Aufrechterhaltung der Kapazität über den eigenen Bedarf hinaus, auch in der Krise. Der Betriebsrat sagt, er sehe die Ausbildung als eines seiner Steckenpferde an.

Als Folge der Stillegung des größten Teils der Eisenwerke konnte die Übernahmegarantie, auch für einen anderen als den Ausbildungsberuf, nicht aufrechterhalten werden. Das Unternehmen investiert also Ausbildungskosten für andere Unternehmen. Der Arbeitsdirektor selbst bemüht sich stark um die Vermittlung der Ausgebildeten in andere Betriebe, teilweise in Stahlbetriebe an der Ruhr, teilweise in andere Betriebe der Region. Auf diesem Wege habe er bis jetzt fast alle Ausgebildeten unterbringen können, wurde gesagt.

Ein Streitpunkt wurde der Modellversuch »Mädchen in Männerberufen«. Alle drei saarländischen Hütten haben sich daran beteiligt und dafür auch finanzielle Unterstützung erhalten. In Völklingen und Neunkirchen wird aber wahrscheinlich keines der ausgebildeten Mädchen übernommen werden, in Dillingen einige wenige. Die Arbeitsdirektoren scheuen sich vor einer solchen Entscheidung, weil sie mit Unverständnis und Widerstand der männlichen Arbeiter rechnen, die nicht verstehen würden, daß man junge männliche Facharbeiter auf die Straße setzt, um junge Frauen für sie einzustellen. In den Betriebsräten gehen die Meinungen in dieser Frage auseinander. In Neunkirchen zumindest gibt es Betriebsratsmitglieder, die den Mädchen eine Chance geben wollen. Der größere Druck auf die Arbeitsdirektoren kommt aber von einigen Landespolitikern.

Rationalisierungsschutz:

Nach den uns vorliegenden Informationen war dieser Schutz in der Vergangenheit in Neunkirchen am größten und effektivsten. Es bestand faktisch eine absolute Bestandssicherung bei technischen und organisatorischen Veränderungen am Arbeitsplatz. Wenn in der analytischen Arbeitsplatzbewertung Anforderungsarten wegfielen, blieb der Lohn erhalten. Ein Betriebsratsmitglied sagte dazu:»Ich komme sehr viel mit anderen Kollegen, auch aus Großbetrieben, zusammen. Es ist ja das große Problem bei Daimler-Benz, bei Bosch und überall, wo über die analytische Arbeitsplatzbewertung das Lohnsystem aufgebaut ist. Die Kollegen dort haben unheimliche Schwierigkeiten, denn die ganzen Umgebungseinflüsse, die ja jetzt nach und nach durch die Humanisierung der Arbeitsplätze abgebaut werden, bedeuten Geldverlust. In den Neunkircher Eisenwerken aber fällt kein Geld weg. Wenn sich bei uns am Arbeitsplatz was ändert, so ändert sich nichts am Geld . . . Das ist außerhalb der qualifizierten Mitbestimmung undenkbar. Ich habe das noch nirgends erlebt, daß es das gibt. Wenn hier technisch was verändert wird, dann ist unser erster Satz: Aber nicht weniger Geld! Und das wird so akzeptiert. Das sind keine Vereinbarungen, das ist auch keine Garantie. Wenn die das aber nicht machen würden, dann wären wir auch nicht mehr bereit, mitzuspielen.«

Ein anderer, in der nichtmitbestimmten Industrie undenkbarer Vorgang ist die Möglichkeit, daß der Betriebsrat Einfluß auf die Stellenplanung nimmt. Ein Betriebsratsmitglied berichtet:»Die Arbeitszeitkommission bearbeitet gleichzeitig auch die Stellenpläne. Wenn da irgendwo eine Überintensivierung ist, machen die von sich aus Vorschläge für die Stellenpläne. Und zuweilen haben wir das auch durchgesetzt. Da sind wir ständig im Gespräch. Die Möglichkeiten sind da natürlich begrenzt.«

Der Betriebsrat greift damit kontrollierend in den Bereich der Planung und Anordnung des unmittelbaren Arbeitsvollzugs und der Arbeitslast ein. Die Arbeitsintensivierung ist nach Aussagen der Befragten auch in den Neunkircher Eisenwerken in den letzten Jahren stark angestiegen, die »Schrauben werden angezogen«. Zwar kann der Betriebsrat diese Entwicklung nicht aufhalten, aber er kann Auswüchse verhindern. Die Arbeitsintensität am Hochofen wurde vor Jahren schlagartig dadurch erhöht, daß die Geschäftsführung in der Erwartung der herannahenden Stillegung des Ofens keine Einstellungen mehr vornahm, so daß die Anlagen unterbesetzt waren. Für die Arbeiter hätte das aber eine Erhöhung der Arbeitslast über lange Zeit bedeutet, nämlich über mehr als drei Jahre. Der Betriebsrat hat daraufhin durch Verweigerung von Mehrarbeit Einstellungen erzwungen. Hier zeigt sich freilich auch das große Dilemma der Interessenvertretung und der Mitbestimmung: Die Nebenfolge des Schutzes der augenblicklich vorhandenen Belegschaft durch annäherndes Aufrechterhalten der Besetzungsstärke ist, daß bei der Stillegung noch mehr Kollegen ihren Arbeitsplatz verlieren bzw. versetzt werden müssen.

Damit sind die am meisten sichtbaren und als Erfolgspakete leicht darstellbaren Leistungen der Mitbestimmung in diesem Werk aufgezählt. Jeder Befragte aus diesem Unternehmen machte darauf aufmerksam, daß damit noch nicht alles erfaßt sei. Über diese Dinge berichteten die Befragten mehr im Schnellverfahren, gewiß mit Stolz und Gewißheit, nichtmitbestimmten Betrieben darin weit überlegen zu sein. Mindestens so sehr am Herzen lag ihnen aber auch eine andere Seite, nämlich die der mehr immateriellen Leistungen der Mitbestimmung, die ihnen schon zur Selbstverständlichkeit geworden seien und sie daher selbst oft vergäßen, aber auf die sie immer wieder bei Tagungen und Konferenzen mit Vertretern aus nichtmitbestimmten Betrieben gestoßen würden. Diese Seite müsse man stark hervorheben. Bei den im weitesten Sinne materiellen Leistungen hätten sie manchmal die Situation erlebt, daß die Vertreter anderer Großunternehmen sagen: Was ihr da habt in der Arbeitssicherheit, bei der Arbeitsmedizin, im Lohn usw., das haben wir bei Bayer-Leverkusen, Daimler-Benz und »wir aus dem Hause Siemens« auch. Die Befragten wollen damit sagen, daß die materiellen Leistungen von der finanziellen Potenz des Unternehmens abhängen. Die immateriellen, nicht in Mark und Pfennig darstellbaren Leistungen der

Mitbestimmung sind in ihren Augen die hohe Arbeitsplatzsicherheit, angefangen vom Kündigungsschutz bis zu den Sozialplänen, das größere und freiere Selbstbewußtsein der Belegschaft und der Interessenvertreter, die hohe Präsenz des Betriebsrats und der Vertrauensleute an den Arbeitsplätzen und ihre Einwirkungsmöglichkeiten auf die konkreten Arbeitsbedingungen, das heißt, die intensive und kontinuierliche Beschäftigung mit den täglichen ›kleinen‹ Konflikten und Problemen im Arbeitsvollzug. Mitbestimmung ist für diese betrieblichen Funktionsträger primär das Alltagsgeschäft in der »Domäne« des Arbeitsdirektors, die dort entwickelten Kommunikations- und Einflußregeln, die daraus entstehenden höheren Freiheitsgrade für Interessenvertretung und Belegschaft. Diese Freiheitsgrade korrespondieren mit einem starken Selbstbewußtsein. Bei den Funktionären konnten wir das selbst feststellen. Daß es auch in der Belegschaft vorhanden sei, wurde behauptet.

Wirtschaftliche Mitbestimmung:

Ein anderes Bild ergibt sich bei der Frage nach den Wirkungen im Bereich der wirtschaftlichen Mitbestimmung. Die betrieblichen Mitbestimmungsträger, auch diejenigen, die ein Aufsichtsratsmandat haben, bestritten, daß von Betriebsrat und Vertrauensleuten Einfluß auf die »großen« wirtschaftlichen und Zielfragen der Unternehmenspolitik ausgeübt werden kann. Sehr aufschlußreich ist, wie fernab von den großen Entscheidungen sich die betrieblichen Aufsichtsratsmitglieder selbst erleben. Einer von ihnen sieht das so: »Bei uns ist es so: Vor jeder Aufsichtsratssitzung treffen sich die Arbeitnehmervertreter zu einer Besprechung der Tagesordnung. Ich persönlich habe den Eindruck, daß die Entscheidungen schon vorher im Aufsichtsratspräsidium, dem ja auch der Kollege Preiss (Vorstandsmitglied der IG Metall) angehört, im wesentlichen besprochen werden, und mit uns wird das eben noch einmal besprochen und versucht, uns zu überzeugen.« Es wurde nicht erkennbar, daß die betrieblichen Aufsichtsratsmitglieder einen besonderen Ehrgeiz zur Beeinflussung wirtschaftlicher Entscheidungen entwickelten. Sie fühlen sich aber für die personellen Folgen, für die auf die Arbeitnehmer zukommenden Risiken zuständig. Aber nicht nur dies – insgesamt trauen sie dem Aufsichtsrat als Organ keine wirksame Kontrolle der unternehmerischen Entscheidungen zu. Das zeigte sich ihrer Meinung nach ja schon daran, wie das eigene Unternehmen zu Bruch gegangen sei: »Selbst ein Wolff von Amerongen konnte die Pleite nicht verhindern.« Es sei einmal dahingestellt, ob der das überhaupt wollte. Worauf es hier ankommt, ist die skeptische Beurteilung der Wirksamkeit der Mitbestimmung in den fundamentalen und konzeptionellen wirtschaftlichen Fragen des Unternehmens. Genauso skeptisch, wenn auch teilweise anders begründet, ist das Urteil dieses Vertrauensmannes:»Wir werden oft gefragt: Wie konnte das passieren? Ihr habt doch die Mitbestimmung! Da muß ich immer wieder sagen, wir sind nicht zuständig für die Technik, nicht zuständig für den Verkauf, wir können uns nicht um alles kümmern. Wir haben einen Mann, der sich um die Personal- und Sozialpolitik kümmert – und der andere, der hätte sich um die Technik kümmern sollen, der hätte nicht schlafen dürfen, sondern weiterentwickeln, wie die Dillinger Hütte das gemacht hat.«

Der Arbeitsdirektor sieht die Möglichkeiten der Mitbestimmung in diesem Bereich ebenfalls sehr nüchtern. Nach Abschluß des Restrukturierungsvertrags sah der Arbeitsdirektor sich und die Mitbestimmung von außen häufig der Forderung nach Investitionen für Ersatzarbeitsplätze – eine Absichtserklärung des Vertrags – ausgesetzt:»Mir wird gesagt, du bist doch verpflichtet, dafür zu sorgen, daß die notwendigen Investitionen gemacht werden, wie es im Vertrag steht. Da bedanke ich mich immer, daß man mir und der Mitbestimmung so viel zutraut.«

Diese Urteile bezogen sich auf die Wirkungen der Mitbestimmung auf die fundamentalen wirtschaftlichen Entscheidungen zu der Zeit, als sie noch bei den jeweiligen Unternehmen lagen. Die unternehmensübergreifende Restrukturierung wird auch in diesem Werk, das am härtesten davon betroffen ist, als großer Mitbestimmungserfolg bewertet.

3. Die Entwicklung der Mitbestimmung in der Dillinger Hütte

Die Dillinger Hüttenwerke AG ist mehrheitlich im Besitz französischer Aktionärsgruppen und besitzt ihrerseits eine Beteiligung an der Société Lorraine de Laminage Continu (SOLLAC), einem Gemeinschaftsunternehmen der lothringischen Stahlindustrie, die für Rechnung der beteiligten Unternehmen produziert. Über die SOLLAC ist die Dillinger Hütte auch an der Société Lorraine et Méridiale de Laminage Continu (SOLLMER) beteiligt, die an der Mittelmeerküste ein integriertes Hüttenwerk betreibt. Ihre enge Verflechtung mit der lothringischen Stahlindustrie, ihr Produktionsprogramm, das auf Flachprodukte abstellt, schließlich auch ihre positive wirtschaftliche Lage bestimmen die besondere Stellung der Dillinger Hütte. Ihre Belegschaftsstärke betrug

1957 ca. 6 500 Beschäftigte und wurde für August 1982 mit 5 600 angegeben. Der paritätische Aufsichtsrat konstituierte sich als letzter der in Frage kommenden saarländischen Unternehmen am 30. Juni 1958.

Bei der Dillinger Hütte sind alle Fragen, die im Zusammenhang mit der Mitbestimmung zu diskutieren sind, von einer vergoldeten Klammer eingerahmt, die jedem Geschehen innerhalb der Klammer eine spezifische Bedeutung und Funktion verleiht und dadurch Dillingen zu einem einzigartigen Fall macht. Wir meinen damit den beispiellosen wirtschaftlichen Erfolg der Dillinger Hütte. Während die Stahlkrise seit 1975 die anderen Werke an den Rand des Ruins gebracht hat, stand Dillingen da wie eine Insel der Stabilität. Während die anderen Unternehmen zu ihrer Sanierung staatliche Mittel in großem Umfang in Anspruch nehmen mußten, teilte die Dillinger Hütte ihren Aktionären Dividenden aus. Während die anderen Tausende von Arbeitnehmern freisetzen mußten, stellte die Dillinger Hütte noch Arbeiter ein. Sie zahlt die höchsten Löhne im Saarland und steht mit an der Spitze der Lohnskala in der gesamten deutschen Stahlindustrie.

Das »Dillinger Geheimnis« ist eine seit fast zwanzig Jahren betriebene weitsichtige und mutige, antizyklische Investitionspolitik. Neben einem tüchtigen Management war eine weitere Voraussetzung dafür, daß die Aktienanteile nur wenigen Großaktionären gehören, die zudem fast ausschließlich in der Stahlbranche agieren.

Die Anteilseigner haben aus unternehmenspolitisch orientierten Gründen auf augenblickliche Dividenden zugunsten langfristiger zukünftiger Gewinne verzichtet.

Die Dillinger Hütte hat sich frühzeitig auf die veränderten Marktanforderungen auf dem Stahlsektor (größere Nachfrage nach Qualitätsstählen anstelle von Massenstahl) umgestellt und kräftig rationalisiert. Sie hat frühzeitig moderne Hochöfen gebaut. Eine weltweite Pionierleistung war der Bau der ersten Stranggußanlage mit einem Maß von 250 x 1500 kontinuierlichem Gießen. Die Dillinger Hütte baute das damals modernste Stahlwerk der Welt, das in den letzten Jahren noch erweitert wurde, und anschließend ein modernes Walzwerk, in dem Bleche größeren Ausmaßes als anderswo gewalzt werden können, die im Schiffsbau und im Bau von Bohrinseln die Schweißarbeiten reduzieren. Diese Anlage wurde nochmals verändert, so daß nun so große Bleche gewalzt werden, daß sie nicht mehr transportiert werden können. Deswegen hat das Management einen Vertrag mit einer westfälischen Firma zur Errichtung einer Rohrfabrik in Dillingen abgeschlossen, in der die Rohre

Verbesserung der Arbeitsbedingungen – wichtige Aufgabe der Mitbestimmung

Modernes Stahlwerk inmitten eines ländlichen Umfelds: die Dillinger Hütte (unten 1979)

vor Ort zusammengeschweißt und dann transportiert werden. Durch diese Investitions- und Rationalisierungsvorhaben hatte die Dillinger Hütte einen Vorsprung zum Beispiel im Bohrinselgeschäft und im deutsch-sowjetischen Röhrengeschäft. Ein großer Anteil des Geschäfts entfällt auf Karosseriebleche für die Autoindustrie. Daß auch Glück mit im Spiel war, wie etwa das Ansteigen der Automobilproduktion während der tiefsten Stahlkrise, schmälert nicht die Tatsache, daß das Unternehmen besser als andere in der Lage war, der Stahlkrise zu trotzen. Weil Dillingen die günstigeren Voraussetzungen hatte, wurde es im Rahmen der Restrukturierung der saarländischen Stahlindustrie Standort der ROGESA (eine gemeinsame Tochter von ARBED und Dillinger Hütte) – und damit zum einzigen Roheisenerzeuger an der Saar.

Von dieser Höhe aus schauen die Dillinger, auch die Mitbestimmungsträger, hinab ins Tal der übrigen saarländischen Stahlwerke. Sie haben auch, was Gewerkschaft und Mitbestimmung angeht, eine Sonderstellung, die mit ihrer wirtschaftlichen Stellung eng zusammenhängt. Dazu kommt in der Wahrnehmung der anderen der »französische Stil«, der dem Unternehmen etwas Besonderes verleiht.

Aufbauphase der Mitbestimmung

Seit dem Ende des Ersten Weltkrieges waren 60 Prozent der Aktienanteile der Dillinger Hütte in französischer Hand. Dieser Anteil wurde später noch vergrößert. Die restlichen Anteile besaßen die Neunkircher Eisenwerke (Stumm und Wolff). Die Organisation des Managements und der Führungsstil waren stark französisch geprägt und sind es heute noch. Charakteristisch für den französischen »Stil« der Organisation sind die strenge soziale Trennung der verschiedenen hierarchischen Ebenen, am Gleichheitsprinzip orientierte Regeln für den Umgang innerhalb jeder hierarchischen Ebene, ein zivilisierter, zurückhaltend »feiner« Ton in der Kommunikation und eine patriarchalische Haltung gegenüber der Arbeiterschaft. Der Kern dieser Haltung ist das Cadre-System. Der Cadre ist die soziale Organisation der außertariflichen Angestellten, die an einen bestimmten Verhaltenskodex gebunden sind. Die Schwierigkeit, die wir als Deutsche bei der Charakterisierung des Dillinger Managements haben, ist die für uns ungewohnte Mischung aus einer starken Betonung sozialer Differenzierung und gepflegter Liberalität im »Stil«.

Dazu eine Anekdote, die uns ein ehemaliges Mitglied des Cadre erzählte: Der Generaldirektor hatte einen Sekretär auf der Ebene eines »halben Direktors« (die Stufen- und Halbstufentrennung ist ein Merkmal des Cadre). Eines Tages klingelte der Generaldirektor nach seinem Sekretär. Da dieser gerade nicht da war, ging die Sekretärin (Schreibkraft) zum Generaldirektor. Der schaute sie an und sagte höflich, sie möge wieder hinausgehen, er hätte den Sekretär gewünscht. Als dieser später zum Generaldirektor kam, hatte der ihm lediglich ein Manuskript für die Sekretärin zu geben.

Diese »höfische« Distanz bekam freilich auch der Arbeitsdirektor zu spüren. Das Mißtrauen ihm gegenüber war am Anfang stark. Ein Gewerkschaftsmann in der Spitze des Cadre – das paßte nicht zusammen, nicht vom Gesichtspunkt der Machterhaltung aus und auch nicht von der kulturellen Tradition her. Das war »schlechter Stil«, der französischen Organisationskultur weit fremder als der deutschen. (Man kann vermuten, daß die französischen Gewerkschaften auch deshalb kein »Herz« für die Mitbestimmung haben, weil sei selbst Teil dieser Kultur sind.) Hinzu kam nach Aussage des Arbeitsdirektors, daß in den Vorstandssitzungen französisch gesprochen wurde, er selbst dieser Sprache aber nicht mächtig war, und daß die Hälfte der ca. 100 Cadre-Mitglieder Franzosen waren, die natürlich in einem Sonderverhältnis zum Generaldirektor standen. Ein weiterer heikler Punkt war, daß der Arbeitsdirektor sich bei der Saarabstimmung engagiert für die Loslösung von Frankreich eingesetzt hatte. Ein Franzosenfeind – so mußte es empfunden werden – an der Spitze des Cadre! Diese Mauer zu durchbrechen und als gewerkschaftsbewußter Mann Einfluß und Anerkennung im Vorstand zu gewinnen, wäre für jeden Arbeitsdirektor eine äußerst schwierige Aufgabe gewesen.

Während für Röchling und Stumm/Wolff die Einführung der Mitbestimmung letztlich etwas Unvermeidliches war, weil man mit der ersehnten staatlichen Einigung auch die Rechtseinheit akzeptieren mußte, war sie für das Dillinger Management 1957/58 etwas Unbegreifliches. Die Verhandlungen über die personelle Besetzung der Mitbestimmungsorgane dauerte hier am längsten. Zeitweise stand sogar im Raum, daß dem Bankier Hermann Josef Abs zugleich die Position des stellvertretenden Aufsichtsratsvorsitzenden (der üblicherweise der Arbeitnehmerseite zustand) und des neutralen Mannes übertragen werden sollte. Lefol, Präsident der Compagnie des Forges et Aciéries, verstand es, seiner Sorge um die Integrität der besonderen Dillinger Verhältnisse Geltung zu verschaffen, indem er darauf beharrte, daß »die Lage der Dillinger Hütte ganz eigenartig ist«, um »die sich daraus ergebende Notwendigkeit (zu) betonen, bei der betreffenden Wahl des Arbeitsdirektors darauf Rücksicht zu nehmen«, wie er 1958 in einem Brief an Heinrich Sträter, vermittelt über Hermann Josef Abs, schrieb.

Die Konstitution des Geschäftsbereiches des Arbeitsdirektors ging ähnlich schleppend, aber am Ende erfolgreich voran und war 1965 abgeschlossen. Auch hier waren die Verhältnisse an der Ruhr das Vorbild. Der Arbeitsdirektor schickte seinen Assistenten wochenlang in die Hütten an der Ruhr und in Salzgitter, um die dortigen Verhältnisse zu studieren und zu transferieren. Nicht erreicht – bis heute nicht – wurde allerdings die Zuständigkeit des Arbeitsdirektors für die außertariflichen Angestellten. Das wäre die Unterwanderung des Cadre-Systems.

Die entscheidende Rolle bei der Durchsetzung der Arbeitsmöglichkeiten und des Zuständigkeitsbereichs des Arbeitsdirektors war der Aufsichtsrat. Auf der Anteilseignerseite saß als einziger Deutscher Hermann Josef Abs, der auch in den anderen Unternehmen (in verstärktem Maße offensichtlich aber auch in Dillingen) eine Vermittlerrolle bei der Einführung der Mitbestimmung gespielt hat. Vor seinem Amtsantritt mußte sich der Arbeitsdirektor bei Abs in Frankfurt vorstellen (wobei offenbleibt, ob es sich um ein übliches Vorstellungs- oder um ein Einstellungsgespräch handelte). Auf die Arbeitnehmerbank im Aufsichtsrat schickte die IG Metall den Manager eines gewerkschaftlichen Genossenschaftsunternehmens, der den Vorteil hatte, ein intimer Kenner der französischen Mentalität zu sein. Er sprach hervorragend französisch und konnte bestens mit den Franzosen in ihrer Art umgehen. Unsere Gewährsmänner für die Anfangsphase berichteten übereinstimmend, daß alle wesentlichen Dinge gegenüber der Geschäftsführung in den ersten Jahren über vermittelnde Gespräche zwischen ihm und Anteilseignern/Geschäftsführung liefen. Der Arbeitsdirektor hatte ständigen Kontakt mit ihm und hat ihm seine Wünsche und Ziele vorgetragen.

Der Arbeitsdirektor konzentrierte sich in der Anfangsphase auf die Unfallverhütung und die Einführung eines überschaubaren Lohnsystems. Er selbst berichtete: »Ich habe meine ganze Arbeit vom ersten Tag an auf die Unfallverhütung, auch personenmäßig, konzentriert. Wir hatten damals annähernd 1 100 Unfälle im Jahr, heute sind es 180 bis 200. . . . Die ganze Unfallverhütung bestand vorher darin, daß man Plakate aufgehängt hatte. Ich habe sofort drei Leute ausgesucht, die als Meister für Unfallverhütung eingesetzt wurden. Es vergingen ein bis zwei Jahre, bis die erfolgreich sein konnten, ich habe sie auf Kurse geschickt usw. Von der Direktion hat man mir das vollkommen genehmigt. Es wurde auch eine Schreibkraft eingestellt. Es war dann ein Apparat vorhanden, der Tag für Tag in die Betriebe ging und jeden einzelnen Unfall untersucht hat.«

Das zweite Schwerpunktgebiet war die Schaffung von mehr Lohngerechtigkeit. Es gab damals kein einheitliches Lohnsystem. Die Betriebsteile, aus denen die Wortführer im Betriebsrat kamen, erhielten die höchsten Löhne, an der Spitze lag das Martinwerk. Der Arbeitsdirektor sagte:»In mehrjähriger Arbeit haben wir das Lohnsystem gerecht gestaltet, leistungsmäßig. Nachher lag das Thomaswerk an der Spitze und das Martinwerk zuletzt. Wir haben auch ein Prämiensystem eingeführt, um die starken Schwankungen auszugleichen. Ich habe alle halbe Jahre mit dem Betriebsrat verhandelt: Wo gleichen wir aus? Hier sind Spitzen, die wir nicht vertreten können! Nehmen wir den Betrag in den Keller für Tiefen, die wir damit ausgleichen können.«

Das System war »handgestrickt«, es wurde nicht die analytische Arbeitsbewertung eingeführt. Die wurde nur als Folie darübergelegt und galt als grobe Orientierung. Wenn sich dabei herausstellte, daß Plätze zu schlecht bewertet waren, wurden sie durch eine übertarifliche Prämie angehoben. Dieses jährlich zweimal stattfindende individuelle Vorgehen kostete viel Zeit. Es gab darüber viele Sitzungen mit dem Betriebsrat. Außerdem stiegen die übertariflichen Bestandteile (Effektivlohn) ständig an. Die Dillinger Hütte erreichte bald den ersten Platz im Saarland, später bezahlte sie eine Zeitlang die besten Löhne in der deutschen Stahlindustrie überhaupt. Heute steht sie an dritter Stelle, besser als Völklingen und Neunkirchen. Gute Löhne waren das vorrangige Ziel des Arbeitsdirektors.

Es war in der Anfangszeit ein weiteres erklärtes Ziel des Arbeitsdirektors und seines Assistenten, die starken persönlichen Abhängigkeiten der »Untergebenen« von ihrem Vorgesetzten bei allen personellen Entscheidungen durch die Einführung von durchsichtigen Regeln für Selektionsentscheidungen, insbesondere für den beruflichen Aufstieg (Meister!), zu verringern. Ferner beabsichtigte der Arbeitsdirektor, bestehende Fürsorgeleistungen in bindende Ansprüche umzuwandeln. Dies geschah mit der Pensionskasse für Angestellte. Der Arbeitsdirektor leitete in die Wege, daß die Werkswohnungen verkauft wurden, mit dem Ziel – wie sein Assistent sagte –, die Arbeiter vom Werk unabhängiger zu machen. Weitere Punkte der Leistungsbilanz aus der Aufbauphase waren die Einführung des Anerkennungslohns für Leistungsgeminderte, die Einführung des Einsatzbetriebes und die Einrichtung eines Beratungsdienstes in rechtlichen und Versicherungsangelegenheiten.

Ein Verdienst der Mitbestimmung in diesen ersten Jahren war es auch, daß der Betrieb sich nicht der Aufforderung der Firma Villeroy & Boch anschloß, die Löhne zu senken. Daraufhin mußte Villeroy & Boch sie anheben, damit ihre Arbeiter nicht zur Dillinger Hütte wechselten.

Zusammenfassend kann für die Anfangszeit festgestellt werden, daß sowohl die Zielstrebigkeit des Arbeitsdirektors und seiner engeren Mitarbeiter als auch die ersten Wirkungen der Mitbestimmung in Anbetracht der äußerst ungünstigen sozialstrukturellen Bedingungen und der durchgehend defensiven Haltung des Managements beeindruckend waren. In dieser Zeit fand auch ein reger konzeptioneller Reflexions- und Diskussionsprozeß über Ziele und Strategien der Mitbestimmung in der Hütte statt. Man war bestrebt, Arbeitsfelder zu entwickeln, in denen trotz unaufhebbarer Interessenpolarität zwischen Unternehmen und Belegschaft partielle Gemeinsamkeiten in pragmatischer Absicht ausgelotet werden könnten. Solche Felder wurden dann: Unfall- und Arbeitsschutz, Gesundheitsschutz, Lohngerechtigkeit, Regelhaftigkeit des Personalwesens, Berufsausbildung. Diese Richtung und Dynamik der Anfangszeit hervorzuheben, erscheint deshalb so wichtig, weil sie nicht lange anhielt, sondern später einen deutlichen »Knick« erhielt.

Die Ziele, das Tempo und die Wirkungen der Mitbestimmung der ersten Jahre gingen ausschließlich vom Arbeitsdirektor aus. Der Betriebsrat trat demgegenüber nicht so sehr als Initiator hervor; er wurde allerdings, vor allem bei Lohnfragen, hinzugezogen. Weil der Arbeitsdirektor so quasi einseitig zum Schrittmacher der Mitbestimmung wurde, genügte eine sich allmählich anbahnende Einstellungsänderung dieser einen Person, um den »Knick« herbeizuführen. Die Anfangszeit kann man etwa bis 1965/66 datieren. Drei Ereignisse markieren den Zeitpunkt, der allerdings keine grundlegende Wende oder Veränderung darzustellen scheint, sondern den Übergang in die konsolidierte Phase: die Tatsache, daß der Arbeitsdirektor eine vertrauensvolle Basis im Vorstand gefunden hatte, Veränderungen im Mitarbeiterstab des Arbeitsdirektors und überschaubare Verhältnisse im Betriebsrat.

Interessenvertretung und gewerkschaftliche Organisation

Dillingen liegt am äußersten westlichen Rand des saarländischen Industriereviers. Die Arbeiter kommen aus den Dörfern an der unteren Saar und aus dem nördlichen Bereich bis hin zum Hochwald – insgesamt aus ca. 130 verschiedenen Ortschaften! Das Umfeld ist noch sehr stark dörflich-ländlich geprägt. Auch die Stadt Dillingen selbst bildet keine Ausnahme darin: sie ist ein ländlich gebliebener Mittelpunktort. Die katholische Kirche hat hier mehr Einfluß als sonstwo an der Saar. Außer Ford in Saarlouis und Villeroy & Boch, das aber schon etwas entfernter liegt (Merzig, Mettlach) und großenteils einen anderen Einzugsbereich hat, gibt es – von wenigen Kleinbetrieben abgesehen – keine andere Industrie. So findet sich in der Dillinger Hütte überhaupt keine städtische Industriearbeiterschaft, wie dies in Neunkirchen der Fall ist. Auch in Völklingen kommt der größte Teil der Belegschaft aus den nicht-agrarischen Arbeitersiedlungen im Saartal. In Dillingen ist die gesamte Belegschaft in ländlichen Lebensräumen beheimatet. Manche Arbeiter haben einen kleinen landwirtschaftlichen Betrieb, obschon im letzten Jahrzehnt die Bewirtschaftung des Besitzes abgenommen hat. Ein Vertrauensmann sagte uns, daß bis vor einiger Zeit viele den Lohn von der Hütte gleich aufs Sparkonto gebracht haben; es war das sichere Polster zu den übrigen Familieneinkommen.

Noch heute betrachtet man die Arbeit auf der Dillinger Hütte als Lebensstellung. Die Fluktuation beträgt nach Angaben des Arbeitsdirektors 0,03 Prozent. Seit Generationen haben die Väter ihre Söhne und Schwiegersöhne zur Hütte gebracht. Die Personalbeschaffung verlief über ein dörfliches Patronagesystem. Die Kommunikationsstrukturen des Dorfes verlängerten sich so in die Hütte. Ein Industriearbeiterbewußtsein und eine organisierte Arbeiterbewegung im geläufigen Sinne sind hier nicht entstanden, die Schwelle zu einer kraftvollen Interessenorganisation wurde in dieser Phase nicht überschritten.

Vertrauensleute und Betriebsrat

1978/79 hat ein Wechsel in der Spitze des Betriebsrats stattgefunden. Dieser Wandel führte auch zu einer Belebung der Beziehungen zwischen Betriebsrat und Vertrauenskörperleitung.

Die Betriebsrats- und Gewerkschaftsarbeit im Betrieb war immer gekennzeichnet durch die Auseinandersetzung mit den christlichen Gewerkschaftern, die in der Dillinger Hütte unter allen Saarhütten am stärksten waren. 1958, als der Arbeitsdirektor sein Amt antrat, hatte die IG Metall etwa 25 Prozent der Sitze im Betriebsrat, die »Christlichen« waren die stärkste Gruppe. In der Folgezeit hielten sich beide Fraktionen im Betriebsrat in etwa die Waage. Anfang der achtziger Jahre hatte die IG Metall 20, der Christliche Metallarbeiter-Verband 8 Sitze, und die Deutsche Angestellten-Gewerkschaft verfügte über einen Sitz. Daneben gab es zeitweise noch freie Listen. Anfang bis Mitte der sechziger Jahre war ein als sehr fähig bezeichneter Kommunist (!) Betriebsratsvorsitzender. Der Arbeitsdirektor berichtete, die Streitigkeiten im Betriebsrat seien damals so groß gewesen, daß dieser Mann gehen mußte. Danach sei ein »loyaler und duldsamer« Betriebsratsvorsitzender gekommen, der versucht hätte, ausgleichend zu wirken. Dies ist die Zeit gewesen, die die heutigen »Neuen« kritisieren. Der Gruppenkampf in der Interessenvertretung untereinander, besonders zwischen CMV- und IG-Metall-Vertretern, hat viele Kräfte gebunden.

Hinsichtlich der Mitgliederzahlen konnte sich die IG Metall nach und nach, auch dank der Unterstützung durch den Arbeitsdirektor, durchsetzen. Die IG Metall hat heute in der Dillinger Hütte nicht weniger Mitglieder als in den anderen Hütten, ca. 80 Prozent der Arbeitnehmer gehören ihr an. Die aktiven IG-Metall-Vertreter im Betriebsrat und in der Vertrauenskörperleitung haben sich in der Tat stark um die Mitgliederwerbung bemüht. Dies hat aber lange Zeit zu einer Fixierung auf »Quantität« und Beiträge geführt, während das gewerkschaftliche Bewußtsein keine so große Rolle spielte. Die Arbeitsmöglichkeiten für die Vertrauensleute seien gut geregelt, heißt es, sie würden aber nicht genutzt. Den meisten Vertrauensleuten gelänge es nicht, sich zu Sprechern ihrer Gruppe zu machen. Auch würden sie von den Betriebschefs nicht als Sprecher anerkannt; denn die meisten Betriebschefs seien noch ziemlich autoritär und würden, was das Betriebsverfassungsgesetz und das Arbeitsrecht angehe, »total im Dunkeln tappen«. Auch in der Mitgliedschaft seien das gewerkschaftliche Bewußtsein und das Pochen auf die Mitbestimmung nicht so weit verbreitet, wie das wünschenswert wäre. Manche der Befragten äußerten auch die Meinung, selbst unter den Vertrauensleuten gäbe es viele, die meinten: Hauptsache, daß es Dillingen gut geht! Andere Probleme – beispielsweise das geplante Herausstehlen aus der Montanmitbestimmung durch Mannesmann – berührten sie nicht allzusehr. Der eine oder andere Befragte meinte, es müsse in Dillingen wohl auch einmal so schlimm kommen wie in Neunkirchen, in der Not würde man wohl enger zusammenrücken.

Auch bei Betriebsratswahlen sind die Vertrauensleute keine eigenständige Kraft. Es gäbe zwar Betriebsbereiche, in denen die Vertrauensleute Einfluß auf die Kandidatenaufstellung nähmen, aber das sei nicht generell so. Früher hätten sich die »alten« Betriebsratsmitglieder immer wieder selber aufgestellt, jetzt tue das die Vertrauenskörperleitung, deren Vorschläge auch übernommen würden. Die Einflußsphären von Vertrauenskörperleitung und Betriebsrat sind nicht getrennt und etwa gleich verteilt. Der Vorsitzende der Vertrauenskörperleitung ist freigestelltes Betriebsratsmitglied. Die aktiven Gewerkschafter sind Mitglieder des Betriebsrates. Der Betriebsrat ist das handlungsfähigere Organ.

Die neue Betriebsratsspitze hat die Schulungsarbeit für Vertrauensleute und Mitglieder über die Arbeit des Betriebsrates, die Mitbestimmung im Betrieb und die IG Metall verstärkt. Bei den Vertrauensleuteschulungen seien die Teilnehmerzahlen zunächst verhältnismäßig gering gewesen, bei den Mitgliedern gab es reges Interesse an der Teilnahme. Die Erfahrungen mit dieser Bildungsarbeit wurden – nachdem erste Schwierigkeiten überwunden worden seien – positiv bewertet.

Seit ein paar Jahren ist durch den Wechsel im Betriebsrat und im Amt des Arbeitsdirektors in vielen Dingen, auch im Hinblick auf die Betriebsversammlungen, einiges in Bewegung gekommen. Die Betriebsratsspitze, einschließlich des Vorsitzenden der Vertrauenskörperleitung, sucht den engen Kontakt zur Gewerkschaft, stellt selbst Schulungsreferenten in der IG Metall, schult mit viel Einsatz die eigenen Kolleginnen und Kollegen und betreibt offensichtlich behutsam, aber zielstrebig, eine andere Interessenvertretungspolitik gegenüber der Geschäftsführung. Dabei ist ein schneller Wandel nicht zu erwarten, denn gewerkschaftspolitisch hatte Dillingen eine besonders schwierige Ausgangsposition. Der zurückzulegende Weg war »objektiv« länger als in den anderen Hütten.

Beziehung des Arbeitsdirektors zu Betriebsrat und Gewerkschaft

Die Geschichte der Mitbestimmung in der Dillinger Hütte ist die Geschichte vom Wirken des ersten Arbeitsdirektors. In den ersten Jahren versuchte der Arbeitsdirektor, Einfluß auf die personelle Zusammensetzung des Betriebsrats zu gewinnen, indem er solche Leute unterstützte, die nicht die Fraktionskämpfe hochschaukelten, sondern mit Besonnenheit und Zurückhaltung ihn in seiner arbeitsdirektorialen Politik unterstützten und die Vorteile dieser Politik für die Belegschaft in höhere Mitgliederzahlen für die IG Metall umsetzten. Die Stärkung der IG-Metall-Fraktion im Betriebsrat und die Steigerung der Mitgliederzahlen gingen wesentlich auf ihn zurück. Aber es scheint, daß der Betriebsrat dadurch an autonomer Handlungsfreiheit eingebüßt hat. Der Arbeitsdirektor war und blieb für die Dauer seiner Amtszeit der dominierende Mitbestimmungsakteur im Unternehmen. Er pflegte informelle Beziehungen zu einigen vertrauten Leuten aus der Betriebsratsleitung, blieb aber in Distanz zum Gesamtorgan Betriebsrat und zu den Vertrauensleuten.

Die Mitbestimmung verlor hier mehr und mehr die gewerkschaftliche Bindung und geriet wiederholt in Widerspruch zur offiziellen IG-Metall-Politik. Einer Beeinflussung durch überbetriebliche Gewerkschaftsstellen vermochte sich der Arbeitsdirektor ebenso zu entziehen wie der Beeinflussung durch die Belegschaftsvertretung. Andererseits mischten sich weder die zuständige Verwaltungsstelle noch höhere Funktionärsebenen der IG Metall in die »inneren Angelegenheiten« der Dillinger Mitbestimmung ein.

Der Arbeitsdirektor ist aufgrund der gesetzlichen Rollendefinition kein Ersatz für die Interessenvertretung der Arbeitnehmer. Selbst wenn er es wollte, hätte er es in der damaligen Machtgeometrie der Dillinger Hütte nicht sein können. Der Vergleich zwischen der Dillinger Hütte und den beiden anderen Hütten im Saarland zeigt, daß Mitbestimmung als Instrument der Vertretung von Arbeitnehmerinteressen nur dann wirksam werden kann, wenn auf seiten der Belegschaft eine organisierte Vertretungsmacht vorhanden ist. Wo eine solche Machtbildung gelungen ist, kam der Anstoß aus Arbeitnehmerkreisen im Betrieb selbst. Wo kein Anstoß aus dem Betrieb kam, vermochte auch die Gewerkschaft nicht, von außen über die Mitbestimmungsorgane die Machtbildung »auf leichtem Wege« von oben in Gang zu setzen. Die Möglichkeiten der Gewerkschaften, über die Mitbestimmung im Betrieb Macht zu erlangen, sind begrenzt. Sie können über die Mitbestimmung im Betrieb bereits in Gang gesetzte Prozesse der Machtbildung verstärken und erkämpfte Positionen ausbauen; ersetzen können sie sie aber nicht.

Auf dem Hintergrund dieser für Montanunternehmen seltenen Konstellation entwickelte der Arbeitsdirektor erfolgreich ein Modell von Mitbestimmung, das immer schon eine Variante der jahrzehntelangen Mitbestimmungsdiskussion darstellte und im Zusammenhang mit der aktuellen Wirtschaftskrise an Aktualität gewonnen hat, nämlich das Modell der produktivitätsorientierten Mitbestimmung. Während für die unternehmensinternen Mitbestimmungsträger in den beiden anderen Hütten der historische Ertrag und das Ziel der Mitbestimmung im Ausbau einer starken, gewerkschaftsorientierten Interessenvertretungsmacht und, daraus folgend, in der Erweiterung des Arbeitnehmereinflusses auf die betrieblichen Entscheidungen und letztlich in der abgewandelten Übertragung politisch-sozialer Werte der modernen Gesellschaft auf den Betrieb bestand, lagen der historische Ertrag und das Ziel der Mitbestimmung in Dillingen eher im Aufbau eines betriebswirtschaftlich effektiven Personal- und Sozialmanagements.

In dieser Konzeption von Mitbestimmung stand die Sorge um die Sicherung der Arbeitsplätze durch die gemeinsame Anstrengung von Unternehmensleitung und Arbeitnehmerschaft im Mittelpunkt. Bedeutsam war der Gedanke, daß nicht nur das technische und kaufmännische Ressort den Unternehmenserfolg herbeiführen (»Geld bringt«), sondern genauso auch das Ressort »Personales und Soziales«. Zur vorausschauenden Wirtschafts-, insbesondere Investitionspolitik sollte über das Instrument Mitbestimmung, genauer: über die Funktion des Arbeitsdirektors, die kostenbewußte Personalpolitik hinzutreten. Ein Kriterium für die Bewährung der Mitbestimmung sollten die Senkung der Personalkosten und die Steigerung der Leistungsbereitschaft der Belegschaft werden. Zielstrebig wurde einer Ausweitung von Anspruchshaltungen der Arbeitnehmer entgegengewirkt (»Mitbestimmung darf kein Selbstbedienungsladen werden«) und eine am »Machbaren« orientierte Personalpolitik betrieben. Es wurde das Bewußtsein dafür wachgehalten, daß das Wohlergehen des Unternehmens von der Verantwortungsbereitschaft jedes einzelnen Arbeitnehmers abhängt. Es liegt auf der Hand, daß der einzigartige Geschäftserfolg der Dillinger Hütte, die sich in der Stahlkrise wohl am besten von allen europäischen Hütten behaupten konnte, von den Vertretern dieser Mitbestimmung als Beweis für die Richtigkeit ihrer Konzeption ins Feld geführt wird: Es wurde richtig investiert und – dank der Mitbestimmung – eine produktivitätsorientierte Personalpolitik betrieben.

Die Instrumente dieser Mitbestimmungspolitik waren: eine sehr kostenbewußte Personalwirtschaft, die Vermeidung von Unfallkosten, die Erziehung der Belegschaft zu hohem Leistungsbewußtsein, Arbeitsmoral und -disziplin und ein hohes Lohnniveau.

Mitbestimmung nach dem Dillinger Modell sollte sich sowohl für die Arbeitnehmer als auch für das Unternehmen materiell lohnen. Die Kernaussage der Mitbestimmungsträger in den anderen beiden Hütten, einschließlich Arbeitsdirektoren, über die Essenz der Mitbestimmung nach fünfundzwanzig Jahren Praxis lautete übereinstimmend und emphatisch: Das Eigentliche läßt sich nicht in Mark und Pfennig ausdrücken.

Mitbestimmungspraxis in Dillingen

Personalpolitik:

Ein Steckenpferd dieser Mitbestimmung war, wie ein Betriebsratsmitglied ausführte, »ein maßgeschneiderter Personalanzug. Wir hatten nie Leute in der Schublade, wir hatten nie zu viele, immer zu wenig. Wir sind absolut dagegen, mit Neueinstellungen Produktionsspitzen abzudecken, um sie dann je nach Gepflogenheit, wenn der Boom vorbei ist, wieder rauszuschmeißen. Dann fahren wir lieber gezielt Überstunden.

Das war eines der Hobbies des alten Arbeitsdirektors.« Aus dem Zitat geht hervor, daß der Befragte diese Politik unterstützt, wofür er – wie er sagt – die Kritik von Kollegen aus anderen Unternehmen in Kauf nehmen muß. Die dauernde latente Unterbesetzung bezeichnete ein anderes Betriebsratsmitglied als das größte Interessenvertretungsproblem im Betrieb: Sie führte zu einer erhöhten Arbeitsintensität und zu Überstunden als Regelfall.

Anders als etwa in Völklingen hat der Betriebsrat kaum Einfluß auf die Stellenplanung genommen. Ein Betriebsratsmitglied bezweifelte, daß das in irgendeinem Betrieb möglich sein könnte. Einen Rationalisierungsschutz wie in Völklingen und Neunkirchen gibt es hier nicht. Die Tatsache, daß in Neunkirchen die Arbeiter bei technischen Veränderungen und Versetzungen einen faktischen Anspruch auf Besitzstandwahrung haben, hielt der Arbeitsdirektor in Dillingen für eine ›gefährliche‹ Personalpolitik.

Zu einem wichtigen Instrument der Personalwirtschaft hat sich in der Dillinger Hütte der »Einsatzbetrieb« entwickelt, über den ein Befragter urteilt: »Wenn ein Betrieb Früchte getragen hat, dann war es der Einsatzbetrieb.« Der Einsatzbetrieb ist die Verteilerstelle für Neueingestellte, für mehr oder weniger kurzfristig an ihren Stammarbeitsplätzen freiwerdende Arbeiter (durch Stillstand, Produktionsrückgang in einzelnen Sparten usw.), für Leistungsgeminderte, die versetzt werden, und teilweise für Arbeiter mit einem schlechten Personalbild. Der Leiter des Einsatzbetriebes lenkt auf unkonventionelle Weise mit durchschlagendem Erfolg den kostensparenden, aber zugleich auch möglichst lohnerhaltenden Arbeitseinsatz souverän. Er ist als Techniker im Betrieb groß geworden und kennt wie kein anderer die Anlagen und Arbeitsvollzüge im Betrieb. Er praktiziert einen auf gesundem Menschenverstand und persönlichem Geschick – nicht auf wissenschaftlicher Methodik – beruhenden Arbeitseinsatz. Das Kunststück bestand unter anderem darin, auch kurzfristige Umsetzungen auf gleich hoch eingestufte Arbeitsplätze vorzunehmen, so daß dem Betrieb möglichst keine Belastungen durch »Anerkennungslöhne« entstanden.

Ein weiteres Spezifikum der Personalwirtschaft war die Personalbeschaffungspolitik. Bei der Einstellung von Arbeitern, auch un- oder angelernten, wurde die gleiche Sorgfalt praktiziert, wie sie bei der Einstellung von Angestellten üblich ist. Treffend sagte der Arbeitsdirektor: »Ein Arbeiter ist uns so wichtig wie ein leitender Angestellter.« Ein Arbeiter wird nur auf Empfehlung eines bereits im Betrieb Beschäftigten in die Auswahl genommen. Wenn ein Mann gesucht wird, dann greift der Einsatzleiter in seine Bewerberkartei, auf der immer fünfzig bis hundert Namen stehen. Hinter jedem Namen steht die Unterschrift eines Werksangehörigen, oft eines Verwandten oder Bekannten, häufig die eines Betriebsratsmitglieds oder eines Vertrauensmannes. Der Verantwortliche meinte dazu: »Dann rede ich eine Viertelstunde mit dem Mann, und ich weiß genau, ob er was taugt. Das sehe ich aus langer Erfahrung.« Dieses Auswahlverfahren profitiert von den dörflichen Kommunikationsstrukturen, es verlängert sie in den Großbetrieb hinein. Die Vergabe eines Arbeitsplatzes vollzieht sich als Gunst. Im Rahmen eines solchen Verfahrens muß es der Betriebsrat naturgemäß schwer haben, bei Einstellungen Einfluß zu nehmen, es sei denn, er tritt selbst als »Empfehlender« auf.

Ein weiteres Merkmal der Personalwirtschaft war die vergleichsweise langfristige Personalplanung. Im Unterschied zu den beiden anderen Hütten gelang sie hier nicht nur auf dem Papier, sondern wegen der langfristigen Investitionsplanung auch in der Praxis. Nichtsdestoweniger konnte auch die Dillinger Hütte ihre Personalprobleme nicht immer allein durch Ausnutzung der natürlichen Fluktuation bewältigen. Es gab mehrere Entlassungsaktionen im Zusammenhang mit Rationalisierungsmaßnahmen; meist ging es nicht um Hunderte von Arbeitnehmern, aber doch um eine größere Zahl. Einmal, 1965, waren es jedoch 450 auf einen Schlag. Die Lösung war die »59er Aktion« (via BA und Frühpensionierung) – ohne zusätzliche betriebliche Leistungen. In anderen Fällen wurden Abfindungsbeträge gezahlt, wie dies etwa vor einigen Jahren auch in der Automobilindustrie geschah.

Starke Identifikation mit der Hütte:

Die Erfolge bei der Unfallverhütung waren schon in der Anfangszeit beträchtlich. Diese Tradition wurde fortgesetzt. Die Dillinger Hütte ist Spitzenreiter in der Berufsgenossenschaft Südwest, sie hat die niedrigste Unfallquote. Wenn dabei vielleicht auch mit einer »Operation Statistik« nachgeholfen worden sein sollte, so darf dies dennoch den Blick für den wirklich großen Erfolg im Unfallschutz nicht verdecken.

Die Verhinderung des »Mißbrauchs der Lohnfortzahlung« war ebenfalls ein erklärtes Mitbestimmungsziel. Dieses Ziel wurde optimal erreicht: Auch beim niedrigen Krankenstand ist die Dillinger Hütte Spitzenreiter und gegenüber den anderen Hütten beträchtlich im Vorteil. Ein langjähriger Durchschnitt des Krankenstandes von 5,0 bis 5,5 Prozent dürfte nicht nur für die Stahlindustrie ungewöhnlich sein.

Es gab dafür ein komplexes Instrumentarium zur Beeinflussung der Belegschaft. Neben Kontrollen, Ermahnungen und Bewährungsversetzungen spielte dabei auch die Herausbildung einer positiven Identifikation der Beschäftigten mit dem Betrieb eine große Rolle. Es gelang, die Arbeiter davon zu überzeugen, daß ihr individuelles Leistungsverhalten in einem sehr direkten Zusammenhang mit der Unternehmensleistung steht. Das wurde zum einen darüber erreicht, daß jede personelle Einzelmaßnahme strikt an das individuelle Leistungsverhalten gebunden wurde: Neben der nach Art einer Leistungsbürgschaft verlaufenden Rekrutierung vor allem eine für individuelle Leistungsdifferenzen weit geöffnete Lohngestaltung, ferner die allein auf Leistung und nicht auf Seniorität beruhenden Aufstiegschancen und die leistungsgebundene Vergabe von Vergünstigungen – wie Baukredite, Kleinkredite, Kommuniongeld usw. Zum anderen wurde das Leistungsbewußtsein dadurch stabilisiert, daß in Anknüpfung an die ländliche Lebenswelt an den Arbeitsfleiß als moralische Pflicht appelliert wurde, die der einzelne der Gemeinschaft schuldig ist.

Auf diesem Hintergrund wird auch die ambivalente Situation der gewerkschaftlichen Vertrauensleute verständlich. Sie standen zwischen der gewerkschaftlichen Erwartung nach einem aufgeklärten, selbstbewußten und widerständigen »IG-Metaller-Verhalten«, und dem Druck von Kollegen, Vorgesetzten und betrieblichen Mitbestimmungsrepräsentanten, sich als »gute Dillinger Arbeiter« zu verhalten. Die Gewerkschaft war weit weg vom Erlebnisraum, die Dillinger-Erlebniswelt war dagegen hautnah.

Das hohe Lohnniveau wird vom Arbeitsdirektor und seinen engeren Mitarbeitern als Ergebnis der Mitbestimmung gesehen. Die Devise lautet hier: »Guter Lohn für gute Leistung.« Das hatte Rückwirkungen in die Gewerkschaft. Die Vertreter der anderen Werke in der Tarifkommission beklagten sich darüber, daß von den Dillinger Kollegen »nichts kommt«.

Zum Schluß ist anzumerken, daß die Kapazität und das Niveau der Ausbildung als vorbildlich zu bezeichnen sind. Hier gibt es in der Einschätzung keinen Unterschied zu den anderen Stahlwerken. Dank ihrer wirtschaftlichen Lage konnte die Dillinger Hütte auch Anfang der achtziger Jahre noch alle Ausgebildeten übernehmen. Sie hat auch einen Teil der weiblichen Auszubildenden aus dem Modellversuch »Mädchen in Männerberufen« in einen normalen Arbeitsvertrag übernommen.

Dagegen war das Thema »Leistungsgeminderte« in Dillingen kein Gesprächsthema. Während die Befragten in den anderen Hütten sich lange dabei aufgehalten und große Probleme damit hatten, wurde es von den Befragten aus Dillingen nur kurz gestreift.

Ein abschließender Vergleich zwischen der Praxis und den Wirkungen der Mitbestimmung in der Dillinger Hütte und in den anderen Stahlwerken ist ohne eine vorherige Verständigung über einen Wertmaßstab und über Mitbestimmungsziele nicht möglich. In Dillingen wurden Dinge als Mitbestimmungsleistung verstanden, die in den beiden anderen Werken Kopfschütteln ernteten. Umgekehrt galt dasselbe. Man kann nur feststellen, daß in allen Werken in den Bereichen Unfallverhütung/Arbeitsschutz und Ausbildung die gleichen Ziele angestrebt und auch in etwa erreicht wurden. Der entscheidende Beitrag Dillingens ist die konsequente Ausformulierung und Realisierung eines eigenen Mitbestimmungskonzepts. Der (alte) Arbeitsdirektor und seine engeren Mitarbeiter sahen in diesem Konzept die Fortsetzung und Fortentwicklung der Tradition der »älteren Gewerkschaft, in der Disziplin noch etwas gegolten hat«. Mit dem neuen Arbeitdirektor sahen die Interessenvertreter eine neue Ära in der Mitbestimmung anbrechen.

4. Machtbildung und Verhältnis der Funktionärsgruppen zueinander

Innerhalb nur weniger Jahre nach der Rückgliederung des Saarlandes konnte in den Stahlstandorten Völklingen und Neunkirchen der bis dahin versäumte Aufbau der gewerkschaftlichen und betrieblichen Interessenorganisation nachgeholt werden. Die aus der nationalen Identitätssuche entsprungene Politisierung und Mobilisierung der Arbeiterschaft floß unter dem gerade neu errichteten Dach der IG Metall in eine soziale Emanzipationsbewegung ein, deren Erfolgschancen durch die gleichzeitig gestarteten Organe der qualifizierten Mitbestimmung erheblich vergrößert wurden. Die historische Leistung der Mitbestimmung besteht für die befragten Akteure dieser sozialen Emanzipationsbewegung vor Ort in ihrer Katalysatorfunktion für den Aufbau einer starken, gewerkschaftsbewußten betrieblichen Interessenvertretung. Sie wurde zu einer ernstzunehmenden Macht, welche dann über die institutionalisierten Kanäle der qualifizierten Mitbestimmung eine arbeitnehmerorientierte Politik durchsetzen konnte. Die besten Früchte dieser harten, auf der Basis realer Macht fußenden Kooperation mit der Unternehmensleitung sind in den Augen der befragten Akteure, die die »saarabischen« Zeiten noch miterlebt haben, die Respektierung der Arbeiter als Rechts- und Verhandlungspartner und der Abbau von Herrschaftswillkür. Die Verringerung von Abhängigkeit, die Verdrängung der gedrückten Untertanenmentalität durch ein freieres Arbeiterselbstbewußtsein, also Emanzipationsleistungen sind der an erster Stelle genannte – und wie die Befragten immer wieder betonen: in Mark und Pfennig nicht ausdrückbare – Ertrag der Mitbestimmung in den beiden Hütten. Dies brachte eine Veränderung der politischen Kultur im Betrieb und – als Folge davon – auch im kommunalen und regionalen Umfeld.

Die materiell greifbare Seite dieser immateriellen Veränderung sind die errungenen Regelungen zum Schutz der Arbeitnehmer vor besonderen Risiken. In beiden Hütten wurden schon früh Schutzbestimmungen für leistungsgeminderte und für von Rationalisierungsfolgen bedrohte Arbeitnehmer ausgehandelt. Ebenso wurden schon früh Personalreduktionen infolge von Teilstillegungen und Auftragsrückgängen durch eine weiche Personalpolitik (Sozialpläne) aufgefangen.

Die Dillinger Hütte blieb von der hier geschilderten Entwicklung ausgespart. Dort kam es trotz paritätischer Mitbestimmung bis zur Mitte der siebziger Jahre nicht zur Bildung und Organisierung von Arbeitnehmermacht. Die Mitbestimmung wurde vornehmlich in der Gestalt eines produktivitätsfördernden Instruments wirksam. Die auch hier festzustellenden, unbestreitbaren Vorteile der Mitbestimmung für die Arbeitnehmer – hohe Löhne, Arbeitsschutz und hohe Qualität der beruflichen Ausbildung – kamen in Gestalt eines Geschenks des Arbeitsdirektors auf die Belegschaft zu, die dabei selbst nicht mitwirkte. Die Herrschaftsordnung und das Bewußtsein der Arbeitnehmer wurden durch die Mitbestimmung nicht verändert. Es gab keine – mit den beiden anderen Hütten vergleichbare – weitreichenden Schutzregelungen für Leistungsgeminderte, für den Statuserhalt von Rationalisierungsbetroffenen und keine vergleichbaren Sozialpläne für auch hier vorgekommene Personalreduktionen. Diese Schutzbestimmungen sind selbstverständlich kostenwirksam und standen daher im Widerspruch zu dem Mitbestimmungsziel in der Dillinger Hütte.

Ausgehend von den drei hier geschilderten Fällen mitbestimmter Unternehmen sollen an dieser Stelle einige strukturelle Fragen der Mitbestimmung *verallgemeinernd* erörtert werden. Die hier interessierenden Strukturfragen sind:

136

1. die Bedingungen und der Ablauf von Machtbildungsprozessen und das Verhältnis der verschiedenen Mitbestimmungsebenen auf Arbeitnehmerseite untereinander;

2. die Struktur der Partizipation in den betrieblichen Entscheidungen und

3. die Ziele der Mitbestimmungspolitik.

Zu 1.: Am Beispiel der Röchlingschen Eisen- und Stahlwerke ist der Prozeß der Machtbildung vom Punkt Null an am besten nachzuvollziehen. Dabei sind zwei Dinge zu unterscheiden: die historische Konstellation und der konkrete Vorgang der Entstehung einer zum Machthandeln fähigen Gruppe. Auf die Mechanismen, die die Gruppe strukturieren, kommt es in der allerersten, noch nicht institutionalisierten Phase an. In unserem Fall sind dies die gemeinsame Unzufriedenheit der acht jungen neugewählten Betriebsratsmitglieder mit dem alten Betriebsrat; ihr gemeinsamer Glaube, etwas verändern zu müssen und zu können und besonders die Anerkennung der anderen Gruppenmitglieder als qualifizierte Personen für Machthandeln, was sie zu einer Einheit zusammenbindet. Das Bindende ist das Bewußtsein, etwas Besonderes zu sein und etwas Besonderes zu machen. Daraus entwickelten sich ein höheres Organisationsniveau und Überlegenheit aufgrund von Handlungsfähigkeit.

In den Neunkircher Eisenwerken ist der Prozeß der Entstehung eines Machtkerns ähnlich verlaufen, allerdings nicht beim Betriebsrat, sondern bei den Vertrauensleuten. Anders ist hier, daß die sich gegenseitig als gleichgesinnt und qualifiziert anerkennenden Personen aufgrund der Erweckung einer bereits vorhandenen, aber verschütteten Tradition der Zusammengehörigkeit und Besonderheit zusammenfanden. Diese Tradition hatte klassenkämpferische Aspekte, die freilich bei gewerkschaftlichen Vertrauensleuten ungetrübter aufgehoben sind als bei dem an Gesetz und an das pragmatisch Machbare gebundenen Betriebsrat. Aus dem Organisationskeim Vertrauenskörper, der den Betriebsrat aufbaut und kontrolliert, pflanzte sich daher in Neunkirchen eine viel stärker polarisierte und konfrontatorische Interessenpolitik fort. Während der Organisationskeim Betriebsrat in Völklingen von Anfang an durch lohnende Erfahrungen mehr den Vorteil einer von Vertrauen und Verläßlichkeit geprägten Beziehung zum Management schätzen lernte.

Die Einführung der qualifizierten Mitbestimmung hat in jedem untersuchten Fall Chancen zur Ausdehnung und Stabilisierung der Machtorganisation auf Arbeitnehmerseite gebracht, aber sie wurden jeweils unterschiedlich wahrgenommen. Dies zeigt sich im Verhältnis des ursprünglichen Machtkerns zu den neuen Organen der Machterweiterung (Arbeitsdirektor und Aufsichtsrat). Das Binnenverhältnis der Mitbestimmungsträger untereinander ist durchweg geprägt durch das Verhältnis zwischen Arbeitnehmer- zur Arbeitgeberseite. Letzteres steht in Völklingen unter der Devise der gegenseitigen Annäherung, Vertrauensbildung und Einigung. Dem entspricht im Binnenverhältnis der Mitbestimmungsträger, daß die Verbandsvertreter im Aufsichtsrat und der Arbeitsdirektor als die dem Unternehmer am »gefährlichsten« erscheinenden Organe primär um Vertrauen werben und der Betriebsrat den notwendigen, eher konfliktorischen Part gegenüber der Geschäftsleitung übernimmt. Aufsichtsrat und Arbeitsdirektor bleiben weitgehend von Durchsetzungsfunktionen verschont, bilden aber einen Schutzmantel für die entsprechenden Aktivitäten des Betriebsrats.

In Neunkirchen kennzeichnen dagegen Skepsis und Polarisierung das Verhältnis zwischen Arbeitgeber- und Arbeitnehmerseite. Der Arbeitsdirektor wird in voller Wucht davon getroffen. In dieser stark konfrontativen Konstellation schlägt er sich auf die Seite des Machtkerns Vertrauensleute/Betriebsrat, die nun in kämpferischer Strategie den Aufsichtsrat für sich einspannen und die Belegschaft mobilisierungsbereit halten.

Die Einführung der qualifizierten Mitbestimmung hat – besonders in Völklingen und Neunkirchen – zu einer Intensivierung und Steigerung des Emanzipationsprozesses der Arbeitnehmerschaft geführt. Voraussetzung dafür war die umfassende Politisierung und Mobilisierung großer Teile der Belegschaft durch die Saarereignisse. Die Politisierung scheint generell eine wesentliche Voraussetzung der Wirksamkeit von Mitbestimmungsinitiativen zu sein. Als rein instrumentelle, gesellschaftsrechtliche Vorstöße ohne gesteigerte Erwartungshaltung der Arbeitnehmer haben sie wenig Chancen, ins Bewußtsein zu dringen und eine Bewegung zu entfachen. Dynamik erhalten die institutionellen Regelungen vor allem durch gesellschaftliche Aufbruch- oder Umbruchlagen. Sie müssen mit gesellschaftspolitischen Zielen »aufgeladen« sein, die vom wachen Teil der Arbeitnehmerschaft real empfunden werden. Die Nachkriegssituation im Ruhrgebiet im Zusammenhang mit der Montanmitbestimmung, die Reformerwartungen im Zusammenhang mit dem Betriebsverfassungsgesetz von 1972 und die Saarereignisse im

Zusammenhang mit der Einführung der qualifizierten Mitbestimmung sind beredte Beispiele dafür. Gegenbeispiele sind die Enttäuschungssituation bei der Einführung des Betriebsverfassungsgesetzes 1952 und des Mitbestimmungsgesetzes 1976, die beide keine emanzipatorische Dynamik auszulösen vermochten. Mitbestimmungsinitiativen haben dann Aussicht, emanzipatorisch wirksam zu werden, wenn sie eine Politisierung auslösen oder an eine solche anknüpfen können.

Zu 2.: In der Struktur der Partizipation, also der Art der Beteiligung an und der Einflußnahme auf die betrieblichen Entscheidungen, spiegelt sich das Muster des Machtbildungsprozesses wider. In Völklingen, wo die Machtbildung behutsam und vertrauenerweckend ablief, entstand eine vielseitige und offene Kommunikation zwischen der Interessenvertretung und dem Management. Die Kontakte waren nicht auf den Arbeitsdirektor beschränkt. Es entwickelte sich ein dichtes, wenig formalisiertes kooperatives Geflecht. Wir bezeichnen dies als eine »konfliktorische Kooperation auf der Basis wechselseitigen Vertrauens«.

In Neunkirchen ist das Gegenmuster dazu anzutreffen. Interessenvertretung und Management vermieden die unmittelbare Berührung, weil ihre Beziehungsgeschichte durch Mißtrauen geprägt war. Druck, Zwang und Kampf waren die Durchsetzungsmittel, nicht aber Kompromißsuche durch ununterbrochene Kommunikation und Sondierung. Die beiden Machtblöcke stehen sich wie zwei getrennte Säulen gegenüber und entwickeln Kommunikationen nur innerhalb ihrer eigenen Säule. Sie treten über Vermittlungsinstanzen (Arbeitsdirektor, Aufsichtsrat) in Kontakt und erzwingen über diese Kooperation. Dies beinhaltete eine sehr weitgehende Formalisierung der gegenseitigen Beziehungen. Wir bezeichnen dies als eine »verhärtete Kooperation durch Zwang«.

In Dillingen gab es keinen Machtbildungsprozeß auf Arbeitnehmerseite. Dem entspricht, daß kaum ein Einfluß des Betriebsrats auf die Managemententscheidungen bestand. Die Beziehung zwischen Betriebsrat und Management ist als eine »einseitige oder hierarchische Kooperation« zu bezeichnen.

Zu 3.: In der allgemeinen programmatischen Formulierung ist das gewerkschaftliche Ziel der Mitbestimmung mehr Gleichberechtigung und Gleichgewichtigkeit von Kapital und Arbeit. In Völklingen und Neunkirchen wurde dieses Ziel eines »Mehr« an Gleichberechtigung ganz offensichtlich – wenn auch mit unterschiedlichen Methoden – auf der Ebene der betrieblichen Herrschaftsausübung erreicht.

Wir haben somit in jedem der drei untersuchten Fälle eine unterschiedliche Zielverwirklichung der Mitbestimmung vor uns. Diese unterschiedlichen Realisierungsformen der Mitbestimmung in der saarländischen Stahlindustrie sind weder regional noch darüber hinaus zum Gegenstand gewerkschaftlicher Reflexionen und Diskussionen über die Mitbestimmungsziele geworden. In jedem Unternehmen hat sich – isoliert von den anderen und quasi naturwüchsig – aus den lokalen Potentialen heraus eine Mitbestimmungspraxis entwickelt, die nie mitbestimmungspolitisch aufgearbeitet wurde. Dies trifft für die aktuelle, aufgrund der Stahlkrise veränderten Mitbestimmungspraxis bei ARBED Saarstahl nicht weniger zu als für die in diesem Beitrag behandelten Phasen. Angesichts der drohenden Ausdünnung der Mitbestimmung und angesichts der Stahlkrise, die der Staat bei ARBED Saarstahl bereits zu massiven Eingriffen in die Mitbestimmung genutzt hat, besteht offensichtlich ein Bedarf nach einer Klärung der Mitbestimmungsziele, damit für die Arbeitnehmer deutlich wird, was von dem Gewordenen verteidigungswert ist und was der Ergänzung bedarf. Die Situation ist seit langem durch Verunsicherung und teilweise sogar durch ein Gegeneinanderausspielen von Mitbestimmung und Arbeitsplatzsicherung gekennzeichnet. Der Blick auf die saarländische Mitbestimmungsgeschichte könnte möglicherweise einen Beitrag zur Positionsbestimmung in der Mitbestimmungsfrage leisten.

5. Restrukturierung – Konflikte zwischen betrieblichen und überbetrieblichen Funktionären – Standortdenken

Der Restrukturierungsvertrag zwischen IG Metall/DGB und ARBED ist zur weitestreichenden und aufsehenerregendsten Leistung der Mitbestimmung in der saarländischen Stahlindustrie geworden. Das Zustandekommen, der Inhalt und die politische Bedeutung dieses Vertrages können und sollen nicht Gegenstand dieser Studie sein. Wir verweisen hier auf das Buch von Rudolf Judith u. a. (1980)[9], in dem diese Fragen ausführlich behandelt werden. Hier geht es lediglich um die Betroffenheit der betrieblichen Mitbestimmungsträger in den beiden durch den Vertrag zusammengeschlossenen Unternehmen Röchling-Burbach und Neunkircher Eisenwerke. Röchling-Burbach wird zu 100 Prozent von ARBED übernommen, die Neunkircher Eisenwerke werden eine hundertprozentige Tochter von Röchling-Burbach. Sie behalten aber eine selbständige Geschäftsführung und die Mitbestimmung; die Produktion beider Unternehmen wird koordiniert. Der Zusammenschluß ist das Wesentliche des Vertrages. Vorher gab es keine Zusammenarbeit unter den Unternehmen – auch keine unter den Mitbestimmungsträgern selbst. Es sei abschließend hier behandelt, in welchem Zustand diese große Herausforderung der Stahlkrise und der Restrukturierung die Mitbestimmungsträger in den betroffenen Werken antraf.

Mehrfach sind wir schon auf das »Standortdenken« der betrieblichen Mitbestimmungsträger gestoßen. In allen drei Hütten gibt es überwältigend viele Hinweise, daß weder die Betriebsräte, noch die Vertrauensleute, noch die Arbeitsdirektoren zu irgendeinem Zeitpunkt seit Bestehen der Mitbestimmung auch nur den Versuch gemacht haben, auf irgendeinem Gebiet ernsthaft miteinander zu kooperieren, sich zu helfen, zu ergänzen und etwas gemeinsam voranzubringen.

Das galt selbst dann, wenn man sich im gewerkschaftlichen Bereich getroffen hat, zum Beispiel in der Tarifkommission. Offensichtlich ging es auf diesem Gebiet recht menschlich zu, mit Eitelkeit, Klatsch und Eifersüchteleien, »wie das unter Nachbarn halt so ist«. Welche Ursachen das hatte, ist schwer zu sagen. Man muß wohl auch die saarländische Mentalität heranziehen, in der die Tugenden und Untugenden des überschaubaren, dörflichen und nachbarschaftlichen Gemeinschaftslebens zu Hause sind. Der sportliche Ehrgeiz, der Beste zu sein – wobei die Meinungen nicht immer gleich sind, was das Gute ist –, hat bei so enger räumlicher Nachbarschaft der Hütten gewiß auch eine Rolle gespielt. Gewichtiger ist jedoch wohl der Umstand, daß die Montanmitbestimmung in allen Saarhütten primär die Form einer betrieblichen Mitbestimmung angenommen hat und daß das Denken und Streben im Rahmen der Mitbestimmung auf die Erweiterung des Standards der betrieblichen Interessenvertretung ausgerichtet war, so daß die überall zu beobachtende Tendenz zum »Betriebsegoismus« durch die Mitbestimmung nicht beseitigt wurde. Eine stärkere Konzentrierung auf die Mitbestimmung in unternehmens- und wirtschaftspolitischen Fragen hätte wohl eher die Notwendigkeit übergreifender Aktivitäten deutlich gemacht. Dazu fehlten aber die Zielsetzung, die Programmatik und die Instrumente. Nicht unerwähnt bleiben darf auch die Vermutung, daß die uralte Konkurrenzlage zwischen den Stumms und den Röchlings hier weiterlebte. Aber auch mit den »Kollegen an der Ruhr« gab es keine engere Zusammenarbeit.

Mit diesem Erbe gingen die Mitbestimmungsträger in Völklingen und Neunkirchen in die Ära der Restrukturierung hinein. Diese Ära ist gekennzeichnet durch das Hineinwachsen der überbetrieblichen Gewerkschaftsvertreter und ganz besonders des IGM-Zweigbüros Düsseldorf in die Rolle des federführenden, unternehmensübergreifenden Krisenmanagers und Koordinators, eingebunden in vielfältige landes-, bundes- und europolitische Handlungszwänge und -spielräume. Hier stoßen zwei Orientierungs- und Denkweisen aufeinander: hier die wirtschaftspolitische Orientierung im europäischen Rahmen, die Übernahme von Mitverantwortung gegenüber Regierungen und Konzernen, das strategische, unternehmerische Denken – und dort eben das Standortdenken, das sich dann etwa in Völklingen konkret so ausdrückte, daß gesagt wurde: Ihr könnt modernisieren, was ihr wollt, aber nicht auf Kosten der Belegschaft. Nach dem Restrukturierungsplan mußten aber 9 500 Beschäftigte abgebaut werden. Nun ergaben sich wiederholt Situationen, in denen die gewerkschaftlichen Krisenmanager im Aufsichtsrat oder gegenüber den Geschäftsführungen, der Bundesregierung und der Treuarbeit Vereinbarungen und Verpflichtungen eingegangen sind, die von betrieblichen Kollegen in der Mitbestimmung (Betriebsrat) faktisch hintertrieben wurden, so daß jene »oben« sich als unzuverlässige Verhandlungspartner bloßgestellt fühlen mußten. Und es begann unter den Interessenvertretern der einzelnen Werke der Kampf um den Rest. In Völklingen hieß es: Schon die Übernahme der Burbacher Hütte damals war eine Belastung für uns. Und jetzt auch noch Neunkirchen! Zwischen den Dillinger und Völklinger Mitbestimmungsträgern entbrannte ein Streit darum, welcher Standort die ROGESA (Roheisengesellschaft Saar) und die Zentralkokerei bekommen sollte. Die Neunkircher machten den tiefsten Sturz. Ende 1982 wurde die Belegschaft um weitere 3 000 Beschäftigte reduziert. Verständlich, daß sich dort eine bittere Untergangsstimmung verbreitete: Wir werden aufgelöst zugunsten der unteren Saar! Es wurde von viel Apathie und Zukunftsangst auf allen Ebenen in Neunkirchen berichtet, während die Völklinger große Schwierigkeiten sahen, Arbeitnehmer aus Neunkirchen aufzunehmen. Der Burbacher Betriebsratsvorsitzende war tief betroffen angesichts des psychischen Elends und der Verunsicherung der von »Freisetzung« bedrohten Kollegen. Der Homburger Betriebsrat bangte um die Einhaltung der Beschäftigungsgarantie aus dem Sozialvertrag. Die schwärzesten Wolken lagen über Neunkirchen.

Ein vielleicht typisches Beispiel des Konflikts zwischen übergreifender und betrieblicher Mitbestimmung ist dieses: In Völklingen wurde eine Transport-GmbH aus Kostenersparnisgründen gegründet. Alle Transportarbeiter kamen zu dieser »personenlosen« Gesellschaft, was die für sie unliebsame Folge hatte, daß sie nun zentral eingesetzt und versetzt, nicht mehr ihren Stammbetrieben angegliedert wurden. Die übergreifenden Mitbestimmungsträger hatten diesem Konzept ausdrücklich zugestimmt. Im Betrieb kam es aber zu einer streikähnlichen Demonstration der Transportarbeiter, gegen die der Betriebsrat nicht mit Energie einschritt, sondern die er mehr oder weniger mitmachte, obwohl er vom Zweigbüro um die Unterstützung des Transport-Konzepts eindringlich gebeten worden war.

Solche Konflikte haben den sachlichen Hintergrund, daß ein Betriebsrat, vor allem, wenn er ein starker Interessenvertreter auf gewerkschaftlicher Basis ist, von seinem Wahlamt her schlecht in der Lage ist, Verantwortung für sehr einschneidende Maßnahmen zu übernehmen. Da nützt alle Einsicht in die Richtigkeit und Unvermeidbarkeit des Restrukturierungskonzepts wenig.

Diese Einsicht war allenthalben vorhanden. Jeder hielt die Restrukturierung für die einzige Überlebenschance und jeder hat Achtung vor der Leistung der IG Metall und ihrer Repräsentanten. Das war nicht von Anfang an so klar, auch das bedurfte der »Seelenmassage«, zumal die betrieblichen Vertreter im voraus über die Einzelheiten des Restrukturierungsvertrages zunächst nicht informiert und nicht daran beteiligt waren. Es ist auch nicht leicht vorstellbar, wie das unter solchen Umständen gehen soll. Solche Verhandlungen können wahrscheinlich nur dann glücken, wenn sie den Charakter von vertraulichen Gesprächen haben. Auch das ist ein schwer lösbares Dilemma. Die betrieblichen Mitbestimmungsträger wurden zu einem Zeitpunkt von dem Vertrag in Kenntnis gesetzt, als ein bestens informierter Zeitungsbericht der »Saarbrücker Zeitung« gerade ausgetragen wurde. Sich übergangen fühlen; nicht wissen, was es geändert hätte, wäre man vorher einbezogen worden; aus später Einsicht der Sache doch voll zustimmen und sich notgedrungen mit aller Energie auf die Probleme des Personalabbaus und die Umschichtungen zwischen den Standorten werfen – das ist das Syndrom, wie die betrieblichen Vertreter die Restrukturierung erlebten. Bei der Ausgestaltung des sehr weitgehenden Sozialvertrages, der die Restrukturierung begleitete, waren die betrieblichen Interessenvertretungen allerdings in hohem Maße beteiligt.

Es wäre sehr realitätsfremd, zu erwarten, daß eine derartige soziale Krise, die den Abbau von 9 500 Beschäftigten in einer Branche, die in den zehn davorliegenden Jahren bereits 10 000 Beschäftigte freigesetzt hatte, bedeutet, völlig reibungslos bewältigt werden könnte. Die Krise ist durch den Sozialvertrag in der Tat sozial ohne größere Erschütterungen bewältigt worden. Das ist die größte Mitbestimmungsleistung gewesen. Wovon hier die Rede war, betraf im Vergleich dazu »kleine« Reibungen der Akteure hinter dem Vorhang, zwischen den verschiedenen Ebenen der Mitbestimmungsträger. Am Ende haben auch die betrieblichen Vertreter entscheidend zum Gelingen der Operation beigetragen, indem sie deren Durchführung bewerkstelligten.

Seit 1979 gibt es auf Betreiben der IG Metall einen Arbeitskreis der Betriebsräte der verschiedenen ARBED-Werke, in dem die anstehenden Aktionen koordiniert werden, was auch gelang. Wie schwer es dennoch ist, der neuen Mitbestimmungsperspektive gerecht zu werden, schilderte ein Neunkircher Befragter: »Obwohl es für alle Interessenvertreter klar ist, daß es nur gemeinsam geht, genauso schwierig ist es aber auch. Es ist schon schwierig, auf gezwungener Basis etwas zu unternehmen, so wie jetzt in dem Arbeitskreis. Auf freiwilliger Basis ist es wohl das schwierigste Geschäft, denn wenn eigenständige Werke da sind, muß irgendwie, irgendwann ein Betriebsrat ... zugunsten eines anderen vom eigenen Vorhaben oder von den eigenen Möglichkeiten der Durchsetzung absehen. Man hat es ja ... bis heute noch nicht geschafft, an der Saar klar zu machen, daß es nur noch Stahlarbeiter an der Saar gibt. Nein, es gibt noch Stahlarbeiter in Dillingen, in Völklingen, in Neunkirchen usw. Wir sind noch nicht einmal jetzt, wo uns das Wasser wirklich bis zum Hals steht, die große Stahlfamilie, wir sind auch jetzt noch einzelne Werke. Jedem ist das Hemd näher als die Jakke.«

Ein Außenstehender wird es schwer begreifen, was es für die Neunkircher bedeutete, ausgerechnet »Röchling« (wie es immer noch heißt) einverleibt zu werden. Aufgrund unserer historischen Analyse können wir uns aber in ihre Lage versetzen: Für die, die die Mitbestimmung zwanzig Jahre lang mit aufgebaut haben, war das gewiß ein schwerer Gang. Festzuhalten bleibt, daß die betrieblichen Mitbestimmungsträger in Neunkirchen wie in Völklingen sich trotz aller Schwierigkeiten mit ganzer Kraft der Verwirklichung des Restrukturierungsprogramms gewidmet haben.

Für die Zukunft wird es darauf ankommen, wie IG Metall und betriebliche Mitbestimmungsträger kooperativ zusammenarbeiten, um die in allen Regionen der Stahlindustrie aufbrechenden Probleme und Umbrüche mit neuen Ideen bewältigen zu können.

Teil III
Der Weg der Mitbestimmung im Saarbergbau

1. Kontinuität und Brüche:
Die Entwicklung bis zum Übergangsjahr 1957

Technik und Organisation weisen den Saarbergbau als ein modernes, industrielles Unternehmen aus. Doch es ist eine Modernität, die auf alten sozialen Wurzeln gründet und deren Traditionen auch heute noch in vielfältiger Weise die Arbeit und Lebenswelt der Bergleute bestimmen.

Immer wieder hatte der Bergbau eine herausragende Rolle in den politischen Umbrüchen des Landes gespielt. Doch in den Gruben vollzog sich der Formenwandel des sozialen Lebens in großer Kontinuität und in der Beständigkeit des Althergebrachten. Trotz der Differenzierungen in der Arbeiterschaft nach den äußeren Lebensbedingungen – hier ökonomisch abgesicherte und im kirchlichen Wertehorizont der Agrargemeinde verankerte Bergarbeiterbauern, dort proletarisierte Bergarbeiter der industriellen Verdichtungsgebiete – bildete sich eine ausgeprägte soziale Identität heraus, die in der Zugehörigkeit zum saarländischen Bergarbeiterstand gründete und ihre Verwurzelung in einem über die Arbeitsbeziehungen zur Lebenswelt hinausgreifenden sozialen und kulturellen System, dem Saarbergbau, fand.

Im Rahmen seiner Studien über die Anfänge der saarländischen Bergarbeiterbewegung hat K. D. Mallmann[10] die Grundzüge einer Sozialgeschichte der Saarbergarbeiter im 19. Jahrhundert nachgezeichnet, worauf hier im weiteren Bezug genommen wird.

Der preußische Staat konnte, nachdem er 1815 die auf seinem Gebiet liegenden Saargruben übernommen hatte, auf eine Fülle von Maßnahmen ständischer Belegschaftspolitik zurückgreifen. Das in diesem Jahr von ihm erlassene Arbeitsreglement baute teilweise wörtlich auf der unter französischer Besatzung 1797 ergangenen Arbeitsordnung (Reglement für die Bergleute in den Nassau-Saarbrückischen und anderen Landen) auf. Sie erfaßte nahezu das gesamte Leben der Bergleute, räumte ihnen andererseits aber auch besondere Privilegien ein. Bereits 1767 gewährte eine fürstliche Verordnung den zugezogenen Bergleuten

145

völlige Personalfreiheit und reduzierte den Frondienst der einheimischen.

Der ständische Bergmann, durch Eid zu Treue und Gehorsam verpflichtet, konnte durch das Bergamt befristet freigesetzt werden, wenn der Absatz stockte. Entlassungen durften jedoch nur bei Vergehen gegen das Reglement erfolgen. Bergleute unter 24 Jahren hatten eine Heiratserlaubnis einzuholen, minderjährige Arbeiter einen Teil ihres Lohns als Spargroschen einzuzahlen. Aus der Knappentracht erwuchs ein Uniformzwang.

Mit der Knappschaft, die der Verwaltung des Bergamts unterstellt wurde, entstand ein Versicherungsverhältnis (freie Kur und Arznei, Krankengeld, Invalidenpension, Witwen- und Waisenunterstützung), das an den Arbeitsvertrag geknüpft war und die Unterwerfung unter den ständischen Verhaltenskodex voraussetzte. Die Knappschaft betrieb außerdem Kleinkinderbewahranstalten, Haushaltungs- und Fortbildungsschulen. Die Knappschaftsältesten waren verpflichtet, auf den »sittlichen Lebenswandel« der Bergleute und ihrer Familien zu achten. So stellte die Knappschaft, indem sie ihre Vorsorgefunktion in Verhaltens- und Verkehrsformen einband, in denen der Geist von Obrigkeit und Disziplin, von ständischer Abstufung und Abgeschlossenheit, von Ehre und Standespflege sich erhalten und darstellen konnte, eine »Existenz- und Wertgemeinschaft« (Tenfelde, zitiert in Mallmann, S. 27) dar. Bergmännische Musikkorps und jährliche Bergfeste waren gesellige Darstellungsebenen dieser sozialen Lebenswelt des Bergmannes. Daß die erste Werkszeitschrift der Welt, der »Bergmannsfreund«, in Saarbrücken erschienen ist, war denn auch kein Zufall, sondern publizistischer Ausdruck zielbewußter Korpsbildung.

Die Fürsorge für den Untertan, ein zentrales Moment ständischer Sozialbeziehungen, begründete eine Vielzahl sozialpolitischer Aktivitäten des Bergfiskus, aufgrund derer die Lebenslage der Bergleute sich von der Masse der pauperisierten kleinbürgerlichen Bevölkerung abhob. Zu nennen sind die Vorschußvereine zur Förderung der Sparbereitschaft und Kreditvergabe in Notfällen, die Konsumvereine für billige Versorgung mit Grundnahrungsmitteln, die Förderung des Wohnungsbaus durch Darlehens- und Prämienvergabe bei guter Führung. Im Ergebnis findet sich eine »Kombination von betrieblicher Sozialpolitik und betriebsinterner Herrschaftssicherung« (Mallmann), von Fürsorge bei gleichzeitiger Disziplinierung und Bindung des Arbeiters an die Grube.

Zur Regelung von Konflikten stand den Bergleuten der Beschwerdeweg offen. Auch hierbei kam den Knappschaftsältesten eine bedeutende Rolle als Sprecher zu. Arbeiterkoalitionen waren verboten.

Mit der Liberalisierung Mitte des Jahrhunderts hielt auch im Bergbau der freie Arbeitsvertrag Einzug. Es verschwand die ständische Exklusivität. Der Bergmannsstand, dessen Kern bis zur Jahrhundertmitte außerhalb der allgemeinen wirtschaftlichen und sozialen Entwicklung gestanden hatte, löste sich, den Marktgesetzen von Angebot und Nachfrage unterworfen, in der Industriearbeiterschaft auf. Angesichts des Regionalmonopols des preußischen Saarbergbaus besaßen Vertragsfreiheit und Freizügigkeit jedoch kaum eine faktische Bedeutung. Der drohende Verlust erworbener Pensionsansprüche erschwerte zudem einen Arbeitsplatzwechsel. Die unbedingte Unterordnung blieb trotz des Wandels ihres formalen Beschäftigungsstatus erhalten, ständische Privilegien wurden jedoch abgebaut. So wurden beispielsweise gerade erst eingeführte Kündigungsfristen verkürzt und die Fristen für die einstweilige strafweise Ablegung bei Vergehen gegen die Arbeitsordnung verlängert. Was blieb, war die strenge Beaufsichtigung und Disziplinierung. Die Steiger hatten durch ihre Befugnisse zur Arbeitseinteilung, durch die Gedingeaushandlung und die Möglichkeit des Gedingeabbruchs und der Verhängung von Geld- und Ablegungsstrafen eine enorme Machtfülle.

Die Phase der Industrialisierung ging zunächst am eigentlichen Produktionsprozeß im Bergbau vorbei. Die Hauptarbeit vor Ort, der Abbau, blieb nach wie vor rein manuelle Arbeit mit Werkzeugen, Produktionssteigerungen konnten in dieser Phase durch Wachstum der Belegschaften sowie extensiveren und intensiveren Arbeitseinsatz erzielt werden.

Elemente ständischer Verfassung und ständischen Bewußtseins konnten sich in diesem Sektor vorindustrieller Arbeit stärker erhalten als in den übrigen Verdichtungsgebieten an der Saar, in denen sich langsam eine Industriekultur heranbildete. Der »ständische Kosmos« blieb bis zur Bergrechtsreform, die im Jahre 1865 mit dem Allgemeinen Berggesetz ihren Abschluß fand, weitgehend intakt. »Die disziplinarisch abgesicherte Privilegierung schuf in der Bergarbeiterschaft ein kollektives Unterschiedsbewußtsein gegenüber der pauperisierten Masse der Bevölkerung. Gleichzeitig konnte gegenüber einem Staat, der bei Subordination und patriotischer Treue Existenzgarantien übernahm, kein emanzipatorisches Bewußtsein erwachsen . . . Ein dichotomes Gesellschaftsbild war undenkbar, Fixpunkt der bergmännischen Denk- und Verhaltensorientierung blieb die monarchische Autorität und damit die

Interessenidentität mit dem Landesherrn.« (Mallmann, S. 43) Auch nach der Bergrechtsreform, mit der das Direktionsprinzip durch das Inspektionsprinzip ersetzt wurde und der Staat sich aus der unmittelbaren Dekretierung in allen Bereichen der Förderung und des Verkaufs auf die reine Bergpolizei zurückzog, blieb die Unternehmensleitung im Unterschied zur Ruhr letztendlich dort in gleichbleibender und einheitlicher Hand, nämlich beim preußischen Staat. Es entwickelte sich aus einem ständischen Berufsverhältnis ein Arbeitsverhältnis, das alle Merkmale von Lohnarbeit trug, sich aber unverkennbare Besonderheiten bewahren konnte.

Die Belegschaft der preußischen Saargruben verdreifachte sich in diesen Jahren. Die bedrückende wirtschaftliche Lage der kleinbäuerlichen Bevölkerung bot den Gruben ein kaum erschöpfliches Reservoir an Arbeitskräften, die sich auch gegen niedrige Löhne zur Bergarbeit verdingen ließen. Sie kamen vornehmlich aus dem Hochwald und der Westpfalz. 1890 verteilte sich die Belegschaft auf 547 Ortschaften. Im Umfeld der Gruben entstanden die Bergmannsgemeinden Dudweiler, Sulzbach, Quierschied, Püttlingen, Neunkirchen, Elversberg und Wiebelskirchen. Aus ihnen kam ein Fünftel der Belegschaft. An dieses Verdichtungsgebiet mit geringer landwirtschaftlicher Produktion schloß sich eine arbeiterbäuerlich geprägte Zone an, die schließlich in die rein agrarischen Dörfer überging.

Im Vergleich zu den Bergarbeitern des Sulzbachtals waren die aus den agrarischen Gebieten einpendelnden Bergmannsbauern sozial besser gestellt. Der dörflich-agrarische Lebensraum bot ihnen nicht nur eine zusätzliche wirtschaftliche Existenzgrundlage, er bestimmte auch ihre soziale und kulturelle Identität. Aus dieser Lebenswelt heraus erschien ihnen das Lohnarbeitsverhältnis nicht als unabwendbares Schicksal. Die Rückkehr zur bäuerlichen Existenz, wie sie vor dem Zerfall der Agrargemeinde bestanden hatte, erschien ihnen nicht aussichtslos, wenngleich sie nicht erstrebenswert war. Durch die Verbindung von bäuerlicher Familienarbeit und lohnabhängiger Erwerbsarbeit in den Gruben zählten sie zur sozial führenden Schicht im Ort. Diese Form der Mischwirtschaft behielt bis in die Nachkriegszeit große Bedeutung. Gegenüber dem proletarisierten Teil der Bergarbeiterschaft in den grubennahen Bergarbeitersiedlungen behielten die Bergarbeiterbauern einen eigenen Sozialcharakter. Auf die Lohnarbeit gerichtete Interessenbildungen und kollektiv-solidarische Orientierungen fanden hier keinen fruchtbaren Boden.

Ganz im Unterschied zu den in langen Linien verlaufenden sozialen

Prozessen, die aus dem Bergmannsstand eine Bergarbeiterschaft werden ließen, war die Unternehmensentwicklung voll den Wechselfällen der politischen Geschichte ausgesetzt. Wegen der außerordentlichen ökonomischen Bedeutung der Kohlevorkommen stand der Saarbergbau immer im Zentrum der Wirtschaftsinteressen der jeweils herrschenden Staatsmacht. Der Entwicklungsprozeß, der in der wechselvollen politischen Geschichte des Saarlandes bis hin zu dem uns interessierenden Zeitpunkt der Eingliederung des Saarlandes in die Bundesrepublik und der Einführung der Mitbestimmung ablief, wird im folgenden kurz skizziert.

Die Gruben an der Saar sind mit Ausnahme einiger privater Unternehmungen seit Gründung der »Königlichen Bergamts-Commission zu Saarbrücken« im Jahre 1815 entweder unmittelbar staatlicher Verwaltung unterstellt oder als Unternehmen in staatlichem Besitz geführt worden.

Nach dem Zweiten Pariser Frieden von 1815 fielen die Gruben an den Preußischen Bergfiskus, das »Königliche Saarbrücker Bergamt« wurde gegründet. Im Verlaufe der Bergrechtsreform zog sich der Staat von der unmittelbaren Ausübung der Unternehmensfunktion zurück. Während dies jedoch für die Unternehmer im Ruhrkohlenbergbau eine Freigabe ihrer Betriebe bedeutete, hatten diese Bestimmungen an der Saar lediglich verwaltungstechnische Konsequenzen. An die Stelle des Königlichen Bergamtes trat 1861 die »Königlich-Preußische Bergwerksdirektion Saarbrücken«. Die bergpolizeilichen Kompetenzen gingen an das Oberbergamt Bonn über.

Mit dem Versailler Vertrag von 1919 verzichtete das Deutsche Reich zugunsten des Völkerbundes, der als Treuhänder fungierte, auf die Regierung des als »Saarbecken« bezeichneten Teils des Reichs. Zugleich erwarb der französische Staat als Ersatz für die Zerstörung der Kohlengruben in Frankreich und als Reparationsleistung Eigentum und uneingeschränktes Ausbeutungsrecht an den Kohlengruben im Saarbecken. 1920 wurde die »Administration des Mines Domaniales Françaises du Bassin de la Sarre« gegründet. Die Mines Domaniales betrieb 29 Gruben. Im Jahre 1924 wurde eine Rekordförderung von 24 Millionen Tonnen Kohle bei einer Belegschaft von 78 065 Beschäftigten erreicht.

Mit der Wiedereingliederung des Saargebietes nach der Volksabstimmung im Jahre 1935 wurden die Gruben vom Deutschen Reich für die Summe von 150 Millionen Reichsmark zurückgekauft und in eine Gesellschaft der öffentlichen Hand als »Saargruben AG« überführt.

Vom 21. März bis zum 10. Juli 1945 waren die Saargruben zunächst der »CONAD (Kontrollkommission US) Engineer Mining Operating Group« unterstellt. Mit Übernahme der Verwaltung des Saarlandes am 10. Juli 1945 durch die französische Militärregierung kamen die Gruben vorübergehend unter die Kontrolle der »Mission Française des Mines de la Sarre«. Am 2. Januar 1946 wurde die reichseigene Aktiengesellschaft schließlich aufgrund des Kontrollratsgesetzes Nr. 52, das die Sperre und Beaufsichtigung von Vermögen betraf, von der französischen Besatzungsmacht unter Zwangsverwaltung gestellt. Die Eigentumsfrage blieb hiervon unberührt. Bereits zwei Jahre später wurde nach den ersten Landtagswahlen an der Saar die Zwangsverwaltung im Saarbergbau aufgehoben. Aufgrund eines französischen Gesetzes war im November 1947 die Bildung der »Régie des Mines de la Sarre« angeordnet worden. Sie nahm ab Januar 1948 ihre Tätigkeit auf und erhielt die Befugnis, als Treuhänderin für den zukünftig Berechtigten wie eine juristische Person Güter aller Art zu erwerben, zu verwalten und zu veräußern. Ihre Tätigkeit erstreckte sich auf Förderung und Absatz der Kohle, auf alle Nebenbetriebe, die zugehörigen Unternehmungen und Beteiligungen. Die Régie unterstand der Aufsicht des französischen Bergbauministers und besaß finanzielle Autonomie gegenüber der Saarregierung. Der Verwaltungsrat (Conseil Supérieur) bestand aus 30 Mitgliedern – 21 Franzosen und 9 Saarländern. Den Vorsitz führte der französische Bergbauminister. Der Generaldirektor der Régie war Franzose. Die Régie bildete »eine Art französischen Staates im Staat«[11].

Die Beherrschung des Bergbaus stellte nach dem Zweiten Weltkrieg – so argumentiert Schmidt (1959, S. 439 f.) – »ein nicht zu unterschätzendes Druckmittel in der Politik um die Saar und an der Saar« dar. Die Saargruben waren der größte Auftraggeber innerhalb der Saarwirtschaft. Ihnen folgten die unter gemeinsamer Sequesterverwaltung stehenden und damit ebenfalls französisch beherrschten Röchlingschen Eisen- und Stahlwerke (Sequesterverwaltung bis November 1956), die Neunkircher Hütte und das Homburger Eisenwerk (beide unter Sequesterverwaltung bis Oktober 1955). Nahezu ein Drittel aller Beschäftigten des Saarlandes waren in den Saargruben und den unter Sequesterverwaltung stehenden Hütten beschäftigt. Die Saargruben spielten aufgrund ihrer wirtschaftlichen Bedeutung für die Saar wie für Frankreich in den Verhandlungen zwischen dem Saarland und Frankreich immer eine bedeutende Rolle.

Im Frühjahr 1950 kam es zu einer vertraglichen Fixierung des Verhältnisses Saar–Frankreich. Unter anderem wurde eine Konvention über den Betrieb der Saargruben abgeschlossen. In dieser Konvention wird dem französischen Staat »die Verantwortung für den Abbau der Kohlenfelder im Saarland« bestätigt. Die Durchführung des Abbaus oblag der Saargrubenverwaltung (Régie des Mines de la Sarre). Die Geltung der Konvention wurde, unbeschadet eines eventuellen Friedensvertrages, auf fünfzig Jahre festgelegt. An der Spitze der Saargruben fungierte als Quasi-Aufsichtsrat der Saargrubenrat, jetzt paritätisch besetzt mit neun französischen und neun saarländischen Mitgliedern, letztere überwiegend solche Parteivertreter und Gewerkschafter, die die frankreichorientierte Linie der Saarregierung unterstützten. Den Vorsitz des Saargrubenrates führte der französische Bergbauminister.

Ein politisch hochbrisantes Thema stellte die sogenannte »Warndtfrage« dar. 1948 hatte die »Régie des Mines de la Sarre« einen Vertrag mit der »Charbonnage de France« über die Verpachtung der saarländischen Warndtfelder abgeschlossen, ohne die Saarregierung hierzu zu befragen, nachdem Frankreich bereits nach 1945 im Vollzug der Besatzungspolitik neue Anlagen errichtet und den Abbau der Warndtkohle von Lothringen aus in erheblich weiterem Umfang durchgeführt hatte, als dies in den bereits früher abgeschlossenen deutschen Pachtverträgen vereinbart worden war.

Die Régie des Mines hatte nach Auffassung der saarpolitischen Opponenten ihre treuhänderische Aufgabe mit ihrem Zugeständnis an die lothringischen Gruben, das Warndtfeld als eines der wichtigsten Fettkohlenfelder der Saar auszubeuten, nach saarländischer Auffassung verletzt. Durch diese nationalpolitische Komponente erhielten die ökonomischen Fakten – nämlich die zur Neige gehenden Kohlevorkommen im östlichen Bereich des Saarbergbaus und damit die Reduzierung der Gesamtlebensdauer des Reviers durch den Verlust der Warndtkohle von hundertfünfzig auf hundert Jahre – eine zusätzliche Brisanz: die französische Leitung der Saargruben sanktionierte den Zugriff der Besatzungsmacht auf die einzige nachhaltige Kohlereserve des Landes und spielte den französischen Gruben in Lothringen die Warndtkohlefelder »zu einem Spottpreis« in die Hände.

In einem Staatsvertrag von 1953 kamen Frankreich und das Saarland überein, »die Verantwortung für den Abbau der Kohlenfelder im Saarland gemeinsam zu übernehmen«. Hierzu wurde als Rechtsnachfolgerin der Régie des Mines das Unternehmen »Saarbergwerke« gegründet. Auch diese Konvention sah die Möglichkeit einer Übertragung von

Ausbeutungsrechten mit Zustimmung der Regierung des Saarlandes vor.

Organe des neuen Unternehmens wurden der Grubenrat und der Vorstand. Der Grubenrat bestand aus 20 Mitgliedern, von denen 10 von der französischen Regierung und 10 von der saarländischen Regierung berufen wurden. Zwei der von der saarländischen Seite berufenen Mitglieder kamen nach einer Vorschlagsliste der Gewerkschaften aus dem Gesamtbetriebsrat. Der neue Generaldirektor der Saarbergwerke, der von beiden Regierungen auf Vorschlag des Grubenrates berufen wurde, war der Franzose Couture, der bereits die Régie des Mines de la Sarre geleitet hatte. Diese Konstruktion war nur von kurzer Dauer.

Zwei Jahre später bahnte sich bereits der endgültige Umbruch an. Die Volksabstimmung des Jahres 1955 und der darauf folgende deutsch-französische Staatsvertrag von 1956, in dem in zwei Etappen die politische und die wirtschaftliche Eingliederung des Landes in die Bundesrepublik vereinbart wurden, schufen die Voraussetzungen und Grundlagen für die Neuordnung des Bergbauunternehmens.

Frankreich zog sich aus der Führung der Saarbergwerke zurück. Zum 1. Januar 1957 gingen die Aktien der ehemaligen Saargruben AG auf die Bundesrepublik Deutschland als Rechtsnachfolger des Deutschen Reiches über. Den Bestimmungen des Saarvertrages entsprechend wurde diese Gesellschaft nicht wieder ins Leben gerufen.

Artikel 85 legte fest, daß »in einem Zeitraum von nicht weniger als sechs und nicht mehr als neun Monaten vom 1. Januar 1957 an« der neue Rechtsträger für die Kohlenbergwerke im Saarland geschaffen werden sollte. Ein neuer Rechtsträger sollte die Vermögenswerte und Verbindlichkeiten der alten Gesellschaft übernehmen. Die Rechtsverhältnisse wurden jedoch durch die beiden Grubenkonventionen von 1950 und 1953 erschwert, denen die Annahme zugrunde lag, daß das Saarland im Friedensvertrag das Eigentum an den Kohlengruben erhalten sollte. Diese Regelung wurde von der Bundesregierung nicht anerkannt. Statt dessen wurde das Saarland, als Gegenwert für Forderungen des Landes gegen die Saarbergwerke mit 26 Prozent an der neuen Aktiengesellschaft beteiligt. Der übrige Anteil verblieb beim Bund. Der Aufsichtsrat der neuen Gesellschaft sollte gemäß den Bestimmungen des neuen Mitbestimmungsgesetzes gebildet werden und aus 21 Mitgliedern bestehen.

Mit der Saarbergwerke AG entstand so das größte Bergwerksunternehmen der Bundesrepublik. Sie förderte im Jahre 1957 bei einer Belegschaft von insgesamt knapp 65 000 Arbeitnehmern in 18 Gruben rund 16,3 Millionen Tonnen Kohle. Die Leistung der Untertagearbeiter lag unter anderem wegen der geringeren durchschnittlichen Teufe, aber auch aufgrund des verhältnismäßig hohen Standes der Mechanisierung mit etwa 1,8 Tonnen je Mann und Schicht über dem Durchschnitt an der Ruhr. Reichlich ein Drittel der Förderung wurde aus vollmechanisierten, fast die Hälfte aus teilmechanisierten Streben gewonnen. Laut einer Übersicht der Hohen Behörde der EGKS zur Entwicklung der Mechanisierung in der Montanunion stand das Saarland insgesamt an der Spitze[12]. Eine Erhöhung der Förderung auf 22 Millionen Tonnen nach Inbetriebnahme der neuen Warndtschächte war geplant.

Dennoch stand das Unternehmen im Übergangsjahr 1957 vor drückenden wirtschaftlichen Problemen. Nach Mitteilung der saarländischen Regierung war dem Eigenkapital der Saargruben seit 1947 kein Franken zugeführt worden und hatte sich aufgrund ständiger Verluste sogar verringert. Der Kohlepreis im französischen Wirtschaftsgebiet ermöglichte bereits vor der Eröffnung des Gemeinsamen Marktes keine volle Kostendeckung. Seit 1952 waren die durchschnittlichen Verkaufserlöse der Saarbergwerke je Tonne um 6 Prozent auf rund 56 Mark gestiegen, während sich die Selbstkosten wesentlich stärker – auf knapp 64 Mark – erhöhten.

Im Investitionssektor bestand trotz des statistisch ausgewiesenen hohen Mechanisierungsgrades ein deutlicher Nachholbedarf. Vergleiche nationaler Investitionsquoten im Jahre 1955 wiesen Frankreich mit 2,35 Dollar je Fördertonne, Holland mit 1,92, Italien mit 1,57 und die Bundesrepublik mit 1,33 Dollar aus. Die Saar stand mit 1,13 Dollar je Fördertonne am Ende. Die Vereinbarungen zwischen Bonn und Saarbrücken sahen vor, daß dem neuen Unternehmen in den folgenden Jahren erhebliche Eigenkapitalmittel zugeführt werden sollten. Für neue Investitionen sollte künftig doppelt so viel zur Verfügung stehen wie im Jahre 1954. Als wichtigste Investition galt die Erschließung der Warndtkohle, des westlichen, bislang von Frankreich ausgebeuteten Saarkohlenfeldes.

Im Zusammenhang mit der Umstellung der Saarbergwerke erfolgte das Revirement der Führungsspitze des Unternehmens. Zum 20. September 1957 schied die französische Unternehmensleitung aus. Verträge mit Beschäftigten, die eine französische Staatsangehörigkeit besaßen, konnten vom Unternehmen unter bestimmten Bedingungen aufgekündigt werden. Die ausscheidenden Ingenieure und Angestellten erhielten eine Abfindung, deren Höhe und Konditionen noch von der französischen Regierung festzulegen waren.

Noch während der laufenden Verhandlungen zwischen saarländischer Regierung und Bundesregierung im Februar 1957 kam die Frage nach den zukünftigen leitenden Personen auf. Die »Deutsche Saar«, Organ der vor dem Anschluß oppositionellen Partei DPS, klagte am 8. Februar 1957 darüber, daß ein Führungsvakuum entstanden sei und Vorschläge über die künftige Besetzung des Aufsichtsrates und des Vorstandes noch nicht über Wunschzettel hinausgekommen seien. Die Fachgruppe Bergbau des DHV (Deutscher Handelsgehilfen-Verband im Gesamtverband der Christlichen Gewerkschaft) verschickte an Politiker und Institutionen einen detaillierten Vorschlag zur Besetzung der Führungspositionen bei Saarberg. Dabei ging es kaum um die Mitbestimmungsfrage. Die Auseinandersetzung um die Leitung und Besetzung der Organe drehte sich vor allem um die Frage, ob es sich um Deutsche »aus dem Reich« oder um Saarländer und bei letzteren, ob es sich um Anhänger des »ancien régime« oder um Saarländer »mit weißer Weste« handelte. Allein unter diesem Gesichtspunkt sah man die bevorstehende Einführung der Mitbestimmung.

Sie fand in der »Deutschen Saar« am 6. August 1957 ein überschwengliches Echo, allerdings in Hinsicht auf die erwartete Beteiligung der Saarländer an der Unternehmensleitung. Unter der fetten Überschrift »Die Saargruben wieder deutsch« und der Unterzeile »Saarländer nehmen zum ersten Mal in der Geschichte des Kohlenbergbaus an der Saar mitbestimmend an der Leitung der Saarbergwerke teil«, wurde auf eine saarländische Mehrheit im Aufsichtsrat der Saarbergwerke spekuliert: »So ist dank der von der DPS durchgesetzten Mitbestimmung und der Beteiligung des Saarlandes an der Grubengesellschaft zum ersten Mal in der Geschichte des Kohlenbergbaus an der Saar die Möglichkeit gegeben, daß die Saarländer selbst mitbestimmend an der Leitung des Unternehmens teilnehmen.« Es mache außerdem einen wesentlichen Unterschied, ob man es künftig in der Leitung mit Franzosen (»zäher Kampf mit den Vertretern landfremder Interessen«) oder mit Deutschen zu tun habe (»in fruchtbarer Zusammenarbeit«).

Es war das Nachklingen der politischen Kämpfe der vorausgegangenen Jahre. Die nationalpolitische Frage selbst war, nachdem sich ihre zukünftige Lösung im Ergebnis der Volksabstimmung des Oktobers 1955 abgezeichnet hatte, mit dem »Luxemburger Akkord«, dem deutschfranzösischen Saarvertrag des Jahres 1956, »abgehakt« (so ein gewerkschaftspolitisch Aktiver der damaligen Zeit). Aber sie zog sich durch die politische Biografie der Akteure und wirkte nach in den anstehenden personellen Entscheidungen. Dies war der politische Horizont, unter dem die Mitbestimmung im Unternehmen und auf Verbandsebene thematisiert wurde.

Es war das Ende einer Epoche, in der Konflikte im und über den Saarbergbau, Lohnkämpfe, Auseinandersetzungen um Sicherheitsfragen und Vorgesetztenverhalten und viele andere Konfliktthemen mehr oder weniger von der politischen Dimension überlagert wurden und sich den Betroffenen und Akteuren in der Perspektive des Verweigerungs- und Widerstandshandelns gegen die »Fremdherrschaft« der Franzosen und ihrer saarländischen »Handlanger« darstellten. Nirgendwo anders fand sich diese Haltung ausgeprägter als im Bergbau, wo es letztlich um den »Reichtum des Landes« ging. Trotz vergleichsweise zufriedenstellender Einkommenslage und relativ guter materieller Bedingungen waren es vor allem solche Situationsdeutungen wie unrechtmäßige Aneignung des Produkts, Raubbau und Beschneidung des Abbaupotentials, die die Legitimität der Austauschbeziehungen zwischen Kapital und Arbeit erschüttert hatten.

Die Erwartungen, die sich an die neue Zeit richteten, waren von Hoffnungen und Skepsis zugleich bestimmt: Skepsis und Befürchtungen, ob der im französischen Wirtschafts- und Tarifsystem errungene Lebensstandard gehalten werde, und Hoffnung, die Geschicke des Landes in Politik, Kultur und Wirtschaft als Saarländer selbst bestimmen zu können.

Auch auf seiten der Gewerkschaften galt das Motto: Das Bestehende erhalten, den sozialen Besitzstand sichern. »Das andere wächst uns ja ohnedies zu, wie zum Beispiel die Mitbestimmung. Wir hatten damals alle Hände voll zu tun, um das, was die Leute hatten, . . . abzusichern und die Vorteile nicht von heute auf morgen zu verlieren. Da war die Mitbestimmung schon ein bißchen sekundär behandelt worden. Die war von uns nicht so dringlich anzusehen«, so Karl Dinges, erster Vorsitzender des DGB-Saar.

2. »Die Kohle blieb genauso schwarz wie früher«: Die Anfänge der Mitbestimmung in schwierigem Terrain

Fast ein Fehlstart: Die Einrichtung der Mitbestimmungsorgane
Als im Laufe des Jahres 1957 die Frage der Besetzung der Unterneh-

mensorgane bei den neugegründeten Saarbergwerken anstand, gab es zwar einen faktisch, aber keinen rechtlich wirksam amtierenden Betriebsrat, eine Konstellation, die – wie sollte es anders sein – ihre Ursachen in den saarpolitischen Auseinandersetzungen der vergangenen Jahre hatte.

Die ersten Betriebsräte der Saargruben waren noch auf der Grundlage einer am 1. August 1947 erlassenen »Verordnung über die Betriebsräte im Saarland« ins Amt gekommen. Aus 31 örtlichen Betriebsräten konstituierte sich der Gesamtbetriebsrat. Er galt von Anfang an in der Saarfrage als oppositionell. Dies änderte sich nicht bis zur Neufassung des saarländischen Betriebsverfassungsgesetzes im Jahre 1954, mit dem die saarländische Regierung und die ihr nahestehenden Parteien versuchten, die oppositionellen Kräfte in den Betriebsräten auszuschalten. Der IV Bergbau (»alter Verband«) war inzwischen verboten worden. Nach § 11 des neuen Gesetzes konnten nur die im Betrieb anerkannten Gewerkschaften Wahlvorschläge einreichen. Obgleich man von Regierungsseite vorgab, damit die kommunistische Opposition ausschalten zu wollen, war doch offensichtlich, daß dieses Gesetz auf die Opposition im Bergbau, die Anhänger von Kutsch und des alten IV Bergbau, gerichtet waren. Man sprach von einer »Lex Kutsch« oder einer »Lex König«, denn in einer vorausgegangenen Einzelwahl auf der Grube König war es den oppositionellen Gewerkschaftern gelungen, trotz des Verbots gegenüber den beiden Konkurrenzgewerkschaften (Christliche und »neuer« IV, auch »Spaltergewerkschaft« genannt) eine Mehrheit von 60 Prozent der Stimmen zu erlangen. Der Gewerkschaftsführer Kutsch und seine Anhänger riefen zur Stimmenthaltung auf: Ein großer Teil der Bergarbeiter folgte diesem Aufruf. Nach Einspruch beim saarländischen Verfassungsgericht wurden der Gewerkschaftsparagraph als verfassungswidrig und die Wahl für ungültig erklärt.

Damit war den Betriebsräten die rechtliche Grundlage für die Ausübung ihres Amtes entzogen. Dennoch gingen sie weiterhin ihrer Arbeit nach. Die Juristen des Bundesarbeitsministeriums, die sich Ende Januar 1957 als Vertreter des Haupteigners der Saarbergwerke mit den Gewerkschaften über den neuzubildenden Aufsichtsrat verständigen wollten, sahen sich ebenso wie die Vertreter der Gewerkschaften einer verzwickten juristischen Lage gegenüber: »Das Urteil (des saarländischen Verfassungsgerichts) ist vor ca. 9 Monaten verkündet worden. Damit sind alle Betriebsrätewahlen im Saargebiet ungültig und die Betriebsräte nichtig. Ohne Widerspruch amtieren sie bis heute. Was soll geschehen? Sollen die vorhandenen Betriebsräte, die juristisch nicht existent

156

sind, noch Wahlvorstände einsetzen dürfen? Soll durch ein Gesetz eine Amnestie für alle Amtshandlungen, einschließlich der Einsetzung von Wahlvorständen, ausgesprochen werden? Ist dies verfassungsrechtlich zu vertreten? Sollen die Wahlvorstände nach dem seit dem 1. 1. 1957 gültigen (bundesdeutschen) Betriebsverfassungsgesetz an der Saar bei Fehlen eines Wahlvorstandes diesen durch eine Betriebsversammlung ersetzen? Oder soll ganz allgemein das Arbeitsgericht zur Einsetzung der Wahlvorstände angerufen werden? . . . Die Saar drängt auf Klärung.« So beurteilte Erich Lübbe, Mitarbeiter beim DGB-Bundesvorstand, in einem Aktenvermerk über die Besprechung im Bundesarbeitsministerium am 30. Januar 1957 die Lage. Die Einsetzung von Wahlvorständen durch Betriebsversammlungen war bei den Saarbergwerken nicht durchführbar, da wegen der heftigen Gewerkschaftskämpfe Betriebsversammlungen polizeilich verboten waren. In der Tat wurden die Wahlvorstände schließlich durch Arbeitsgerichte eingesetzt.

Ende 1957 fanden die Betriebsratswahlen statt. In 25 Betrieben der Saarbergwerke wurde gewählt, die IG Bergbau erzielte in 19 von ihnen die absolute Mehrheit und verbuchte mit 65 Prozent der Arbeiter- und 10 Prozent der Angestelltenmandate dieses Ergebnis als großen Erfolg gegenüber den Konkurrenzgewerkschaften.

Der relativ späte Termin der Betriebsratswahlen brachte den Zeitplan für die Installierung der neuen Organe der Gewerkschaft in arge Bedrängnis. Sie mußten nämlich nach den staatsvertraglichen Vereinbarungen zum 30. September desselben Jahres gebildet sein.

In der Zwischenzeit war in gleicher Weise wie im Stahlbereich bereits die Abklärung der personellen Fragen für die außerbetrieblichen Arbeitnehmervertreter im Aufsichtsrat und für den Posten des Arbeitsdirektors zwischen IG Bergbau und DGB erfolgt. Für die Gewerkschaftsspitzen war die Einführung der Mitbestimmung im Bergbau ebenso wie in den Stahlhütten zunächst ein Problem ihrer organisationspolitischen Bewältigung, allerdings in einem hochsensibilisierten Feld und unter schwierigen Bedingungen: Es ging um die Auswahl der richtigen Personen, um Auseinandersetzungen mit Konkurrenzgewerkschaften über deren Ansprüche auf Organisationssitze im Aufsichtsrat, und dies vor allem vor dem Hintergrund noch nicht eingespielter regionaler Apparate und nicht funktionsfähiger Betriebsräte sowie bedrängt von den Wünschen und Interessen einzelner Gruppierungen und Personen aus dem Land, die sich bei der anstehenden Verteilung von Positionen berücksichtigt sehen wollten.

Die Verworrenheit der Situation läßt sich am trefflichsten verdeutlichen an der Vorgeschichte des ersten mitbestimmten Aufsichtsrates bis hin zu dessen konstituierender Sitzung und mit der Wahl des Arbeitsdirektors. Für die Verantwortlichen in der Gewerkschaftsspitze und im DGB gab es wohl zum erstenmal in der Geschichte der Mitbestimmung in der Bundesrepublik Zweifel, ob es gelingen würde, die Mehrheit der Sitze der Arbeitnehmerseite im Aufsichtsrat, der auf 21 Personen festgelegt war, besetzen und damit den Arbeitsdirektor aus den eigenen Reihen stellen zu können. Bis zu den Betriebsratswahlen blieb diese Frage ungewiß. Danach, als die Mehrheit für die IG Bergbau in der Betriebsrätevollkonferenz feststand, hoffte man im Vertrauen auf die loyale Persönlichkeit des designierten Aufsichtsratsvorsitzenden, eines parteilosen früheren saarländischen Finanzministers, daß sich die Anteilseignerseite auf das Votum der Mehrheitsfraktion auf der Arbeitnehmerbank einlassen würde.

Dennoch lief bereits in der Phase der Kandidatenkür – soweit es die wichtige Vorentscheidung der Frage des Arbeitsdirektors betraf – nichts nach Plan. Befragt nach den Anfängen der Mitbestimmung bei den Saarbergwerken antwortete einer der Hauptakteure der damaligen Zeit denn auch lapidar: »Das Ganze begann mit einer Panne!« Wegen des Arbeitsdirektors waren die üblichen Abklärungen durch die Spitzenorganisation erfolgt. Vorgesehen war ein erfahrener Arbeitsdirektor von der Ruhr. »Der war einer der fähigsten Arbeitsdirektoren – übrigens ein CDU-Mann, und dabei hatten wir uns etwas gedacht. Er war ein erprobter Mann, der bereits fünf Jahre im Amt war«, so der Gewerkschaftsfunktionär Karl van Berk.

Eine Woche vor der geplanten ersten Aufsichtsratssitzung – alles mußte in einem sehr engen zeitlichen Rahmen ablaufen, zwischen Betriebsratswahl und konstituierender Aufsichtsratssitzung lagen knapp fünf Wochen – fand die Betriebsrätekonferenz statt, in der in einem Wahlverfahren die betrieblichen und überbetrieblichen Arbeitnehmervertreter sowie das weitere Mitglied für die Aufsichtsratswahl benannt werden sollten. Nachdem die Organisationsverhältnisse zwischenzeitlich bekanntgeworden waren, stellte man sich, auch aufgrund der Absprachen mit den Anteilseignern, auf sechs von zehn Arbeitnehmersitzen für DGB bzw. IG Bergbau ein.

Auf der Betriebsrätekonferenz war die entscheidende Frage die nach der Person des künftigen Arbeitsdirektors. Die Vertreter der IG Bergbau sahen sich – nicht unerwartet – mit der Forderung konfrontiert: »Der erste Arbeitsdirektor soll ein Saarmann sein.« Bereits im Vorfeld hatten sich die saarländischen Gruppen für einen Kandidaten aus der Region stark gemacht. So hatte nahezu jede politische Richtung ihre konkreten Vorstellungen. Der Druck auf die Gewerkschaften war in dieser Frage beträchtlich. Alle politischen Parteien mit den ihnen nahestehenden Teilen der Gewerkschaftsbewegung und die Regierung selbst wollten einen Mann von der Saar. Der Saarbeauftragte des Hauptvorstandes der IG Bergbau erinnert sich: »Im Vorfeld gab es schon hier und da Schwierigkeiten. Die einzelnen Gruppen sind auf uns zugekommen und haben uns bis in die Wohnung verfolgt. Und wenn van Berk (Mitglied des Hauptvorstandes der IG Bergbau und später als Arbeitnehmervertreter stellvertretender Aufsichtsratsvorsitzender der Saarbergwerke, d.V.) hier war, dann saß im Hotel, wo er abstieg, immer gleich ein Klüngel, der uns in Empfang genommen hat und natürlich Personen ins Spiel bringen wollte. Sie können sich gar nicht vorstellen, wie stark da die Parteien versucht haben, in dieses Geschäft reinzukommen – etwas, was wir von der Ruhr gar nicht gewohnt waren. Ich kam ja auch von der Ruhr, und wir hatten es uns auch nicht bieten lassen. Wir haben immer selbst frei als Gewerkschaft entschieden.«

Für die Gewerkschaft galt der für sie bewährte Grundsatz, keinen Mann aus dem jeweiligen Unternehmen zu nehmen, sondern einen, der ohne Bindungen aus seiner früheren Zeit und damit unabhängig sein Amt ausüben konnte. Trotz harten Widerstandes gelang es den Akteuren aus Bochum, den Betriebsräten, »wenn auch zähneknirschend« (van Berk), ihr Einverständnis für den Kandidaten des Hauptvorstandes abzuringen.

Zu diesem Zeitpunkt hatte der vorgesehene Kandidat dem Hauptvorstand der IG Bergbau bereits kurzfristig eine Absage gegeben. Er habe nicht an die Saar gewollt, hieß es. Einer der befragten Betriebsräteveteranen, damals auch maßgeblich aktiv, meinte dagegen: »Er wurde von den Betriebsräten ausgeladen, die haben den nicht gewollt.« Jedenfalls mußte wenige Tage vor der Aufsichtsratswahl in einer erneuten Konferenz mit den Betriebsratsvorsitzenden und der Bezirksleitung Ersatz gefunden werden. Man verständigte sich auf Wilhelm Dietrich, Obersteiger der Saargruben und Sozialdemokrat, der als saarpolitisch nicht vorbelastet galt. Er fungierte zu damaliger Zeit bei den Saargruben als Gedingeinspektor, einer beim Unternehmensverband angesiedelten Institution der Tarifparteien, stand jedoch nach wie vor im Dienstverhältnis zu den Saarbergwerken, die ihn für diese Aufgabe freigestellt hatten. Von ihm wird berichtet, daß er in seiner früheren Tätigkeit als Obersteiger ein anerkannter und respektierter Mann war, der mit seiner

Mannschaft stets Spitzenleistungen erzielt hatte und die Bergleute »mit strenger, aber gerechter Hand« zu führen verstand.

Wilhelm Dietrich mußte in einer konstituierenden Sitzung des Aufsichtsrates gegen einen bis zu seiner Nominierung favorisierten Saar-Kandidaten antreten, der von den Konkurrenzgewerkschaften aufgestellt worden war – ein in der Mitbestimmungsgeschichte einmaliger Vorgang, zumal beide Mitglieder der IG Bergbau waren. Dietrich erhielt die Stimmen der Anteilseignervertreter von Bund und Land und erreichte mit nur fünf der zehn Stimmen, die nach dem Gesetz gerade ausreichende Zustimmung der Arbeitnehmerbank. Mit ihm wurde ein Mann erster Arbeitsdirektor der Saarbergwerke, der in seiner Charakterisierung als »der Obersteiger« bezeichnet wird. Seine frühere Stellung in der straff gegliederten Bergwerkshierarchie blieb auch in der neuen Position an der Spitze des Unternehmens prägend für sein Selbstverständnis und für sein Verhältnis zu den übrigen Vorstandsmitgliedern. Für die Arbeitsdirektoren der ersten Stunde im Bergbau war dieser Rekrutierungsweg aus den oberen Angestelltenrängen der Bergbauunternehmen nicht untypisch. Allerdings kamen sie stets aus einem anderen Unternehmen. Hier jedoch waren Rolle und Stellung der Person des neuen Arbeitsdirektors im eigenen Unternehmen bereits definiert.

Die sozialen Beziehungen, in die er eintrat, waren nicht unvorbelastet. Aus der Sicht des Verbandes fehlte dem neuen Arbeitsdirektor an der Saar die Einbindung in den Gewerkschaftsapparat, der gewerkschaftliche »Stallgeruch«, die Orientierung auf die mitbestimmungspolitische Linie der Organisation.

Die Chance war vertan, durch eine entsprechende Besetzung, wie sie von Bochum aus geplant war, den von seiner Größenordnung her bedeutsamen neuen Mitbestimmungsfall durch eine erfahrene Person an der bisherigen Mitbestimmungspraxis unmittelbar teilhaben zu lassen. Die Arbeitsdirektion an der Saar konnte dadurch nur auf längere Sicht als Macht- und Handlungszentrum der Mitbestimmung im Unternehmen auf- und ausgebaut werden. Die »Panne« bei der Besetzung dieser Mitbestimmungsstelle blieb nicht die letzte Gelegenheit, bei der die IG Bergbau die Erfahrung machen mußte, daß die gewerkschaftlichen Uhren an der Saar anders gestellt waren, als es den Erwartungen dieser straff und zentral geführten Organisation entsprach. Bis sie ihren Einfluß auf Betriebsebene gefestigt und die Betriebsräte und den Bezirk in die politische Linie des Verbandes eingereiht hatte, sollten noch Jahre gezielter Organisations- und Schulungsarbeit vergehen.

Karl van Berk, stellvertretender Aufsichtsratsvorsitzender der Saarbergwerke AG 1957–1968

Der erste Aufsichtsrat war gewählt und mit der Bestellung des Vorstandes der erste Arbeitsdirektor berufen. Damit waren die formalen Grundlagen der Montanmitbestimmung bei den Saarbergwerken geschaffen. Die Arbeitnehmerbank des 21 Mitglieder zählenden Aufsichtsrates wurde von vier betrieblichen Arbeitnehmervertretern besetzt, drei in der IG Bergbau organisierte Betriebsratsmitglieder und ein Betriebsratsvertreter der DAG. DGB bzw. IG Bergbau entsandten zwei Vertreter in den Aufsichtsrat; dazu kamen zwei Vertreter des CGD.

Die IG Bergbau stellte mit ihrem Hauptvorstandsmitglied Karl van Berk den stellvertretenden Aufsichtsratsvorsitzenden. Nimmt man die Anteilseignerseite hinzu, die im Verhältnis drei zu sieben vom Land und Bund repräsentiert war, dann erhält man ein Abbild jener turbulenten partei- und gewerkschaftspolitischen Verhältnisse, wie sie für die Situation der Saar in dieser Übergangszeit kennzeichnend waren.

Aufbauphase: Mitbestimmung durch Machtbildung von oben

Mit der Konstituierung des mitbestimmten Aufsichtsrats und der Bestellung des Arbeitsdirektors waren die formalen Grundlagen der qualifizierten Mitbestimmung bei den Saarbergwerken geschaffen. Doch die Durchdringung der Unternehmensorganisation mit einer dichten und eng vernetzten Mitbestimmungsstruktur sollte noch ein weiter Weg sein. Mitbestimmung muß, wenn sie nicht weit abgehobene Stellvertreterpolitik bleiben will, im Denken und Fühlen der Arbeiter und Angestellten ihren Platz finden. Dazu bedarf es vielfältiger Vermittlungsschritte, bei denen die betriebliche Interessenvertretung eine entscheidende Rolle spielt. Auf dieser Ebene entwickeln sich belegschaftsnahe Formen von Vertretungshandeln, deren Ergebnisse im Arbeitsprozeß erfahrbar werden.

Während in den herausgehobenen Fällen entwickelter Mitbestimmung in der Stahlindustrie von beiden Seiten, den Mitbestimmungsakteuren der Unternehmensspitze und den betrieblichen Interessenvertretungen, Einflußschneisen in die traditionellen Machtstrukturen und Entscheidungsprozesse des Unternehmens und seiner Betriebe geschlagen wurden, blieb der betriebliche Bereich im Saarbergbau von der Montanmitbestimmung zunächst weitgehend unberührt. Die Mitbestimmung war gleichsam von oben in das Unternehmen eingedrungen, ohne daß etwas Vergleichbares wie in den entwickelten Mitbestimmungsfällen der Stahlindustrie von ihr ausgelöst worden wäre. Gemeint ist eine mobilisierende Bewegung auf der Ebene der betrieblichen Interessenvertretung, in der die Chancen der neuen Machtkonstellation an der Spitze zum Ausbau und zur Stärkung der betrieblichen Vertretungsmacht wahrgenommen und umgesetzt worden wären. Allein schon die räumliche Ausdehnung und die organisatorische Tiefe der Saarbergwerke begründeten eine große Distanz zwischen diesem neuen Einfluß- und Machtzentrum und den Belegschaften vor Ort. Der Überwindung dieser Distanz standen viele Schwierigkeiten im Wege, solche, die in den politisch-programmatischen Orientierungen der gewerkschaftlichen Mitbestimmungsakteure und solche, die in den Strukturen und Traditionen des Bergbaus selbst angelegt waren. Die wirtschaftliche Lage des Industriezweiges und der sich daraus ergebende vertretungspolitische Handlungsbedarf förderten überdies eine Entwicklung, in der sich Mitbestimmung zunächst als ein Element korporatistischer Krisenbewältigungspolitik etablierte.

Zwar ergaben sich hierdurch für die betriebliche Vertretungspolitik wesentliche Entlastungen, soweit es um Sozialplanmaßnahmen und um die soziale Absicherung der Belegschaften in der sich anbahnenden Kohlenkrise ging. Jedoch hat sich der Handlungs- und Einflußspielraum der betrieblichen Interessenvertretung durch die Mitbestimmung an der Spitze des Unternehmens zunächst kaum ausgeweitet. Die Mitbestimmung im Saarbergbau blieb, sowohl was ihre Verankerung im Macht- und Handlungsfeld des Unternehmens als auch, was die Stoßrichtung ihrer Politik betrifft, in ihrer ersten Phase, die bis Ende der sechziger, Anfang der siebziger Jahre datiert werden kann, zunächst und vor allem wirtschaftliche und beschäftigungspolitische Mitgestaltung auf der obersten Entscheidungsebene.

Sucht man nach den Gründen, die einer raschen Durchdringung der Sozialorganisation Saarbergbau durch die Einfluß- und Machtpotentiale der Mitbestimmung im Wege standen, und forscht man nach Erklärungen, weshalb die neu etablierte Mitbestimmungsstruktur keine Machtbildungsprozesse an der betrieblichen Basis zu stimulieren vermochte, so stößt man vor allem auf drei Faktoren: einmal die schwierigen organisationspolitischen Verhältnisse der Saargewerkschaften im Bergbau, zweitens die traditionellen, für interessenwirksames und aktives Belegschaftshandeln sperrigen Sozialbeziehungen und der damit korrespondierende Stil traditioneller Vertretungspolitik auf den Gruben und drittens die Stellung der Arbeitsdirektion, die ihren Einflußbereich zunächst nicht bis in die Gruben ausweiten konnte. Kurzum: Es fehlte an Voraussetzungen dafür, daß das Neue, die Mitbestimmung, sich zu den betrieblichen Strukturen und Prozessen in Beziehung setzen konnte und dort auf fruchtbaren Boden fiel.

Eingliederung und Umstellung des Saarverbandes: kräftezehrende Aufgabe für die IG Bergbau

Bereits seit Beginn der fünfziger Jahre hatte die Zentrale der IG Bergbau die Entwicklung an der Saar begleitet. Ab 1953 kamen in unregelmäßigen Abständen Vertreter von Bochum an die Saar, um den Kontakt zum IV Bergbau zu halten. Sie besuchten die verbotenen Generalversammlungen und nahmen Einfluß auf die internen Organisationskämpfe im Industrieverband während der Zeit der Spaltung und des Verbots. Die politische Lösung der Saarfrage stellte die IG Bergbau vor die Aufgabe, die Eingliederung und Umstellung des bis dahin selbständigen saarländischen Verbandes vorzunehmen – eine wahrlich nicht leichte Aufgabe. Die Organisationslage stellte sich aus der Sicht von Bochum in einem recht verworrenen Bild dar. Im Bergbaubereich agierten (bis Dezember 1955) der alte und der neue Verband des IV Bergbau, außerdem der Christliche Bergarbeiterverband, der DHV (Deutscher Handelsgehilfenverband) und der VAS (Verband der Angestellten im Saarbergbau, später eingegliedert in die DAG). Der politische Bezug, der auf allen Ebenen der Organisationsumstellung zu beachten war, erforderte ein äußerst einfühlsames Taktieren. Daneben war es ein Anliegen der deutschen Gewerkschafter, bei der Reorganisation der saarländischen Verhältnisse die Beziehungen zu den französischen Kollegen wieder zu normalisieren.

Es waren zum Teil Saarländer, die während der Nachkriegsjahre in der Bundesrepublik gearbeitet hatten, die zum Teil regelrecht emigriert waren, die von den bundesdeutschen Verbands- und Parteizentralen mit der Organisationsumstellung an der Saar beauftragt waren. Die gesellschaftspolitisch Gleichorientierten unter ihnen (Gewerkschaftsvertreter, SPD) verstanden sich als kleine, vertraute Gruppe, die sich bei ihrer Arbeit wechselseitig unterstützte und in mancherlei Hinsicht abstimmte. Sie waren mit den Gegebenheiten des Landes vertraut und kannten die einschlägigen Personen und deren politische Biographien. Sie konnten aber auch aus der nötigen Distanz heraus ihren Einfluß geltend machen. Für die IG Bergbau wurden Willi Schnippert und Josef Ganster (»Ganster Jupp«) an der Saar tätig. Ersterer war mit der verwaltungsmäßigen, Ganster mit der politischen Umstellung beauftragt. Beides war nicht unproblematisch. Die Verwaltungsumstellung machte die Klärung recht komplizierter Eigentumsfragen nötig. 365 Ortsgruppen mußten umgestellt und zum Teil zusammengelegt werden. Immer ging es dabei um heikle Personalfragen, denn die konkurrierenden Gruppierungen aus den letzten Jahren des politischen Saarkampfes mußten integriert werden und in den Ortsgruppenvorständen ihre Repräsentanz finden.

»Wir mußten einen Graben zuschütten, der quer durch unsere Organisation lief. Als die Mitglieder des IV Bergbau IG Bergbau wurden, war ja nicht von heut auf morgen die alte Gesinnung weggeschafft. Auf der einen Seite stand der, der die JoHo-Richtung (JoHo = Johannes Hofmann; saarländischer Ministerpräsident, d.V.) vertreten hatte, auf der anderen Seite stand der andere, der illegal gearbeitet hatte. Und die mußten wieder zusammenkommen. Es war wirklich schwierig.« (Josef Ganster)

Nach allem, was an der Saar sich organisationspolitisch abgespielt hatte, bestand für die IG Bergbau in Bochum und die an der Saar tätigen Beauftragten die große Sorge, »daß nicht wieder irgendein Laden in der IG Bergbau aufgemacht würde«. Fraktionierungs- und Abspaltungstendenzen müssen zu damaliger Zeit eine nicht geringe Rolle gespielt haben. Vor diesem Hintergrund ist es verständlich, daß sich der Vorstand in Bochum auch auf den »Ernstfall« vorbereitet hatte, nämlich auf die Gründung eines konkurrierenden Bezirks der IG Bergbau, falls die entscheidende Generalversammlung nicht die Auflösung des Industrieverbandes als selbständige Organisation beschlossen hätte. Die Versammlung habe, so wird berichtet, zeitweise »auf der Kippe« gestanden, da einige Streitfragen aufgetreten waren, die unter Umständen eine Mehrheit für die Eingliederung des saarländischen Verbandes in die IG Bergbau hätten verhindern können. Nach einem klärenden Gespräch zwischen Gutermuth und Kutsch, den damaligen Vorsitzenden der beiden Verbände, kam schließlich ein einstimmiger Beschluß zustande.

Die verwaltungsmäßigen Probleme der Umstellung nahmen die Energie der einheimischen wie der von außen kommenden Gewerkschaftsfunktionäre voll in Anspruch. Aber auch »politisch« mußte der neue Bezirk Saar umgestellt werden. »Die Industriegewerkschaft Bergbau an der Saar mußte doch ein politisches Gesicht bekommen. Der Saarkampf war vorbei. Es mußte also ein echt gewerkschaftspolitisches Gesicht sein, und wir mußten die Organisation umstellen, wie es unsere Satzung befahl.« (Josef Ganster)

Unter den an der Spitze agierenden Personen lief dieser Umstellungsprozeß nicht ohne Konflikte ab. Dies war kaum anders zu erwarten. Paul Kutsch hatte sich im Saarkampf an der Spitze des eigenständigen IV Bergbau einen Namen gemacht. »Er war es gewohnt, frei, völlig frei von allen zu arbeiten. Und das ging eben nicht mehr in einer so großen Organisation. Er hatte (früher) einen Geschäftsführer, der ihm alle schriftlichen Arbeiten gemacht hat und einen, der ihm die Pressearbeit weggenommen hat. Und er konnte dann kräftig Politik mit Heinrich Schneider (Parteivorsitzender der DPS, d.V.) machen. Er war eben so.« (J. Ganster) Nun mußte Kutsch »ins zweite Glied treten« und sich mit der Rolle eines Bezirksleiters zufriedengeben. Das Verhältnis zwischen Gutermuth und Kutsch wurde mit der sich abzeichnenden Auflösung und Integration des IV immer gespannter. Schließlich waren es auch die Forderungen von Kutsch auf der entscheidenden Generalversammlung in Sulzbach (»Vereinigungskongreß«), die fast zum Eklat und zum Bruch mit der großen Bergarbeitergewerkschaft im Bundesgebiet geführt hätten. Er wollte für »seinen« Bezirk besondere Konditionen als Einstandspreis aushandeln. Die Industriegewerkschaft bestand jedoch auf der satzungsmäßigen Neuordnung des Saarverbandes und konnte sich schließlich durchsetzen. Noch im Jahre 1957 schied Kutsch wegen eines schweren asthmatischen Leidens aus der Bezirksleitung aus. Josef Ganster wurde sein Nachfolger. Von Ganster, der zunächst unter Kutsch als Geschäftsstellenleiter in Neunkirchen fungierte, wurden dann auch die entscheidenden Arbeiten der Umstellung des saarländischen Verbandes vorgenommen.

Die Umstellung des saarländischen Bergarbeiterverbandes erfolgte nicht nur unter der Belastung der alten parteipolitischen Fronten und gewerkschaftsinternen Fraktionierungen. Sie stand zudem unter dem Druck der Organisationskämpfe mit den Konkurrenzgewerkschaften, insbesondere dem Christlichen Gewerkschaftsbund, der im Bundesgebiet keinerlei zahlenmäßige und politische Bedeutung hatte, an der Saar aber dem IV Bergbau in Größe und Einfluß nur wenig nachstand. Auch der christliche Verband war auf Gemeindeebene mit seinen Ortsgruppen repräsentiert, besaß an der Saar fünf Gewerkschaftshäuser, stand finanziell bis zum Streik 1962 auf soliden Füßen und erfreute sich starker Unterstützung durch Kreise der CDU-Saar und des katholischen Klerus. Die Auseinandersetzungen mit dieser Konkurrenz fanden auf allen Ebenen des gewerkschaftspolitischen Geschehens statt: auf Bezirksebene, in den Ortsgruppen und vor allem in Betrieben, in denen die Christen insbesondere im westlichen Saarland in den Betriebsräten stark vertreten waren. Auf der tarifpolitischen Ebene wur-

166

den die Verhandlungen mit den Arbeitgebern zeitweise gemeinsam, später jedoch, als sich der grundsätzliche Streit um die Einheitsgewerkschaft verhärtete, getrennt geführt. Der Abschluß von Tarifverträgen gestaltete sich daher schwierig, auch nutzte der Unternehmensverband alle sich bietenden Gelegenheiten, den einen gegen den anderen auszuspielen.

Jupp Ganster berichtete aus seiner damaligen Zeit als Bezirksleiter der IG Bergbau an der Saar: »Wir haben doch einen großen Teil unserer Kraft aufwenden müssen zur Abwehr oder zum Angriff, je nachdem, was anstand, gegen die christlichen Gewerkschaften. Und das hat manches geprägt und manches verhindert. Daß im Betrieb nicht immer eine einheitliche Stellungnahme der Betriebsräte war, sondern daß es zwei Stellungnahmen gab, das hat natürlich nicht gerade dazu beigetragen, daß in einem Unternehmen eine Politik arbeitnehmerseitig aus einem Guß gemacht wurde.«

Die Zersplitterung der saarländischen Arbeiterbewegung wirkte bis hinein in die Zusammensetzung und Arbeit des Aufsichtsrates der Saarbergwerke, wenngleich hier starke Vertreter der IG Bergbau es verstanden, die Arbeitnehmerseite zu integrieren und offene gewerkschaftspolitische Kämpfe zu vermeiden. Allerdings war der Abstimmungs- und Vorklärungsaufwand größer, als man es für einen Aufsichtsrat mit einheitlicher Arbeitnehmervertretung unterstellen kann, und es mußten hier schon, im Vorfeld der eigentlichen Entscheidungen, auf Arbeitnehmerseite Kompromißpositionen gefunden werden.

Das organisationspolitische Problem der Konkurrenzverhältnisse in der saarländischen Arbeiterbewegung fand seine Lösung erst durch die Fusion des Christlichen Bergarbeiterverbandes (GCBE) mit der IG Bergbau im Jahre 1966.

Belegschaften und Betriebsräte:
Traditionelle Bindungen und Orientierungen

Auch in dieser Übergangsphase blieben große Teile der Bergarbeiterschaft noch in ihre ländliche und konfessionell geprägte Lebenswelt eingebunden. Dies trifft vor allem für die Gruben im westlichen Saarland zu, wogegen sich unter dem Einfluß der Lebensverhältnisse in den verdichteten Wohngebieten der Ostsaar eher industrielle Orientierungen entwickeln konnten. So bildeten sich durchaus unterschiedliche Sozialcharaktere von Belegschaften heraus, was in der Charakterisierung von »roten« und »schwarzen« Gruben zum Ausdruck kommt. Dies darf nicht darüber hinwegtäuschen, daß nach wie vor die für den Berg-bau charakteristischen Bindungen und Leitbilder berufsständischer Art, die in einem traditionellen, hierarchisch streng gegliederten System betrieblicher Macht- und Herrschaftsbeziehungen verankert waren, ih-re Bedeutung behielten. »Der gute Bergmann arbeitet und schweigt.« Dieser Spruch trifft den Kern der sozialen Beziehungen im Saarberg-bau jener Zeit. Sein Kern ist die vorbehaltlose Anerkennung der gleich-sam militärischen Befehlsgewalt der Bergwerksleitung. Hier bewahrte sich über Generationen hinweg eine Mentalität, die noch auf das Dienstherr-Untertanen-Verhältnis der alten preußischen Staatsgruben zurückgeht. Ihren Ausdruck fand sie in den Verkehrsformen bis hin zu den äußerlichen Darstellungsformen und den goldenen Knöpfen an der Arbeitskleidung der Vorgesetzten.

Dem Sozialcharakter der Belegschaften entsprach die Art der betriebli-chen Interessenvertretung. In den Nachkriegsjahren fanden die Be-triebsräte auf den Gruben ihren Hauptaufgabenbereich in den sozialen und materiellen Belangen der Bergarbeiter. In einer Zeit, als vor dem Hintergrund der katastrophalen Versorgungslage der Bevölkerung die »Nudel«- und »Zigarettenbergleute« auf die Gruben kamen, wo sie mit warmen Mahlzeiten und Zigaretten versorgt wurden, waren es die Be-triebsräte der ersten Stunde, die diese Betreuungs- und Versorgungs-aufgaben in die Hand nahmen und organisierten. »Die haben damals die Sachen eingekauft für die Kantine und haben Seife ausgeteilt, ha-ben mit Unterstützung des Unternehmens Arbeitskleidung besorgt und konnten sich dann mehr oder weniger als helfende Hand hinstellen.« Das Sozialwesen der Gruben war ihre Domäne. Sozialwesen hieß Kan-tine und Kaffeeküche, Werksfürsorge und Krankenbetreuung, Werks-wohnung und Wohngeld, Arbeitskleidung, grubeneigene Kindergärten und Nähstuben. Mit all diesen Fragen und vielem mehr war der Gru-benbetriebsrat in irgendeiner Weise befaßt und beschäftigt. Wollte der Betriebsdirektor den Betriebsrat bei wichtigen Angelegenheiten drau-ßenhalten, so gab es vielfältige Beschäftigungsmöglichkeiten, und sei es, daß er ihn beauftragte, »sich um einen Metzger für die Kantine zu kümmern«.

Nicht das geschriebene Gesetz, sondern »das Gefühl» und der »gesun-de Menschenverstand« bestimmten nach den Schilderungen der Zeitge-nossen den Arbeitsalltag der ersten Betriebsräte. Die Orientierung auf rechtliche Grundlagen spielte eine untergeordnete Rolle, wie sich ohne-hin aus den geringen Vertretungsrechten nur schwache Einflußmög-lichkeiten ergaben.

Neben diesen Betriebsräten, die sich vorwiegend den sozialen Aufgaben der Belegschaftsbetreuung widmeten, taucht in den Erinnerungen der Zeitbeobachter noch ein anderer Typus auf, der vor allem in den »roten« Gruben des östlichen Saarlandes auftrat: klassenkämpferische Betriebsräte, die ihre politische Heimat überwiegend in der Kommunistischen Partei fanden. So gab es etwa auf den Gruben Heinitz und Reden einen hohen Anteil kommunistischer Kollegen im Betriebsrat. Auch der erste Gesamtbetriebsratsvorsitzende sei Kommunist gewesen, hört man. Einer seiner Nachfolger berichtete, daß beispielsweise sein Vater, der immer Sozialdemokrat gewesen sei, die Arbeit dieses Kollegen immer geschätzt habe. Aber mit der Zeit seien diese Betriebsratsmitglieder sehr unzufrieden geworden. Es hätte nach ihrer Meinung mehr Härte gezeigt werden müssen. Die Kooperation, die das Betriebsverfassungsgesetz vorschrieb, war nicht ihre Sache. Sie konnten von ihrer alten Art nicht mehr so richtig loskommen. Ihr Motto war: »Nicht groß reden, auf den Tisch klopfen!«

Die gewerkschaftliche Schulung der Betriebsräte spielte bis zur Eingliederung in den bundesdeutschen Verband keine große Rolle. Zwar wurden auf regionaler Ebene bereits Lehrgänge vom IV Bergbau und der Arbeitskammer angeboten, doch »das konkrete Lernen der Anwendung eines Gesetzes wurde in diesen Schulen nicht so ernst gemacht wie bei uns«, urteilt Josef Ganster, der vor seiner Bezirksleitertätigkeit in der Betriebsräteschulung an der Ruhr gearbeitet hatte. Nach seiner Auffassung war dies ein weiterer Grund dafür, daß die Stellung der Betriebsräte an der Ruhr, vor allem in den großen Bergbauunternehmen und Zechen, stärker gewesen sei als an der Saar. Nur wenige saarländische Betriebsräte hatten vor der Eingliederung in die Bundesrepublik an Schulungen der IG Bergbau »im Reich« teilgenommen. Sie hätten nämlich nicht nur Lohneinbußen hinzunehmen gehabt, sondern gingen auch das Risiko polizeilicher Verfolgung ein.

Mit der Übernahme der Unternehmens- und Betriebsleitung durch »die Deutschen« kam tendenziell eine andere Art von Betriebspolitik auf. Aus der Sicht der Betriebsräte habe man sich nun stärker auf »das Geschriebene«, auf das Gesetz bezogen. Die Betriebsräte seien im Vollzug ihres Vertretungshandelns mit der Frage konfrontiert worden: »Wo steht das geschrieben?« Zur gleichen Zeit begann nach der Umstellung des Gewerkschaftswesens die Schulungtätigkeit der IG Bergbau in größerem Umfang für die saarländischen Betriebsräte zu wirken. Es habe sich schließlich, wie ein Betriebsratsveteran berichtet, »so ein kleiner revolutionärer Umschwung bemerkbar gemacht. Wenn einer zum erstenmal von einer Schulung zurückkam, hat er alles besser wissen wollen als der Betriebsrat. Es hatte auch welche gegeben, die Angst hatten, auf einen Lehrgang zu gehen, die meinten, sie könnten nicht aus dem Betrieb hinausgehen. Die sind dann nachher automatisch mitgerissen worden, weil die jungen Kräfte, die dann kamen und einen Blick in das Betriebsverfassungsgesetz geworfen hatten, alles auf den Kopf stellen wollten.«

Die Einführung der Mitbestimmung in der Unternehmensspitze vollzog sich weitab von diesem Geschehen in den einzelnen Gruben. Betriebspolitik und Interessenvertretung waren primär von anderen Faktoren bestimmt und zeigten, wie sich aus den Situationsschilderungen, die wir über die damalige Zeit haben, ersehen läßt, ein durchaus buntes Bild. Es entwickelten sich unterschiedliche Vertretungsstrukturen und -politiken, wobei die partei- und gewerkschaftspolitischen Kräfteverhältnisse im Betriebsrat, die unterschiedlichen Vertretungserwartungen und -interessen (je nach dem Einzugsbereich der Grube und dem »Sozialcharakter« der Belegschaften) und die Führungsqualität und Belegschaftspolitik der Grubenleitung eine Rolle gespielt haben dürften. Es gab »rote« und »schwarze« Gruben, so wie es Belegschaften gab, die stärker aus den Verdichtungsgebieten der Bergarbeiterdörfer und solche, die aus den ländlichen Einzugsbereichen des Hochwalds kamen (ein Effekt, der daher rührte, daß die Gruben ortschaftsweise belegt waren. So hatte jeder Ort, der im Einzugsgebiet lag, gemeinsam mit einigen anderen »seine« Grube). Es gab einmal die alten, traditionalistischen Bergwerksdirektoren, Betriebsdirektoren und Obersteiger mit patriarchalischem oder eher ständisch-feudal anmutendem Führungsstil und andererseits die jüngeren, mehr technokratisch orientierten Ingenieure. Vor allen Dingen aber gab es die Gruben mit Zukunft, mit einer hinreichenden Mächtigkeit der Flöze und der Kohlenqualität, so vor allem im Westraum. Und schließlich jene Gruben, die im Wettstreit der vorzeigbaren Förderleistungen zurückhingen und dem Unternehmen nur Verluste erwirtschafteten. Der Leistungswettstreit war eine der dominierenden Orientierungen, über die sich Belegschaften und Betriebsräte zu denen der anderen Gruben in Beziehung setzten. Daran mitzuwirken, daß die Leistungsdaten »ihrer« Grube verbessert oder zumindest gehalten wurden, war für die Betriebsräte ein Ziel, das ihre vorbehaltlose Anerkennung fand. Um die notwendigen Voraussetzungen – wie Ingenieurleistungen und Investitionen – zu erhalten, setzten sie sich gemeinsam mit ihren Grubenleitungen ein.

Das Konkurrenzdenken der Betriebsräte verstärkte sich in dem Maße, wie es in den sechziger Jahren um das Überleben der einzelnen Gruben und den Verbleib der Belegschaften ging. Latentes Mißtrauen und Konkurrenz und nicht das Bemühen um abgestimmte Interessenvertretungspolitik bestimmten das Verhältnis zueinander. Den Gesamtbetriebsrat betrachtete man als abgehobenes Organ, in das pflichtgemäß Vertreter entsandt wurden, jedoch eher solche, die nicht zum Kern des Betriebsrats gehörten. Der Gesamtbetriebsrat erschien als Vertretungsorgan bedeutungslos. Abgekoppelt von den örtlichen Betriebsvertretungen und gewerkschaftlich gespalten, fehlten ihm die Machtgrundlagen für eine durchsetzungsfähige Politik gegenüber der Unternehmensleitung. Diese verfuhr nach dem Prinzip des »Teile und Herrsche«.

Unsere Gesprächspartner sagen aus ihrem heutigen Verständnis von gewerkschaftlicher Betriebsarbeit und angesichts der Einflußmöglichkeiten der heutigen Betriebsräte, daß die Belegschaftsvertretungen vor der Ära der Mitbestimmung, bis in die sechziger Jahre hinein, überwiegend »schwache« Betriebsräte gewesen seien. Damit stellen sie den persönlichen Einsatz und das Engagement der beteiligten Kollegen nicht in Frage. »Schwach« soll heißen, daß es sich um eine Generation von Interessenvertretern handelte, die einem anderen Verständnis von Vertretungspolitik folgten und unter den Beschränkungen und Fesseln der betrieblichen Sozialstrukturen und Machtverhältnisse dieser Zeit ihren Wirkungsbereich dort entfalteten, wo ihnen Raum gegeben wurde. Daß die betrieblichen Verhältnisse durchaus vielfältig waren, zeigt der Hinweis auf die »roten« Gruben. Doch auch für deren Betriebsräte wird festgestellt, daß ihr Einfluß gegenüber der verkrusteten Bergwerkshierarchie der traditionalistisch-konservativen Elite der Ingenieure und Bergassessoren in engen Grenzen blieb. Sowohl der Sachwalter sozialer Belegschaftsbelange als auch die aufbrausende Kämpfernatur sind typische Erscheinungsformen der Betriebskultur jener Übergangszeit.

Die Chancen der sich weitab von der Realität ihrer betrieblichen Verhältnisse etablierenden Mitbestimmung nahmen die Betriebsräte nicht wahr. Zwischen ihnen und den Mitbestimmungsorganen blieb weiterhin ein Herrschaftsapparat, der von den Veränderungen an der Spitze des Unternehmens unberührt blieb. Einer der befragten Betriebsratsveteranen, der zu den ersten vier betrieblichen Arbeitnehmervertretern zählte, die im Jahre 1957 in den mitbestimmten Aufsichtsrat einzogen, antwortete lapidar auf die Frage nach der nun stattgefundenen Änderung: »Nichts hatte sich geändert. Die Kohle blieb genauso schwarz wie früher.«

Distanz und Ohnmacht:
Ausgrenzung der Arbeitsdirektion aus unternehmens-
und betriebspolitischen Entscheidungsprozessen

Die Distanz zwischen Belegschaften und Betriebsräten auf der einen, der zentralen Mitbestimmungsorgane auf der anderen Seite war wechselseitig. Betriebspolitische Vertretungsfragen und Konflikte wurden von den gewerkschaftlichen Spitzenakteuren im mitbestimmten Aufsichtsrat bewußt ausgegrenzt. Nicht den betrieblichen Belangen, sondern den wirtschafts- und beschäftigungspolitischen Fragen galt ihr Interesse. Und der Arbeitsdirektor, bedeutsames Scharnier zwischen den Vertretungsebenen, wie die entwickelten Mitbestimmungsfälle der Stahlindustrie zeigen, war von den Betrieben abgekoppelt. Das Personal- und Sozialwesen in den Gruben blieb nach wie vor in den alten Zuständigkeiten. Personalangelegenheiten der Tarifangestellten waren beim Sekretär des Bergwerksdirektors angesiedelt. Für alle personellen Fragen der Bergleute, angefangen von Urlaub über Eingruppierung, Einsatzfragen, Ausbildungsmaßnahmen bis hin zu den persönlichen Anliegen, war bis 1957 letztlich der Obersteiger alter Prägung, danach bis Anfang der siebziger Jahre der Untertage- und Übertagebetriebsführer zuständig. Den alten Obersteigern wird eine enge, persönlich geprägte Bindung zu ihren Bergleuten nachgesagt. Sie kannten die familiären Verhältnisse, wußten, wer aus der Landwirtschaft kam und zur Erntezeit Urlaub brauchte usw. Wer seinen Arbeitspflichten nachkam, leistungswillig und tüchtig war und der Grube und seinem »Bergherrn« den gebotenen Arbeits- und Dienstgehorsam entgegenbrachte, durfte mit dem Wohlwollen, der Gunst und der Fürsorge des Obersteigers bei der Behandlung seiner Anliegen und der Berücksichtigung seiner Person rechnen. Wer sich etwas zuschulden kommen ließ, lernte die strenge und strafende Hand »des Alten« kennen. Trotzdem begegneten die Bergleute ihrem »Papa« oder »Opa«, wie sie den Obersteiger nannten, mit respektvoller Anerkennung.

Nach der Übergabe der Unternehmensleitung in deutsche Hände, also zeitgleich mit der Einführung der Mitbestimmung, wurde eine Neuorganisation auf den Gruben durchgeführt, als dessen Folge an die Stelle der Obersteiger alter Prägung der Betriebsführer trat, dem nun mehrere Obersteiger unterstellt waren. Mit dem Ausscheiden der alten Obersteiger nahmen jüngere Kräfte die Betriebsführerposition ein, mit deren Herrschaftsrolle sich, der neuen Linie des Unternehmens- und Betriebsmanagements entsprechend, stärker sachlich-funktional bestimmte Momente des Führungsstils und des Verhältnisses zur Belegschaft verbanden, was auch mehr Distanz in der Behandlung von Beschäftigtenproblemen mit sich brachte. Diese Versachlichung des Personalwesens wurde von Betroffenen, die diesen Wechsel miterlebten, durchaus als Verlust wahrgenommen. Wo der Obersteiger zwar aus sozialer Distanz, die sich aus dem Rang seiner Position in der aus Tradition und durch rituelle Darstellungs- und Verkehrsformen gefestigten Hierarchie ergab, immer auch die personale Nähe zu »seinen« Bergleuten herzustellen wußte, blieb nun nur noch die Distanz des Herrschaftsapparates, in dem die Personalangelegenheiten mehr und mehr zu Verwaltungsangelegenheiten wurden – und dies neben dem hauptsächlichen Aufgaben- und Zuständigkeitsbereich des Betriebsführers, nämlich der Abwicklung des reibungslosen Förderprozesses. So wurde das Personalwesen gleichsam »mit der linken Hand« von der technischen Leitung aus betreut.

Die weiteren Aufgabenbereiche, die später in die Zuständigkeit der Arbeitsdirektion und der Personal- und Sozialdirektoren der Gruben übergehen sollten, unterstanden ebenfalls der technischen Grubenleitung bzw. der Zentrale, wie die Ausbildung, die bei den Ausbildungssteigern lag; oder das Wohnungswesen, für das der Oberbausteiger bei der Bergwerksdirektion mit den Wohnungsverwaltern auf den Inspektionen zuständig war. Das gleiche galt für Einrichtungen des Sozialwesens, die teilweise dem Sekretär des Bergwerksdirektors unterstellt waren. Der Arbeitsschutz, einschließlich der Kontrolle und Überwachung der Sicherheits- und Schutzmaßnahmen, unterstand – und untersteht nach wie vor – dem Leiter des Sicherheitsdienstes beim Bergwerksdirektor.

Die operative Ebene des Personal- und Sozialwesens wurde nicht durch eine ressortmäßig dem Mitbestimmungssektor zugeordnete Position wahrgenommen. Für die Belegschaft bedeutsame Alltagsprobleme ihrer Arbeitssituation – Arbeitseinsatz, Sicherheit, Lohn, Konflikte mit Vorgesetzten, individuelle Probleme – unterlagen auch weiterhin den traditionellen, in der Hierarchie der Grubenorganisation eingebundenen Bearbeitungsformen. Während dieses Handlungs- und Entscheidungsfeld im Bereich der Hütten sich bald schon zur »Mitbestimmungsdomäne« entwickelte und sich charakteristische Bewältigungs- und Behandlungsmuster für Personal- und Sachfragen herausbildeten, blieb es auf den Gruben in der Hand der Bergwerks- und Betriebsleitungen. Damit fehlte der Mitbestimmung in dieser ersten Phase nicht nur die politisch-ideologische, sondern auch die organisatorische Basis in den Betrieben. Sie war bei den damaligen Kräfteverhältnissen nicht durchsetzbar.

Das Fehlen des arbeitsdirektorialen Sektors auf Betriebsebene hatte wiederum Rückwirkungen auf die Tätigkeit der Betriebsräte. Ihre Ansprechpartner waren die technische und bergmännische Leitung und die ihr unterstellten Führungspersonen. Aufgrund der notwendigerweise starken Ausrichtung der Routinearbeit des Betriebsrats auf jene Stellen der Grubenhierarchie, die mit Arbeitssicherheit und Arbeitsschutzfragen, mit Personaleinsatz und Lohnfragen befaßt waren, ergab sich ein anderer Stil von Interaktions- und Kommunikationsbeziehungen im Verhandlungsprozeß als in den Stahlhütten, in denen eine für Belegschaftsinteressen eher ansprechbare und offene Personalseite den aktiven Betriebsrat in seiner Vertretungsarbeit tendenziell noch zu stärken vermochte.

Verfolgt man die Entwicklung des arbeitsdirektorialen Handlungs- und Entscheidungsfeldes seit Einführung der Mitbestimmung, so zeichnen sich Epochen ab, die die Entwicklung von Ressortmächtigkeit der Arbeitsdirektion markieren und in der Art der Ausgestaltung dieses Aktionsfeldes sehr stark von dem jeweiligen Positionsinhaber, seiner Herkunft, seinem Selbst- und Rollenverständnis und seiner Einbindung in die gewerkschaftliche Organisation geprägt wurden.

Wilhelm Dietrich, Arbeitsdirektor von 1957 bis 1962, verkörperte seine Rolle noch ganz aus dem traditionellen Verständnis seiner früheren Position als Obersteiger. In seine Zeit fällt die unter der richtungsweisenden Politik der überbetrieblichen Mitbestimmungsakteure durchgeführte und von der Unternehmensleitung wohlgeduldete Neuordnung des Sozialprogramms, mit der sich eine Schwerpunktverlagerung der Sozialleistungen und deren Konzentration auf stärker belegschaftsbezogene Maßnahmen vollzog. Anläßlich seines fünfzigjährigen Bergmannsjubiläums stellte die Werkszeitschrift die Leistungsbilanz des ersten Arbeitsdirektors dar:

»Arbeitsdirektor Dietrich hat unter allen Arbeitsgebieten der von ihm aufgebauten und geleiteten Arbeitsdirektion besonders dem Wohnungsbau seine Aufmerksamkeit und Fürsorge gewidmet. Bald nach seinem Amtsantritt arbeitete er ein neues, umfassendes Programm für den Wohnungsbau der Saarbergleute aus, dessen Auswirkungen sich in seiner bisherigen Amtszeit als praktische und gute Sozialbetreuung der Belegschaft erwiesen haben. Er ließ sich dabei von der Absicht leiten, die Bodenständigkeit des Saarbergmanns zu erhalten und dazu beizutragen, daß dieser in einem gesunden und familiengerechten Heim in die Zukunft blicken kann. Die Zusammenfassung aller Kräfte, den Wohnungsbau noch über das bisherige Maß zu fördern und zu beleben, wurde unter dem Namen ›Dietrich-Programm‹ bekannt. Mit dem Namen des Arbeitsdirektors Dietrich wird auch das neue Sozialprogramm der Saarbergwerke verbunden bleiben, das in den letzten beiden Jahren ausgearbeitet und verwirklicht worden ist. Da nur ein kleiner Teil der in 740 Orten wohnenden Belegschaftsmitglieder die Möglichkeit hatte, ihre Kinder in die 20 vorhandenen Grubenkindergärten zu schicken, erschien es nicht länger gerechtfertigt, diese Einrichtungen aufrechtzuerhalten. Dasselbe traf für die neun Grubenhaushaltungsschulen zu. Anstatt daß nur wenige den Nutzen hatten, sollten die Belegschaftsmitglieder in Zukunft auf gerechtere Weise an den sozialen Einrichtungen des Unternehmens beteiligt werden. So gründete Arbeitsdirektor Dietrich das erste Gesundheitshaus des Saarbergbaus in Hirschbach und stellte ihm die Aufgabe, die mit Silikose behafteten Bergleute zusätzlich ärztlich zu betreuen. Im Gesundheitshaus werden diejenigen Belegschaftsmitglieder ausgesucht, die zu den bewährten Silikose-Erholungskuren nach Kloster Grafschaft im Hochsauerland und nach Bischofsdrohn im Hunsrück geschickt werden. Aus beiden Häusern erreichen den Arbeitsdirektor die Briefe dankbarer Bergleute. Schließlich ist innerhalb des neuen Sozialprogramms der Saarbergwerke auch an die Verbesserung des Belegschaftstransports gedacht worden, um die Wege zwischen Wohnung und Grube nach Möglichkeit zu verkürzen. Tausende freuen sich über den hierbei erzielten täglichen Zeitgewinn und die Verlängerung ihrer Freizeit.«[13]

Den kritischen Aspekt dieser frühen Phase verdeutlichte ein Mitglied des damaligen Gesamtbetriebsrates, später dessen Vorsitzender und danach Betriebsdirektor für Personal- und Sozialwesen, indem er sich die Frage stellte, ob man Dietrich nicht von den eigentlichen Aktionsfeldern des Unternehmensgeschehens der damaligen Zeit ferngehalten habe: »Wenn ich mich an die damaligen Sitzungen anfangs der sechziger Jahre erinnere, da ging es um Stillegungen von sozialen Einrichtungen, um Kochschulen, Nähstuben. Heute redet keiner mehr davon. Damals ist vom ›sozialen Klimbim‹ geredet worden. Es gab deshalb im Betriebsrat Mordskämpfe, bis das ausgestanden war. Heute würde man sich darüber nicht mehr aufregen. Aber in der damaligen Zeit waren es gewichtige Dinge. Die Arbeit des Arbeitsdirektors hat später ganz andere Dimensionen angenommen. Ich weiß nicht, ob es mit der Person zusammenhing oder ob es aus der Situation geboren war. Jedenfalls ist mir im Laufe der Jahre aufgefallen, daß der Arbeitsdirektor im Vorstand noch mehr Gewicht bekam. Die Anforderungen haben sich enorm gewandelt. Meiner Meinung nach wurde er früher so ein bißchen auf Nebenspielfelder abgedrängt, wo er die Unternehmenspolitik, die er eigentlich als Vorstandsmitglied machen sollte, gar nicht machen konnte . . .«

Trotz seiner recht guten Beziehung zum Vorstandsvorsitzenden gelang es Wilhelm Dietrich nicht, wichtige Zuständigkeiten in den Bereich der Arbeitsdirektion herüberzuziehen. Zwei wichtige Komplexe, die in den Berichten unserer Gesprächspartner immer wieder genannt werden, waren dabei die Werkzeitung und das Ausbildungswesen, insbesondere die Bergschule. Beides, strategische Ansatzpunkte in der Belegschaftspolitik – belegschaftsbezogene Öffentlichkeitsarbeit und Meinungsbildung einerseits, Ausbildung der Führungskader der Gruben andererseits –, gab der Vorsitzende nicht aus der Hand. Die Nähe des Vorsitzenden zu ihm sei denn letztlich aufgrund der Fraktionierung des Vorstandes vor allem ein Machtkalkül gewesen: Der Vorsitzende »hat den Dietrich für seine Zwecke ausgenutzt«.

Dietrich war jedoch nicht der Mann, derartige Machtkämpfe auszufechten und durchzustehen. Bei seiner eher vermittelnden und kompromißbereiten Art lag es ihm wohl nicht so sehr, sich kraftvoll durchsetzen zu müssen. Auch der Gesamtbetriebsrat scheint in diesen Anfangsjahren relativ schwach gewesen zu sein, so konnte wohl keine Seite die andere bei der Herausbildung und Festigung von Machtpositionen so recht stärken und unterstützen. Der betriebliche Bereich aber, wo sich hier und da schon Kristallisationspunkte aktiver Vertretungspolitik herausgebildet hatten, war fern. Es gab für die Betriebsräte in ihrer Alltagsarbeit kaum Schnittpunkte zwischen beiden Ebenen der Mitbestimmung.

Die Kontakte zur Bezirksleitung wurden bereits von Anfang an sehr eng geknüpft. Unregelmäßig, aber fast jede Woche, hat es Kontakte und Besprechungen gegeben. Auch wenn Dietrich nicht wie seine beiden Nachfolger aus dem Gewerkschaftsapparat heraus in sein Amt gekommen war und nie als ausgesprochener Gewerkschafter betrachtet wurde, ließ er sich doch bereitwillig in den Kommunikationszusammenhang und in den Meinungsbildungsprozeß der Gewerkschaft einbinden. Aus der Sicht der damaligen Akteure auf Verbandsseite war er »eine ehrliche Haut, der mit uns zusammengearbeitet hat und offen mit uns über alles gesprochen hat. Aber er hatte nicht das Durchsetzungsvermögen, das wir erwartet hatten und gewohnt waren. Er konnte den

Obersteiger nie ablegen.« – So ein ehemaliger Bezirksleiter der IG Bergbau.

Dies alles geschah zu einer Zeit, als sich für die Belegschaft folgenreiche Entwicklungen und Ereignisse anbahnten. Bereits in den ersten Jahren standen gewichtige Entscheidungen an. Die Saargruben entsprachen in ihrem Zuschnitt, in Personalbelegung, Arbeitsorganisation und betriebswirtschaftlichen Daten bei der Übernahme durch die deutsche Leitung nicht der Vorstellung des neuen Managements. Die ersten Grubenstillegungen wurden geplant und durchgeführt, als zusätzlich zu den Rationalisierungsmaßnahmen in der Folge der heraufziehenden energiewirtschaftlichen Kohlenkrise erste strukturelle Anpassungen vorgenommen wurden. In dieser Zeit der wirtschaftlichen Umorientierungen des gesamten Unternehmens und in der Anfangsphase der Umstrukturierung, an deren Ende nur noch ein Drittel der Ausgangsbelegschaft des Jahres 1957 stehen sollte, blieb die Arbeitsdirektion von den zentralen Konfliktfeldern der Beschäftigungspolitik des Unternehmens und vom Personalwesen der Gruben weitgehend abgeschnitten.

Die in diesen Strukturen zum Ausdruck kommenden Machtverhältnisse waren keine Besonderheit des Saarbergbaus, wenngleich sich wegen der Größe des Unternehmens die Verhältnisse in zugespitzter Form darstellten. Auch in den Unternehmen des Ruhrreviers mußten die Arbeitsdirektoren ähnliche Erfahrungen in der Anfangsphase machen[14]. Die Zuständigkeiten und Aufgaben, die nach den damals im Gewerkschaftsbereich entwickelten Vorstellungen im Ressort des Arbeitsdirektors angesiedelt sein sollten, unterstanden entweder anderen Unternehmensabteilungen oder waren noch neu zu etablieren. Die konservativ-autoritäre Elite der Bergassessoren versuchte, den Einfluß und die Bedeutung des neuen Vorstandsmitglieds Arbeitsdirektor, so weit es ging, kleinzuhalten, indem sie ihm kaum mehr als den Charakter einer Stabsstelle für Sozialangelegenheiten zubilligte.

Die Arbeitsdirektion blieb also im Interaktions- und Einflußnetz der Mitbestimmung lange Zeit von geringer Bedeutung. Was ihr vor allem zukam, war die Weiterentwicklung und Pflege des Sozialwesens des Unternehmens, dessen Anfänge schon in den vorausgegangenen Jahren und Jahrzehnten geschaffen worden waren. So entwickelte sie sich zu jener zentralen Stelle an der Unternehmensspitze, in der sich die betriebliche Fürsorgepolitik des Bergbaus in neuer und gewandelter Form als Organisationsaufgabe konzentrierte.

3. Krise und Mitbestimmung:
Der Aufsichtsrat als Zentrum gewerkschaftlicher Aktivitäten

Die Mitbestimmung im Saarbergbau war von Beginn an mitgestaltende und treibende Kraft in der Unternehmenspolitik. Sie hat wesentliche Entscheidungen nicht nur mitgetragen, sondern schon im Vorfeld des Aufsichtsrates und außerhalb der formalen Entscheidungswege beeinflußt, vorbereitet, initiiert. Eine führende Rolle bei der Ausübung der Mitbestimmung in wirtschaftlichen Fragen kam – von allen Gesprächspartnern unbestritten – dem Verband durch seine Organisationsvertreter im Aufsichtsrat zu. Sein unangefochtener und mit Macht praktizierter Führungs- und Regelungsanspruch bei der Durchsetzung von Ordnungs- und Strukturierungsmaßnahmen war für die Betriebsräte, die aus den Betrieben in den Aufsichtsrat der Saarbergwerke einrückten, eine faszinierende Erfahrung: zu sehen, wie Vertreter der IG Bergbau sich auf die schwierigen unternehmenspolitischen Fragen einlassen konnten, mit den Vorstandsmitgliedern verhandelten und die Richtung zeigten, in die nach ihrer Vorstellung die weitere Entwicklung gehen sollte. Die Rollenteilung zwischen den »Betrieblichen« und den »Überbetrieblichen« wurde als legitim akzeptiert. Grundlage für diese Gewichtung der Machtanteile auf der Arbeitnehmerseite war die erfahrbare Überlegenheit der Organisationsvertreter, die darin gründete, daß sie mit dem Management unabhängig und selbstbewußt umzugehen verstanden und selbst entsprechende Qualifikationen besaßen, »bilanzsicher« waren und ihr Handeln an den übergeordneten Politiklinien des Hauptvorstandes der Gewerkschaft orientierten, daß sie Planungs- und Vergleichsdaten aus anderen Kohlenrevieren einbringen konnten, überhaupt: daß ihr Handeln eingebunden war in größere Politik- und Machtzusammenhänge. Entscheidend war schließlich im Ergebnis all dieser und weiterer Faktoren, daß sie auf dem Instrument der Unternehmenspolitik zu spielen verstanden und von dem Vorstand und insbesondere vom Vorstandsvorsitzenden als kompetente und respektable Personen akzeptiert, vielleicht auch gefürchtet wurden.

Kraftvoll verkörperte diese Rolle Karl van Berk, der von allen Gesprächspartnern als der starke Mann der ersten Hälfte der Mitbestimmungsära bei den Saarbergwerken dargestellt wurde. Einer unserer Gewährsleute erinnerte sich: »Der Karl van Berk war zwar auch eine umstrittene Person, aber er war ein Haudegen. Wie der mit dem Vorstand manchmal umgegangen ist, das hat mir so richtig Spaß gemacht. Der hat eben die Qualifikation gehabt, hat die notwendige Expansionskraft

und auch das notwendige Wissen gehabt. Der hat gewußt, was er wollte
... Der Karl van Berk hat der Mitbestimmung an der Saar das Gepräge gegeben, und der Jupp Ganster war auch ein harter Mann.« Einer
seiner Kollegen, Vorsitzender des Gesamtbetriebsrates und später
ebenfalls Mitglied des Aufsichtsrates, ergänzte dieses Bild: »Mir ist der
Karl van Berk immer wie ein alter Preuße vorgekommen, hart, ordent-
lich, gerade, strack – und so ist auch die IG Bergbau.«

Als Tarifexperte und Chef der Tarifabteilung des Hauptvorstandes
wurde er stellvertretender Vorsitzender des Aufsichtsrates der Saarbergwerke. Karl van Berk über sich selbst: »Die beste Nummer an der
Saar hatte ich. Man kannte mich. Ich konnte wohl auch geschickt verhandeln und war auch kompromißbereit. Es war ja von der Mitbestim-
mungsseite her eine einmalige Situation, daß vier Gewerkschaften in
einem Aufsichtsrat vertreten waren. Die mußten wir möglichst unter
einen Hut bringen, damit man sich bei der Arbeitgeberseite nicht bla-
mierte. Das war manchmal schon eine diplomatische Meisterleistung,
und das hat man mir später auch des öfteren bestätigt.« Nicht zuletzt
durch ihn wurden die Vorstellungen und Konzepte der IG Bergbau in
das Unternehmen wie in den Aufsichtsrat hineingetragen, der Stil der
Mitbestimmung geprägt.

Im Bergbau zog die Strukturkrise bereits im Jahre 1958 herauf. Bei den
Saarbergwerken kam hinzu, daß mit dem Neubeginn des Jahres 1957
die Grundsätze der Unternehmenspolitik neu bestimmt, neue Rahmendaten gesetzt wurden. Auf die französische Zeit folgten »die Deutschen«, womit mehr ausgedrückt wird als eine bloß nationale Komponente, nämlich ein anderer Stil in der Unternehmenspolitik. Der Saarbergbau begann mit einer Rationalisierungsphase. Es folgte bereits
kurze Zeit später die Phase der Anpassung an die sich einschneidend
verändernden Marktverhältnisse durch Fördermengenreduzierung, Be-
triebsstillegungen und Belegschaftsabbau; und schließlich, zeitlich verschränkt zu letzterer, die Phase der Beteiligungs- und Investitionspolitik. Wir haben es hier mit Strategiephasen zu tun, in denen im Verständnis unserer befragten Mitbestimmungsakteure die Hauptereignis-
se der wirtschaftlichen Mitbestimmung angesiedelt sind.

Zunächst die *Rationalisierungsphase:* »Die neue Unternehmensleitung
betrachtete eine umfassende Konzentration der Betriebe und Verwal-
tungen sowie eine verstärkte Mechanisierung und Rationalisierung als
vordringlichste Aufgabe.«[15] Das war das Resümee einer Bestandsauf-
nahme, die der neue Vorstand nach seinem Amtsantritt durchgeführt
hatte. »Man fand einen Laden vor, der nicht so strukturiert war, wie

179

dies einem Mann, der von der Ruhr kam, vorgeschwebt hat – ein Laden, der früher nach ganz anderen Gesichtspunkten regiert wurde. Die Franzosen wollten hier pro Jahr ihre 17 Millionen Tonnen Kohle haben, alles andere war denen wurschtegal. Investiert wurde nicht viel. Der deutsche Vorstand wollte also das Unternehmen neu zuschneiden. Die Ruhr hatte ganz andere Vorstellungen von Betriebsgröße usw. Daß diese Rationalisierung Entlassungen zur Folge haben würde, das war von vornherein klar.« (Personaldirektor)

»Die Saarbergwerke hatten 65000 Beschäftigte! Das Verhältnis Obertage- und Untertagearbeiter stimmte nicht. Bei einer Unterhaltung mit dem Vorstandsvorsitzenden habe ich gesagt: ›An der Ruhr haben wir einen Hauer und drei Schlauchhalter, und an der Saar sind es fünf Abbauhammerschlauchfesthalter!‹ Die Franzosen ließen vieles laufen.« (Karl van Berk)

Schnell kamen die ersten Rationalisierungsmaßnahmen größeren Umfanges: Die Zusammenlegung der Gruben Reden-Fett und Reden-Flamm, die Stillegung der Grube St. Barbara, die Stillegung der Grube St. Ingbert und die Zusammenlegung von Camphausen und Franziska. St. Barbara, von den Franzosen gebaut – »womit sie den Nachweis bringen wollten, daß sie keinen Raubbau getrieben haben« (van Berk) – war nicht gerade in gutem Zustand:

»Als ich die Barbara zum ersten Mal sah, sah sie von oben so wunderschön aus. Aber die Flözverhältnisse erlaubten es eigentlich nicht, an der Stelle einen Schacht niederzubringen. Sie hatte noch einmal so viel Methangaszufuhr wie die anderen Gruben an der Saar. Nach anderthalb Jahren haben wir festgestellt, daß da ein Minus von 90 Millionen DM bestand. Wir hätten den Leuten auch das Geld ins Haus schicken können, ohne sie arbeiten zu lassen, das wäre billiger und risikoloser gewesen, als dort die Kohle zu fördern. Die Stillegung von Barbara war die erste Sensation an der Saar.« Nicht die Arbeitnehmerseite im Aufsichtsrat, sondern einer der Saarpolitiker auf der Anteilseignerseite »regte sich auf und hatte auf den Aufsichtsrat und den Vorstand fürchterlich geschimpft«, als die erste Saargrube stillgelegt wurde – »von den Deutschen« (Karl van Berk).

Unvereinbar mit den neuen Grundsätzen rationeller Unternehmenspolitik erschienen selbst den Gewerkschaftsvertretern die überkommenen Groß- und Freizügigkeiten im Sozialwesen, in der Repräsentation, in der Personalbelegung. Heute noch erinnert sich van Berk mit »heiligem Zorn« an die Verhältnisse, gegen die er vehement ankämpfte. Die Diskrepanz zwischen dem Alten und Neuen verdeutlichen die nachstehenden Beispiele: Sie machen einiges von der Veränderungsdynamik erfahrbar, die bei der Umgestaltung des Unternehmens nach strengen wirtschaftlichen Maßstäben auch das Personal- und Sozialwesen der Gruben erfaßte.

»Kohlen verschenken«:

»Etwa die Hälfte einer Jahresförderung einer mittleren Anlage wurde an der Saar verschenkt, an Kirchen, Parteien, Gewerkschaften, Kindergärten. Die kriegten an der Saar Kohlen! Und da ich wußte, daß es damit ziemlich knapp bemessen war, habe ich dem Rolshoven (Vorstandsvorsitzender, d. γ.) gesagt: ›Wir beide kriegen Krach! Die Saarbergwerke haben nichts zu verschenken. Und wenn sie was zu verschenken haben, dann kriegen das die Kumpels und nicht die Pastoren, nicht die Kirchen und nicht die Schulen. Da haben wir nichts damit zu tun. In der ersten Aufsichtsratssitzung haben Sie gesagt, daß wir wie ein richtiges Unternehmen arbeiten, daß wir ein rein kapitalistisches Unternehmen sind und Schweiß sehen wollen – und ich hab' ja dazu gesagt. Und das (Verschenken der Kohle) wird geändert, wenn auch langsam, Zug um Zug. Die sollen sich daran gewöhnen.‹ «

Bergmannskapellen:

»Eines Tages hat der Arbeitsdirektor zu mir gesagt: ›Karl, die haben auf jeder Zeche einen Saar-Knappen-Chor und eine Bergmannskapelle.‹ Das heißt, wir hatten ein kriegsstarkes Bataillon, und die haben nur Musik gemacht! Ich habe gesagt: ›Ich bin nicht dagegen, ich bin für ein paar hervorragende Kapellen, und die sollen wir auch zur Repräsentation haben. Aber daß sich nun jeder Betrieb eine Kapelle anschafft und die dann von jedem Schützenverein geladen werden, das geht nicht.«

Kindergärten:

»Bei einer Sitzung erklärte der Arbeitsdirektor: ›Wir haben 21 Kindergärten und die kosten x-Millionen. Wie sollen wir das in Zukunft hier regeln?‹ Da habe ich gesagt: Das ist ganz einfach. Sie lassen mal feststellen, wie viele Bergmannskinder in diese Kindergärten gehen. Und wenn wir nachweisen, daß das wenige sind, dann verschenken wir alle Kindergärten mit Sack und Pack an die zuständigen Organisationen. Und wenn alle Stricke reißen, können wir über eine Betriebsversammlung feststellen, wo Kinder von uns in einem Kindergarten sind. Denen können wir einen Zuschuß aus der Westentasche bezahlen ... Und nach einem halben Jahr war die Sache geregelt, die ganzen Kindergärten wurden abgegeben.« In der offiziellen Unternehmensdarstellung ist dieser Vorgang als »Umhebelung der Sozialleistungen« in die Leistungsbilanz der Arbeitsdirektion eingegangen.

Diese Beispiele stehen für eine Vielzahl von Aktivitäten der »Flurbereinigung« des betrieblichen Sozialwesens, die sich außerhalb der formellen Aufsichtsratstätigkeiten abspielten, aus dieser jedoch ihre Durchsetzungschancen und ihre Legitimation bezogen.

»So wie die Verhältnisse an der Saar waren, so konnten sie nicht bleiben.« Diese Aussage Karl van Berks als Begründung für das Engagement des Verbandes bei der Durchsetzung der neuen Führungslinie scheint der Schlüssel für das Verständnis der damaligen Mitbestimmungspolitik der IG Bergbau und ihrer Mitbestimmungsziele zu sein. Vor diesem Hintergrund wird auch der Gleichklang in der Beurteilung unternehmenspolitischer Gegebenheiten und Entwicklungen begreifbar, der sich zwischen dem Vorstandsvorsitzenden des Unternehmens und dem Mitglied des geschäftsführenden Hauptvorstandes der IG Bergbau in vielen Fragen einstellte. Beide brachten aus ihrer jeweiligen Perspektive, aber durchaus verwandt, Vorstellungen von einem nach wirtschaftlichen Maßstäben funktionierenden Bergbauunternehmen ein. Sie verstanden es, miteinander umzugehen, und über diese Beziehung wickelten sich viele Einflußnahmen der Mitbestimmung ab. Van Berk war mehr, als es seine Aufsichtsratsfunktion erwarten läßt, präsent, manchmal bis zu dreimal im Monat, denn »irgendwie hatten die (an der Saar) immer ein Feuerchen angesteckt. An der Saar war immer was los.«

Die von den Gewerkschaftsvertretern geförderten und mitgetragenen Bemühungen um einen rationelleren und produktiveren Zuschnitt der Saargruben konnten nicht verhindern, daß der Saarbergbau – wie die übrigen Reviere – bald in seine schlimmste Krise geriet, die, wie es im nachhinein alle Gesprächspartner sehen, zur großen Bewährungsprobe für die Mitbestimmung werden sollte. Die Kohle war in der geförderten Menge nicht mehr absetzbar, die Planungsgrößen mußten fortlaufend revidiert werden. Ein Ende der energiewirtschaftlichen Kohlenkrise war nicht absehbar, und es gab für die Organisationsvertreter keine Zweifel, daß ihre Bewältigung auf einzelwirtschaftlicher Ebene nur durch massive Reduzierungen der Förderkapazitäten und der Belegschaften möglich sein würde.

Der Rationalisierungsphase der ersten Jahre folgte, diese zum Teil überlagernd, die Phase der Schrumpfung des Förder- und Beschäftigungsvolumens, der Anpassung an die veränderten Marktverhältnisse. In zwei Generalplänen (1962 und 1968) versuchte die Unternehmensleitung, die mittelfristige Betriebsgestaltung festzulegen und die für erforderlich gehaltenen Konzentrationsmaßnahmen zu koordinieren.

Generalplan I sah die Zusammenfassung von 15 Gruben auf 7 Zentralförderanlagen bis zum Jahre 1968 vor. Neben der Errichtung der neuen Zentralförderanlage im Warndt bedeutete dies die Stillegung von 9 Förderanlagen, 7 Aufbereitungsanlagen, 22 Außenanlagen und die Verminderung von 23 auf 10 Förderschächte. Nach weiter rückläufiger Absatzentwicklung und Anwachsen der Halden in den Jahren 1966 und 1967 wurde vom Aufsichtsrat der Generalplan II beschlossen, der den Zeitraum 1968 bis 1974 umfaßte. Nach diesem Plan sollte die verbleibende Gesamtförderung schon ab 1970 auf 5 und ab 1974 auf 4 Schachtanlagen zusammengefaßt werden. In Verfolgung dieser Planung erreichte die Belegschaftsstärke von ehemals 65 000 zum Jahresende 1973 ihren Tiefstand mit 21 300 Beschäftigten. In einer Zeitspanne von 16 Jahren war somit ein Belegschaftsabbau von 43 600 Arbeitnehmern zu bewältigen.

Dieser gesamte Maßnahmenkomplex wurde von den Arbeitnehmervertretern in der Entscheidungsphase mitvollzogen. Ein betrieblicher Arbeitnehmervertreter erinnert sich: »Der Plan ist von der Direktion erstellt worden, dann wurden der stellvertretende Aufsichtsratsvorsitzende und der Bezirksleiter hinzugezogen. Es gab eine Bezirksvorstandssitzung, und dort wurden auch Richtlinien festgelegt, die für die Aufsichtsratsmitglieder bindend waren. Der Gesamtplan wurde vom Aufsichtsrat einstimmig angenommen.« Schließlich ist, als die konkreten Stillegungsmaßnahmen anstanden, fast in jeder Sitzung des Aufsichtsrates über eine Stillegung oder Einschränkungsmaßnahmen beschlossen worden, in der Regel einstimmig, es sei denn, der Betriebsratsvorsitzende der betreffenden Grube war im Aufsichtsrat. Der stimmte, was jeder akzeptierte, nicht für diese Maßnahme.

Das Einverständnis der Arbeitnehmervertreter, ihre Bereitschaft zum Nachvollzug wurde dadurch erleichtert, daß der Aufsichtsrat bereits in einer seiner ersten Sitzungen beschlossen hatte, keine Entlassungen vorzunehmen. Der Personalabbau wurde durch hohen organisatorischen und planerischen Aufwand und nach der Maßgabe, soziale Härten zu vermeiden, bewältigt.

Kämpfe fanden jedoch auf der unteren Ebene statt, und zwar in den

Gruben, die von den Einschränkungen und Stillegungen betroffen waren. Hier ging es um die Frage: »Warum gerade wir?« und: »Warum gerade jetzt?«, um Probleme des Verbleibs der Kameradschaften, um die Berufs- und Aufstiegsperspektiven vieler einzelner, die nun zunichte wurden. Der ehemalige Betriebsratsvorsitzende der Grube Kohlwald erinnert sich an diese Situation: »Wir wollten zuerst noch ein neues Bad bauen. Der Grundstein war schon gelegt. Und auf einmal hieß es, daß Kohlwald stillgelegt werden soll. Wir sind dann natürlich Sturm gelaufen. Wir hatten ja schon die Leute von Barbara und von Heinitz bekommen, die auch schon stillgelegt waren. Und nun ging es Kohlwald an den Kragen. Wir hatten die politischen Stellen und alles mögliche eingeschaltet. Es folgte eine Betriebsratssitzung nach der anderen. Die Leute sollten alle nach Luisenthal verlegt werden. Dagegen habe ich hauptsächlich gekämpft, weil die Leute mir direkt ins Gesicht gesagt haben, daß sie nicht dahin wollten, weil dort vor zwei Jahren erst 300 Menschen ums Leben gekommen sind. Dann kam noch hinzu, daß die Leute, die dort waren, nie einen Kilometer fahren mußten, und die, die schon 25 und 30 km fahren mußten, die sollten dann an die 40 Kilometer fahren. Da hat es böse Betriebsratssitzungen mit den Freigestellten gegeben. Es kamen alle Betriebsräte von den Gruben, die die Leute aufgenommen haben, zusammen. Es war ja eine Ringverlegung. Es gab da heftige Diskussionen. Vor allen Dingen ging es auch darum, daß die, die auf einer Grube waren, immer da bleiben konnten, die anderen immer weiter fahren mußten.«

In den sechziger Jahren machte sich in großen Teilen der Belegschaft eine negative Grundstimmung über den Bergbau und die eigenen Zukunftsperspektiven breit. Resignierend hieß es: »Die Kohle und der Bergbau haben keine Zukunft.« Viele Bergleute verließen von sich aus die Gruben, darunter viele jüngere und qualifizierte Leute. Tausende von Kontraktbrüchen fanden in der damaligen Zeit statt. Die älteren Bergleute, schon seit Generationen diesem Beruf mit Leib und Seele verbunden, würden ihrem Sohn »lieber die Hand abhacken, als ihn auf die Grube zu schicken«, so ein vielzitiertes Wort. Der damalige Assistent des Arbeitsdirektors erinnert sich: »Es mag vielleicht ein gewisser Widerspruch darin liegen, daß die Leute aus ihrem Innersten, aus der Tradition heraus, Bergleute waren, auf der anderen Seite aber das Gefühl hatten: ›Im Bergbau ist sowieso nichts mehr los, und wer da noch drin ist, der kriegt woanders nichts mehr ab.‹ Man hatte das Gefühl, daß die Leute anfingen, sich vom Unternehmen zu distanzieren, weil sie nicht mit dem negativen Image der Branche verbunden sein wollten.«

Eine negative Identifikation vollzog sich in breitem Umfang. Sie kam nicht nur in der Abwanderung zum Ausdruck. »Da wären noch mehr ausgeschieden, wenn sie gekonnt hätten. Ich kenne keinen von den Bergleuten, der das nicht gewollt hätte«, so die Meinung eines früheren Betriebsratsvorsitzenden. Eine hohe Unzufriedenheitsquote wurde in zwei Belegschaftsbefragungen festgestellt, die in diesen Jahren vom Unternehmen in Auftrag gegeben wurden.

Dennoch, es gab keine Streiks wegen der Stillegung und keine schwarzen Fahnen wie an der Ruhr. Das Motto der Belegschaftspolitik war: »Es fällt keiner ins Bergfreie.« Durch die damalige Arbeitsmarktlage, durch die Unterstützungen der öffentlichen Hand und der Bundesknappschaft (Anpassungsbeihilfen, Knappschaftsausgleichsleistung, Anpassungsgeld) und durch die betrieblichen Sozialpläne wurde der großangelegte Freisetzungsprozeß aufgefangen.

Die Stillegungsmaßnahmen wurden offensiv betrieben. Der erste Generalplan wurde nach seiner Verabschiedung sofort offengelegt. Karl van Berk meinte dazu: »Ich sagte dem Rolshoven: ›Glauben Sie ja nicht, daß das geheim bleiben wird. Im Gegenteil, wir werden diesen Generalplan so groß wie eine Kleiderschranktür aushängen, damit ihn jeder Kumpel ohne Brille lesen kann. Jeder soll schon zwei Jahre vorher Bescheid wissen, daß sein Pütt mal dran ist, und sich dann von alleine irgendwohin begeben, wo es ihm paßt. Dann hat er noch Zeit.‹« Mit dem zweiten Generalplan wurde ebenso verfahren. Er wurde unter dem Aufsichtsratsvorsitz des Gewerkschafters Karl van Berk verabschiedet, der dieses Amt für eine Übergangszeit von einem Jahr innehatte.

Als große Zwangsläufigkeit sehen die Mitbestimmungsakteure heute rückblickend den radikalen Schrumpfungsprozeß, der über eine Zeitspanne von fünfzehn Jahren die Unternehmenspolitik bestimmte. Sie begreifen ihn als notwendige Folge von nicht beeinflußbaren, im internationalen Zusammenhang ablaufenden wirtschaftlichen Entwicklungen.

Dennoch wird ihnen die Zwiespältigkeit ihrer damaligen Rolle bewußt: »Die Mitbestimmung war die Feuerwehr. Sie hat doch vieles abgehalten und so konnten die Unternehmensleute sagen: ›Eure Leute waren dabei und die haben das mitgetragen!‹ Das ist die Kehrseite der Medaille. Denn als Mitbestimmungsorgan hat man ja nach beiden Seiten Verpflichtungen. Man muß auch das Unternehmen berücksichtigen«, meinte dazu ein ehemaliges Betriebsrats- und Aufsichtsratmitglied.

»Ohne die Mitbestimmung wäre dieser Prozeß einfach nicht so gelaufen. Das ist mein fester Glaube. Was da die Arbeitnehmerseite geleistet hat, an Dämpfungen, Beschwichtigungen, Hinhalten gegenüber den eigenen Mitgliedern, das geht auf keine Kuhhaut. Aber es hat nach meiner Auffassung keine Alternative gegeben. Es war einfach die Situation so, daß für die Förderung kein Markt mehr da war. Es erhob auch keiner die Hand und gab ein Zeichen, daß sich in kürzerer oder mittelfristiger Zeit die Situation ändern wird. Es war ganz einfach die Frage, auf einen relativ ungefährdeten Kern zurückzufahren und eben die Schmerzen in Kauf zu nehmen! Es sind durch die Mitbestimmung Dinge verhindert worden, die sicherlich eingetreten wären, hätten die Arbeitgeber und die Kapitalseite das allein entscheiden können. Durch die Montanmitbestimmung ist der Saarbergbau als Bergbaustandort in der Bundesrepublik gesichert worden. Gerade dieses Mitbestimmungsverständnis, geprägt durch die IG Bergbau und Energie, unterscheidet uns von der Stahlindustrie: Wir waren bereit, uns unter Schmerzen von Dingen zu trennen, um uns auf einen gesunden Bestand des Bleibenden zu konzentrieren.« (Damaliger Gesamtbetriebsratsvorsitzender.) Karl van Berk resümiert: »Ich war insgesamt zwölf Jahre dort. Es hat oft Streitigkeiten, Krach gegeben zwischen dem Aufsichtsrat und dem Vorstand, zwischen van Berk und den Betriebsräten. Das ist ganz klar. Wenn der Aufsichtsrat beschließt, daß die Grube König stillgelegt werden soll, dann kriegt er mit dem dortigen Betriebsrat Krach. Als wir die Verantwortung übernommen hatten, gab es 101 Schächte, und als ich ging, da waren es nur noch 48. Wir haben eigentlich immer unternehmerisch gedacht und haben uns nicht gescheut, der eigenen Belegschaft Schmerzen zuzufügen.«

Wir haben die Mitbestimmungsakteure zu ihrer Rolle in dieser kritischen Phase der Unternehmensgeschichte ausführlich zu Wort kommen lassen, weil in diesen Äußerungen die zentralen Momente ihres Rollenverständnisses zum Ausdruck gebracht werden. Um das Bild entlang den Entwicklungslinien des Steinkohlenbergbaus und der Saarbergwerke weiterzuzeichnen und abzurunden, darf eine in unserer Sicht wichtige dritte Phase der wirtschaftlichen Mitbestimmung nicht übersehen werden, die Phase der *Investitions- und Beteiligungspolitik* der Saarbergwerke, der Diversifizierung des Konzerns und der »Alimentierung der Kohle« zur Sicherung des Restbestandes der Arbeitsplätze im Saarbergbereich. Die Mitbestimmungsakteure engagierten sich in dieser Phase insbesondere im Kraftwerkszubau, wo es ihnen gelang, eine von der Unternehmensleitung zunächst favorisierte Planung für ein Kraftwerk auf Ölbasis zu revidieren und ein Kohlekraftwerk durchzusetzen.

Unter Ausschöpfung der partei- und kommunalpolitisch zur Verfügung stehenden Möglichkeiten wirkten sie auf die Erteilung von Baugenehmigungen hin und setzten sich im Vorfeld derselben mit kommunalen Widerständen auseinander.

Der Gesamtbetriebsratsvorsitzende dieser Zeit erinnert sich: »Viele Investitionen, große Investitionen – zum Beispiel der Schrägschacht in Ensdorf, der war lange Zeit umstritten – sind mit unserer Kraft durchgehauen worden. Wir haben uns nicht damit begnügt, Dinge abzuwenden oder Dinge zu verbessern, sondern wir haben selbst Eigeninitiativen im wirtschaftlichen Bereich entwickelt, was ja im Rückschluß wieder sich positiv auf die Beschäftigungslage ausgewirkt hat, und haben versucht, uns durchzusetzen.«

Im Steinkohlenbergbau an der Saar, dessen Strukturkrise mehr als anderthalb Jahrzehnte vor der Krise der Stahlindustrie einsetzte, hat sich, eingebunden in die mitbestimmungs-, wirtschafts- und energiepolitische Konzeption der IG Bergbau ein anderes Muster von Beeinflussungshandeln auf Unternehmensebene herausgebildet als in der Stahlindustrie. Das Handeln und das Selbstverständnis der Mitbestimmungsakteure im Bergbau stand in einem kooperativen Kontext gestaltender Mitwirkung an zentralen Unternehmensentscheidungen. Für die IG Bergbau war die Mitbestimmung der Dreh- und Angelpunkt, über den sie ihre strukturpolitischen Zielvorstellungen im Unternehmen durchsetzte. Sie konnte sich nicht nur an der Saar, sondern für den gesamten Wirtschaftszweig als Kraft darstellen, die über die widerstreitenden Einzelinteressen auf betrieblicher und einzelwirtschaftlicher Ebene hinweg gleichsam das Brancheninteresse verkörperte. Immer mehr wurde Mitbestimmung in der Erfahrungswelt der betrieblichen Akteure nun auch ein Synonym für IG Bergbau, für »die Gewerkschaft«. Dieser Prozeß, flankiert durch die gezielte Organisationsarbeit des Verbandes im Bezirk, brachte der Mitbestimmung schließlich den Durchbruch beim Ausbau und bei der Festigung ihrer Stellung im Unternehmen, und zwar nach beiden Seiten.

Für das Management übernahm sie die Rolle der »Feuerwehr«, die an der Belegschaftsfront zum Einsatz kam, um die personellen und sozialen Probleme zu bewältigen. Dieses Verständnis von unternehmerischer Mitverantwortung, die sich nicht scheut, »der eigenen Belegschaft Schmerzen zuzufügen«, führte dazu, daß die Mitbestimmung zu einem anerkannten Faktor in der Unternehmensführung wurde, »ohne den nichts mehr läuft«. Für die Arbeitnehmerseite stellte die Gewerkschaft/ die Mitbestimmung jene soziale Kraft dar, die in der Krise als Sperre gegen eine unsoziale Entlassungspolitik wirken konnte und die öffentliche Hand, die Parteien und Regierungen zur Unterstützung bei der Bewältigung der Personal- und Sozialmaßnahmen zu mobilisieren verstand.

4. Ausweitung und Integration:
Mitbestimmung und gewerkschaftliche Macht in den siebziger Jahren

Die Mitbestimmung der sechziger Jahre war bestimmt durch die wirtschaftsstrukturellen Umbrüche im Steinkohlenbergbau. Mitbestimmung im Verständnis ihrer Hauptvertreter war gestaltende Mitwirkung an der Unternehmenspolitik im Gesamtkonzept der Ordnungs- und Strukturierungslinien, die von der Gewerkschaft vorgezeichnet waren.

Die immense personalpolitische Herausforderung anzunehmen, bedeutete für die Mitbestimmung, auf den Aufbau eines funktionierenden Apparates für die planerischen und operativen Aktivitäten hinzuwirken. Die Arbeitsdirektion in ihrem bisherigen Zuschnitt und ihren begrenzten Handlungs- und Einflußmöglichkeiten konnte dies nicht leisten. Auch aus der Sicht der Unternehmensleitung konnte die Mitbestimmung der ihr zugewiesenen »Feuerwehrrolle« nicht gerecht werden, wenn die Arbeitsdirektion weiterhin eine nur marginale Stellung in der Unternehmensorganisation einnahm.

Die ersten Schritte zu einer Ausweitung des Einflußfeldes der Arbeitsdirektion können wir bereits im Laufe der sechziger Jahre unter dem zweiten Arbeitsdirektor Walter Lamprecht (1962 bis 1975) feststellen. Er hatte einen anderen sozialen und beruflichen Hintergrund als sein Vorgänger. Er, ehemals Sekretär beim Hauptvorstand der IG Bergbau, wird als »der Stabsmann« charakterisiert.

»Er war ein intellektueller Typ, mehr auf längerfristige, grundsätzliche Dinge fixiert. Er hat sehr viel am Schreibtisch gearbeitet und war bestrebt, seine Schularbeiten mindestens genauso gut zu machen wie seine Kollegen im Vorstand« (So sein ehemaliger Assistent.) Kurze Zeit nach Übernahme seines neuen Aufgabenfeldes zog er qualifizierte Mitarbeiter an sich heran, die ihn bei dieser Arbeit unterstützten. Von ihm und seinem Stab wurden grundsätzliche und konzeptionelle Probleme angegangen: Ausweitung der Ressortzuständigkeit, Aufbau einer Personalplanung zur Bewältigung der personalpolitischen Folgen der Fördereinschränkungs- und Stillegungsmaßnahmen, Neuordnung der Ar-

Arbeitsbedingungen in den fünfziger Jahren: Staubbekämpfung

Der zweite Arbeitsdirektor Waldemar Lambrecht (1962–1975) mit dem Vorsitzenden der IGBE, Adolf Schmidt, und dem Vorstandsvorsitzenden der Saarbergwerke AG, Dr. Erwin Anderheggen (v.l.n.r.)

beitsdirektion im Zusammenhang der Unternehmensneugliederung und schließlich Einführung der Betriebsdirektoren für Personal- und Sozialwesen. Auch Versuche mit der Installierung arbeitswissenschaftlicher Teams standen auf dem Programm der Ära Lambrecht.

In der Arbeitsdirektion wurden Vorstellungen, Erwartungen und Ideen zur wünschenswerten Entwicklung und zum weiteren Ausbau der Mitbestimmung entworfen und diskutiert. Paradoxerweise wird die Wende, die nach dem Verständnis unserer Gesprächspartner eine qualitative Veränderung in der Mitbestimmungsstruktur und in der Durchzugskraft der Mitbestimmungsorgane brachte, mit dem Ergebnis einer Unternehmensberatung von McKinsey bei Saarberg in Verbindung gebracht. Die Firma McKinsey hatte, als sie 1970 ihre Beratungtätigkeit bei den Saarbergwerken mit der Entwicklung des Sparten-Konzepts beendete, »das große Bild gemalt, und wir in der Arbeitsdirektion haben es dann mit Leben gefüllt«, wie ein ehemaliger Assistent des Arbeitsdirektors sich erinnert. Forderungen, die bislang nicht realisiert werden konnten, wurden nun im großen Zuge der Neuordnung mitgetragen. Die Unternehmensberatung hatte den legitimatorischen Rahmen abgegeben für die großen Geschäftsverteilungsdebatten, die nun Bewegung in die erstarrten Ressortgrenzen brachten. »In mühsamer Kleinarbeit« sind Zuständigkeiten aus den übrigen Ressorts herausgebrochen worden. Die Ausbildung, vordem im Ressort AV eine kleine Dienststelle mit fünf Mann Personal, von der die Ausbildungspläne erarbeitet wurden, ging in ihrem gesamten Umfang von den Lehrwerkstätten bis zur Bergingenieurschule in die Arbeitsdirektion über. Für die Ausbildung konnten nun andere Prioritäten gesetzt werden. Sie bekam ein anderes Gewicht (»früher bei den Bergwerken, wenn ein Steiger unter Tage nicht mehr konnte, dann war er für die Ausbildung noch gut genug«). Noch im Krisenjahr 1971 gelang es den Mitbestimmungsorganen nach dem durch die Grubenstillegungen bedingten Wegfall von Ausbildungskapazitäten, den Bau zweier neuer Ausbildungswerkstätten durchzusetzen. Die Werkszeitung kam ebenso zur Arbeitsdirektion, wie die Zuständigkeit für den größeren Teil der AT-Angestellten. Die Spitzenleute, etwa ein Drittel der AT-Angestellten, verblieben jedoch bis heute beim Vorstandsvorsitzenden.

Im Ergebnis kam ein Ressort Arbeitsdirektor zustande, in dem in drei großen Säulen die zentralen Aufgabenbereiche Personalwesen, Sozialwesen und Ausbildung zusammengeführt wurden, die aufgrund ihrer Organisationsmächtigkeit, ihrer internen Differenzierung und zentralen Leitung einen wesentlich größeren Wirkungsgrad entfalteten, als dies vorher möglich war.

War Lambrecht einerseits der Arbeitsdirektor, in dessen Amtsführung die Ausweitung und Stärkung seines Ressorts erfolgte, so war er anderseits auch der Arbeitsdirektor, dessen Name sich mit den Stillegungen verband. Das eigentliche und dominierende politische Thema, auf das die Aktions- und Verhandlungsenergien seiner Zeit mit Ausnahme der letzten Jahre sich notgedrungen konzentrierten, waren Planung und Bewältigung des Belegschaftsabbaus unter voller Ausschöpfung der verfügbaren rechtlichen Instrumentarien und organisatorischen Ressourcen des Unternehmens. Dies ohne große soziale Konflikte, ohne soziale Härten im großen bewältigt zu haben, wird, wie wir schon sagten, als eine Leistung der Mitbestimmung, also auch der Arbeitsdirektion, gesehen. Die »Rückführung der Belegschaft« brachte für die Saarbergwerke die Entwicklung einer Personalplanung mit sich. Während die Generalpläne die mittelfristen Fördermengen und die Betriebsgestaltung festschrieben, wurden die Personalpläne von der Arbeitsdirektion ausgearbeitet. »Wir haben gefragt: Wie läßt sich die Belegschaft unter Inanspruchnahme aller Möglichkeiten, die es gibt, mit Ausnahme von Entlassungen, vermindern? Was könnte man über den ganz normalen Weg, über Fluktuation, machen? Was läßt sich durch vorzeitiges Ausscheiden erreichen? Wir haben in dieser Weise geplant, um von daher vorgeben zu können, wann die nächste Stillegung durchgeführt werden kann.« (Ehemaliger Assistent des Arbeitsdirektors.)

Man ging hierbei nach folgendem Prinzip vor: Zunächst ließ man in allen Betrieben durch frühzeitige Pensionierung, Nichtersetzen von Fluktuation usw. eine Personalunterdeckung entstehen, legte dann den in Frage stehenden Betrieb still, verlegte die freigesetzten Arbeitskräfte auf freigewordene Arbeitsplätze anderer Gruben, wobei ein kleiner Überhang möglich war, der sich nach einiger Zeit abbauen konnte. Neben dem »Stellvertreterprinzip« (Ältere scheiden für Jüngere über den Sozialplan aus) wurde nach dem weiteren Prinzip der ortschaftsweisen Verlegung verfahren, was nicht nur gewichtige Gründe in den Anforderungen des Belegschaftstransports hatte, sondern auch der Erhaltung eingespielter Mannschaften förderlich war. Auf diese Weise gelang es, die soziale Integration der Belegschaftsteile weitgehend zu sichern, bestehende soziale Strukturen und Gruppenbindungen beizubehalten, ohne die eine Umschichtungsmaßnahme dieser Größenordnung, in der ca. 40 000 Belegschaftsmitglieder zum großen Teil vier- bis fünfmal von

Grube zu Grube »ringverlegt« wurden, zu weit heftigeren Konflikten und sozialen Eruptionen geführt hätte.

Dies war der »rote Faden«, der sich durch die Planungen der Arbeitsdirektion zog. Ein solches Integrationskonzept war nur unter den Bedingungen des Saarbergbaus als einer Einheitsgesellschaft mit der flankierenden Unterstützung der öffentlichen Hand und unter den damaligen Arbeitsmarktbedingungen durchführbar.

Ungeachtet seiner persönlichen Besonderheiten wird man also der Ära Lambrecht nur gerecht werden können, wenn man die ökonomischen und unternehmenspolitischen Rahmendaten und Problemstellungen dieser Zeit betrachtet. Es ist die Zeit der großen Krise, der zeitweise aussichtslos erscheinenden Situation, die Zeit auch der »Nullplanungen« im Vorstand, die auf eine gesamte Stillegung der Saarkohleförderung abzielten. Der Handlungs- und Gestaltungsspielraum war äußerst begrenzt. Es war »nie ein Vorwärtsblicken«, wie einer unserer Gesprächspartner sich erinnert. Erst mit dem Ölschock des Jahres 1973 ging es langsam wieder voran: »Es wurde in dem Moment leichter, als man darauf verweisen konnte, daß wieder Geld da ist, auch Geld für humane Zwecke. So wurde dann in den siebziger Jahren, als der Franz Neumann (der dritte Arbeitsdirektor, d.V.) schon da war, das Sozialbautenprogramm beschlossen, 70 Millionen zunächst!« (Der ehemalige GBR-Vorsitzende)

Ein anderer Gesprächspartner resümiert rückblickend die Ära Lambrecht: »Es wäre schlimm gewesen, wenn nach dem Dietrich gleich ein Neumann gekommen wäre. Das war so ein ganz langsames Anlaufen in der Mitbestimmung. Es wurde nun mehr Mitbestimmung gemacht. Die Betriebsräte wurden auch stärker. Der Lambrecht hatte nun immerhin die Verbindungen nach der Ruhr und nach Bonn, die der Dietrich nie hatte. Dann wurde das Amt des Arbeitsdirektors erst richtig aufgebaut, und es gab Kompetenzrangeleien zwischen Lambrecht und dem Vorstandsvorsitzenden. Der war nicht mitbestimmungsfeindlich, aber ich weiß, wie er die Dinge betrachtet hat: ›Machen wir ein Machtkämpfchen und lassen die mal zappeln. Wenn die von mir was haben wollen, dann müssen die das bezahlen, denn irgendwann brauche ich deren Zustimmung auch.‹ Und er hat nur nach und nach nachgegeben, hat dem Arbeitsdirektor Stück um Stück gegeben, aber gegen entsprechende Gegenleistungen. Das war damals die Taktik.«

Mit Franz Neumann ist die Arbeitsdirektion in ihre dritte Epoche gegangen (1975 bis 1982). Neumann hat bei seinem Amtsantritt keinen

Zweifel gelassen, wo er herkam. Als Bezirksleiter in Dortmund mußte er die Kämpfe zu Zeiten der Kohlenkrise an der Ruhr durchstehen. Er war der Mann, so wird erzählt, der sich als Bezirksleiter morgens in aller Frühe telefonischen Rapport von »seinen« Bergwerksdirektoren geben ließ. Bei ihm fand sich ungleich stärker als bei seinen Vorgängern die Orientierung auf den Verband, mehr noch: Von ihm wird gesagt, er sei der Bezirksleiter geblieben, mit all den Attributen, die im Rollenverständnis dieser Funktion angelegt sind. So hat auch dieser Arbeitsdirektor dem Arbeits- und Beziehungsgefüge, in dem er stand, sein persönliches Gepräge gegeben. In seiner Ära wurde durch zupackendes Handeln und kraftvolles Auftreten gegenüber den Betriebsräten wie gegenüber dem Grubenmanagement die Position des Arbeitsdirektors in weitaus stärkerem Maße, als es bei den Saarbergwerken jemals der Fall war, zu einem Machtfaktor in der Unternehmens- und Betriebspolitik.

Die Leistungsbilanz der Mitbestimmung, die vorzeigbaren Merkposten in der Außendarstellung des Arbeitsdirektors und des Gesamtbetriebsrats sind durchaus vergleichbar mit den Leistungen, wie wir sie für die Hütten dargestellt haben, mit Ausnahme eines Bereiches: Der Arbeitsschutz kam nicht in die Zuständigkeit des Arbeitsdirektors. Bei den Saarbergwerken liegt das gesamte Sicherheitswesen beim Bergbauvorstand.

Die Hereinnahme entsprechender Aufgaben in die Stellenbeschreibung des sogenannten Arbeitsingenieurs, der als Leiter der Fachabteilung Arbeitswirtschaft und Sozialwesen dem Betriebsdirektor PS unterstellt ist, stieß von Beginn an auf harten und anhaltenden Widerstand der Grubenleitungen und des Bergbauvorstandes. Nach der Vorstellung der Arbeitsdirektion sollte der Arbeitsingenieur unter anderem neue Arbeits- und Betriebsmittel vor ihrem Einsatz inspizieren. Mit einem solchen Eingriff in den Handlungsbereich der Techniker konnten sich die Mitbestimmungsakteure nicht durchsetzen. In der Stellenbeschreibung des Arbeitsingenieurs wurde zwar als eine seiner Haupttätigkeiten aufgeführt: »Er überprüft die Arbeitsplätze und Arbeitsvorgänge im Hinblick auf die optimale Gestaltung der die Arbeitsbedingungen beeinflussenden Faktoren.« Aber die Erfüllung dieser Aufgabe setzte eine entsprechende Bereitschaft der technischen Seite voraus. Hier allerdings fehlte häufig das Verständnis: »Es ist unheimlich schwierig – und das wird nicht nur bei Saarberg so sein, das ist in anderen Unternehmen sicher auch so –, wenn eine Maschine beschafft werden soll, kommt man nicht ran. Denn erstens hat man nicht die Information, daß da eine Maschine beschafft werden soll, und zweitens gibt einem nicht jeder die Legitimation und sagt: ›Hier! Schau dir mal als Ergonom die Maschine an!‹. In zehn Jahren wird das mit Sicherheit selbstverständlich sein, davon bin ich überzeugt. Aber heute ist das noch keine Selbstverständlichkeit. Man merkt es heute auch schon immer mehr, daß, wenn im Betrieb eine Maschine angeschafft wird, nicht nur der Ingenieur und der Bergwerksdirektor hinfährt, um die Maschine zu begutachten, sondern es wird auch schon der Betriebsrat mitgenommen, der dann auch mal sagen kann, ›das und jenes müßt ihr ändern‹. Es sind also Zeichen vorhanden, daß etwas ins Spiel kommen wird, aber es ist noch nicht soweit, daß man sagen könnte, daß der Zustand, den man angestrebt hat, erreicht ist. Da können Sie schon sehen, daß es Kompetenzen gibt, die althergebracht sind, und da ist es unheimlich schwierig, die rauszubrechen. Das dauert Jahre. . . . Erst wenn man nach fünf Jahren mal Rückschau hält, bemerkt man, daß sich doch etwas bewegt hat«, so der ehemalige Assistent des Arbeitsdirektors.

Bewegt hat sich sicherlich einiges im Bereich der Ausbildung mit der Errichtung der Ausbildungszentren, der Einrichtung von Lehrrevieren, dem Unterrichtsangebot in den werkseigenen Berufsschulen, der Bergingenieurschule in eigener Trägerschaft. Aber dies sind Leistungen, deren sich jedes moderne Unternehmen rühmen mag. Das Besondere, so wurde gesagt, liegt in der Qualität des Ausbildungswesens und in seiner Größenordnung: Die Gesamtzahl aller Auszubildenden betrug Ende 1981 2 600, das sind 10 Prozent der Gesamtbelegschaft! Und auf die Durchlässigkeit des Ausbildungswesens (»vom Lehrling bis zum Betriebsführer«) wurde immer wieder hingewiesen.

Das Sozialbauprogramm, 1975 durchgesetzt und zunächst auf 10 Millionen DM pro Jahr geplant, ist zwischenzeitlich auf das doppelte Volumen angestiegen. Der Bau von Schwarz-Weiß-Kauen und Kantinen sollte den Bergleuten menschenwürdige Bedingungen auch im Vorfeld des eigentlichen Arbeitsprozesses schaffen. Gleiches trifft für die Gestellung und Reinigung der Arbeitskleidung zu, die bereits Jahre zuvor eingeführt wurde. Zumindest beim Sozialbauprogramm ist der Bezug zu den heutigen Arbeitsmarkterfordernissen unverkennbar. Auch die Arbeit des Bergmanns mußte attraktiver gemacht werden, entsprechende Leistungen des Unternehmens wurden erwartet. Das ist aber nicht der springende Punkt. Die Kontrastierung zu den unmittelbar erfahrenen Bedingungen früherer Zeit ist in der Erinnerung unserer Gesprächspartner und, wie wir annehmen müssen, auch der Bergleute lebendig. Wir haben lange Schilderungen der Verhältnisse jener Zeit, als die Frauen am Wochenende, ganz früher noch sonntags, in der Waschküche standen und die Arbeitskleidung der Männer und Söhne reinigen mußten, und aus jener Zeit, als es noch die alten Bäder gab, in denen schmutzige Arbeitskleidung und ›zivile‹ Kleidung nicht getrennt waren. Es waren menschenunwürdige Verhältnisse im heutigen Verständnis, und die hat »unsere IG Bergbau mit den Betriebsräten und dem Arbeitsdirektor« beseitigt. Die heute nach wie vor intensiv betriebene Eigenheimbauförderung mit immer wieder verbesserten Darlehenskonditionen ist ein weiteres Leistungsmerkmal, das mit gewissem Stolz in der Erfolgsbilanz der Mitbestimmung ausgewiesen wird.

Einer der wichtigsten Bereiche, in dem »die Mitbestimmung« als erfahrbare Wirklichkeit in den Horizont der Bergarbeiterwelt hineinreichte, waren das betriebliche Personalwesen und die Personalbetreuung durch den Ende 1970 eingeführten *Personal- und Sozialdirektor*. Über ihn, der dem Arbeitsdirektor fachlich unterstellt ist, wickelt sich nun der hauptsächliche Kontakt der Belegschaften und Betriebsräte »zur Mitbestimmung« ab. Kannte vorher lediglich ein geringer Teil der Belegschaft der Grube den Arbeitsdirektor – und das höchstens dem Namen nach – und bestanden kaum Vorstellungen über seine Aufgaben, wie eine unternehmensinterne Studie aus dem Jahre 1966 belegt, so ist nun jedem »die Mitbestimmung augenfällig geworden. Was vorher nur rhetorisch war, wurde nun auch akzeptiert.« (Einer der ersten Personal- und Sozialdirektoren.)

Eine ihrer Hauptaufgabe sahen die Personal- und Sozialdirektoren darin, »die Disziplinarmaßnahmen zu humanisieren«. Ein Beispiel: »Da ist seinerzeit folgendes geschehen, daß das Bergwerk Verwarnungen rausgeschickt hat nach dem Motto: ›Wir fordern dich auf, deinen Gesundheitszustand nachhaltig zu verbessern.‹ Und diese Verwarnung haben natürlich auch Leute gekriegt, die im Krankenhaus lagen. Das hatte der damalige Bezirksleiter kritisiert. Wir haben uns damals gefragt: Was müßte man eigentlich tun, damit so ein Prozeß richtig abläuft? Wir haben also schematisch entwickelt, wie die einzelnen Stufen aussehen müßten. Das ist später auch vom bergmännischen Bereich übernommen worden. Aber verwirklicht werden konnte es erst, als die Personal- und Sozialdirektoren da waren. Die konnten sich auch intensiv mit den Dingen befassen.« (Ehemaliger Assistent des Arbeitsdirektors)

Einer der ersten Betriebsdirektoren für Personal- und Sozialwesen erinnert sich: »Es wurden immer noch Karteikarten geführt, aus denen ersichtlich war, wie oft und aus welchen Gründen ein Mann gefehlt hat. Wenn jemand durch häufiges Fehlen auffiel, wurde seine Entlassung betrieben. Wir haben dann mal systematisch die Belegschaft durchforstet und festgestellt, wer Fehlzeiten hatte. Wir haben gesagt, daß sie keine Verwarnungen kriegen sollen. Wir haben die Leute bestellt und mit ihnen gesprochen. Es gab Fälle, daß wir echte Bummelanten erwischt hatten, die keine Erklärung für die Abwesenheit hatten, denen hatten wir weiterhin Mahnungen und Verwarnungen geschrieben und auch Entlassungen betrieben. Dann gab es andere, die einfach nicht mehr konnten, sei es, daß sie zu alt waren, oder weil sie einen Unfall hatten oder kaputt waren. Es kam auch vor, daß einer mal in früheren Zeiten einen Unfall hatte, keiner wußte davon, aber die Beschwerden waren noch da, und der mußte deshalb oft krankmachen. Es gab auch Leute mit Magenbeschwerden, die vielleicht regelmäßig essen sollten, aber durch die Schichtarbeit, durch das ständige Umfahren nicht zur Ruhe kamen. – In solchen Fällen haben wir überlegt, wie wir den Leuten helfen konnten und damit auch dem Betrieb. Wir haben die Magenkranken zum Beispiel dann nur zur Frühschicht fahren lassen, damit sie regelmäßiges Essen hatten. Andere Leute, die an einem Arbeitsplatz überlastet waren, denen haben wir einen anderen Arbeitsplatz gesucht. Das waren und sind heute noch die Hauptaufgaben des BPS: Versuchen, den richtigen Mann, seinen Fähigkeiten entsprechend, ausbildungsmäßig als auch von der körperlichen Seite her, an den passenden Arbeitsplatz zu setzen.«

Diese Aufgabe wird heute in zwei Fachabteilungen des Personal- und Sozialdirektors wahrgenommen: in der Personalverwaltung und in der Abteilung Arbeitswirtschaft und Sozialwesen. Krankenstandsbeobachtungen, gezielter Einsatz in der Rehabilitation, Arbeitsplatzwechsel – das sind einige der Hinweise über dieses Tätigkeitsfeld, von dem immer wieder betont wird, daß seine besondere Qualität in dem hohen persönlichen Betreuungsaufwand liege: mit den Leuten reden, auf ihre Probleme eingehen, versuchen zu helfen, aber auch den Spreu vom Weizen trennen: »Ein Aufwand, den früher der Techniker gar nicht treiben konnte!«

Es waren die Zählebigkeit und das Beharrungsvermögen eines in Traditionen gefestigten und stark verrechtlichten »Apparates« und seiner überkommenen Hierarchie von Zuständigkeiten, Befugnissen und Machtpositionen, wie er sich auf jeder einzelnen Grube findet, sperrig und hinhaltend gegen alle Versuche des Herausbrechens von Zuständigkeiten, welcher jahrelang die Ausweitung des mitbestimmten Sektors und die Entfaltung von Handlungs- und Einflußchancen blockiert hatte. »Dann könnt ihr das bißchen Förderung auch gleich mitmachen«, hörte man von den Technikern, wenn es darum ging, für die Mitbestimmung einen größeren Einfluß auf den Gruben einzufordern. Erst mit der Durchsetzung der Betriebsdirektoren für Personal- und Sozialwesen an der Ruhr im Zusammenhang mit der Gründung der Einheitsgesellschaft Ruhrkohle AG im Jahre 1969 und nachdem der erste Betriebsratsvorsitzende von der Saar in diese Position an der Ruhr berufen worden war, wurde der Personal- und Sozialdirektor an der Saar durchsetzbar. Die ersten vier Stellen auf den Gruben wurden mit drei ehemaligen Betriebsratsmitgliedern, darunter der erste Gesamtbetriebsratsvorsitzende der Mitbestimmungsära, und mit einem Assistenten des Arbeitsdirektors besetzt. So versuchte man auch in personeller Hinsicht, »die Mitbestimmung« auf die Grubenebene herunterzubringen. Die ersten Stelleninhaber hatten erst mal Fuß zu fassen, sich in einem neuen Arbeitsfeld einzurichten und gegenüber den Technikern durchzusetzen. Inzwischen hat der Bereich Personal- und Sozialwesen seinen organisatorischen und personellen Unterbau, mit dem er etwas bewegen kann. Mittlerweile kam auch die Zuständigkeit für die Tarifangestellten dazu. Rücksichten gegenüber der DAG im Aufsichtsrat hatten dies lange verhindert. Vom letzten Arbeitsdirektor wurde sie durchgesetzt.

Mit der Einführung der Betriebsdirektoren für Personal- und Sozialwesen war nun die Verbindung zwischen der ins Machtzentrum der Unternehmensleitung vordringenden Arbeitsdirektion und dem betrieblichen Bereich mit einer inzwischen auch neuen Generation von Betriebsräten hergestellt.

Seit dem Beginn der siebziger Jahre gibt es eine Reihe von Hinweisen für eine veränderte Stellung der Betriebsräte im betriebs- und unternehmenspolitischen Rahmen. Sie haben an Gewicht und Einfluß gewonnen und wirken allein schon dadurch auf Betriebspolitik und auf das Verhalten des Managements. Einer unserer Gesprächspartner, früher Betriebsdirektor einer Grube und dann Chef des Personalwesens, erfuhr diesen Veränderungsprozeß aus der Perspektive der Gegenseite: »Das Management steht unter dem Zwang, sich umzustellen und sich anders zu verhalten. Darin ist die tatsächlich gestiegene Macht der Mitbestimmung zu sehen: daß ohne den Betriebsrat nichts mehr läuft. Die alten Bergwerksdirektoren, die jetzt in Pension gehen, die haben das noch nicht ganz ›gefressen‹. Aber die Generation, die jetzt nachrückt, hat sich schon in dieser Zeit entwickelt. Ihr passiert ein solcher Fehler nicht mehr, zu sagen: Betriebsrat hin oder her, das wird so gemacht. Das Grubenmanagement weiß, daß es allein nichts machen kann; daß man keine Karriere macht, wenn man nur Techniker ist. Man muß die andere Seite immer in seiner Planung schon berücksichtigen. Nehmen Sie als Beispiel die Personalpolitik auf einer Grube. Wer wird nächster Betriebsführer? Zwei Obersteiger stehen zur Wahl. Früher hätte der Bergwerksdirektor dem Betriebsrat gesagt: Nehmen Sie zur Kenntnis, der wird Betriebsführer. Das geht heute ganz anders. Über Jahre hinweg ist man im Gespräch und man weiß vom Betriebsrat, wie er die einzelnen Leute einschätzt.« In der Hauptverwaltung gehe man davon aus: Wenn ein Personalvorschlag dieser Art von einer Grube kommt, dann steht der Betriebsrat dahinter, auch wenn er an sich kein Mitbestimmungsrecht hat.

Auf beiden Seiten finden Selektionsprozesse statt: Die Belegschaft, die ihre »guten« Leute wählt, also diejenigen, die »Leistung bringen« und mit dem Steiger verhandeln können; die Betriebsräte, die den zu ihrem Vorsitzenden machen, der es versteht, mit dem Bergwerksdirektor zu reden. Und auf der anderen Seite werden Führungskräfte in Position gebracht, die »auf dem Klavier spielen können«, »mit der Belegschaft harmonieren«, »die Belegschaft für ihre Zwecke ein(zu)spannen« verstehen. So ergeben sich Konstellationen, in denen Betriebsrat und Bergwerksleitung »an einem Strick ziehen« und »sich voll gegenseitig achten«, bei denen der Vorstand, und dazu zählt auch der Arbeitsdirektor, »keinen Fuß zwischen die Tür kriegt«. »In . . . ist eine ideale Zusammenarbeit zwischen Betriebsrat und Werksleitung. Wenn die was wollen und der Betriebsdirektor stellt hier einen Antrag, dann weiß ich ganz genau, daß der Betriebsrat hundertprozentig dahintersteht. Gegen diese Ehe ist der Vorstand machtlos.« (Personaldirektor)

Dagegen gibt es Gruben, in denen die Beziehungen eher von Konflikten geprägt sind. Doch in beiden Fällen gilt: Der Betriebsrat ist zu einem Machtfaktor geworden. Er kann seinem Grubenmanagement, sollte es an ihm vorbei oder gegen ihn operieren, Sand ins Getriebe einer »reibungslosen« Grubenführung streuen und Unannehmlichkeiten bis hin zur Beeinträchtigung der beruflichen Karriere bereiten. Daß es in vielen Betrieben dazu erst gar nicht mehr kommt, scheint das Ergebnis eines Prozesses zu sein, in dem von beiden Seiten Vorverständigungen über die Grenzen der konfliktfähigen Bereiche ausgetauscht wurden und sich gemeinsam akzeptierte Kommunikationsregeln verfestigt haben. In dieser überwiegend kooperativen Struktur der betriebspolitischen Beziehungen sind die Betriebsräte zu einer gewichtigen Größe der Betriebsführung geworden.

Für die Mitbestimmung bringt diese Art von kooperativen Beziehungsstrukturen auf der betrieblichen Ebene nicht nur eine Festigung der Einflußmöglichkeiten. Sie hat zumindest unter dem Aspekt der Integration der einzelnen Mitbestimmungsebenen auch problematische Seiten. Im Verhältnis zwischen örtlichen Betriebsräten und den zentralen Mitbestimmungsorganen (Gesamtbetriebsrat und Arbeitsdirektion) entstehen dort größere Friktionen und Spannungen, wo die Interessenpolitik und -artikulation sehr stark durch die persönliche und soziale Nähe zwischen Betriebsrat und Grubenmanagement geprägt ist, eher konsens- als konfliktorientierte Politiken verfolgt werden und die intensive Beziehung zwischen den betriebspolitischen Parteien tendenziell auch politisch in eine Distanz zu den übergeordneten Mitbestimmungsorganen umschlägt. In einem Teil der Gruben ist eine solche Entwicklung zu beobachten. Betriebsrat und Bergwerks- oder Grubenleitung seien »ein Gespann« und betrieben »ihre eigene Politik«. Demgegenüber suchen diejenigen Betriebsräte, die in eher konfliktären betriebspolitischen Beziehungen stehen, sich stärker an den übergeordneten Mitbestimmungsorganen auszurichten, von deren starker Position im Unternehmen sie in ihren betrieblichen Auseinandersetzungen profitieren.

Die Veränderung der Kräfteverhältnisse zwischen den Interessenvertretungen und der Gruben-, Bergwerks- und Unternehmensleitung ist, soweit es sich im Rahmen dieser Studie feststellen läßt, nicht in erster Linie das Ergebnis von betriebsinternen, im wesentlichen von innen heraus getragenen Machtbildungsprozessen. Was jedoch waren die von außen einwirkenden Faktoren?

Der Aufbau und die Vernetzung wirkungsvoller Vertretungs- und Mitbestimmungsstrukturen ist ohne Zweifel im Kontext der zunehmenden Machtentfaltung der IG Bergbau im Unternehmen zu sehen. Sie ist Teil wie auch Folge des Ausbaus gewerkschaftlicher Einflußchancen. Wenn jedoch in der Anfangsphase das Aktionszentrum der Mitbestimmung im Aufsichtsrat lag und die dynamische Kraft der Mitbestimmung von den dort agierenden Organisationsvertretern ausging, so hat sich, nicht zuletzt gefördert durch die unternehmenspolitische Rolle, die die Mitbestimmung in der Krise spielte, die Machtorganisation der Arbeitnehmer seit Beginn der siebziger Jahre zunehmend auf die darunterliegenden Handlungsebenen ausgeweitet. Schrittweise gelang es dem Verband, durch gezielte Organisationsarbeit und Personalpolitik im Bezirk, im Unternehmen und auf den Gruben die einzelnen Wirkungsbereiche und Einflußfelder zu integrieren, aufeinander abzustimmen und wechselseitig zu verstärken. Die Betriebsräte, denen in der sich wandelnden Politik des Verbandes ein insgesamt größerer Stellenwert eingeräumt wurde, profitieren von dieser Entwicklung. Der Machtzuwachs der Betriebsräte läuft parallel zum Machtzuwachs des Verbandes. Beide verstärken sich wechselseitig. Aber der primäre machtbildende Einfluß geht vom Verband aus. Er wird mehr und mehr als koordinierende, kontrollierende, sanktionierende und politisch-ideologisch anleitende Kraft wirksam. Über mehrere Etappen läuft der Prozeß der Herausbildung einer differenzierten Organisation von Arbeitnehmermacht ab, der zu einer hochwirksamen Einflußstruktur führt, in deren Zentrum, vernetzt und sich ergänzend, die Mitbestimmungsorgane (Aufsichtsrat, Arbeitsdirektor, Gesamtbetriebsrat, Grubenbetriebsräte) und die regionale Gewerkschaftsleitung stehen.

Ein erster bedeutsamer Schritt, den wir als eine der Voraussetzungen für den Bedeutungs- und Machtzuwachs der IG Bergbau begreifen, war die Fusion der saarländischen Gewerkschaft Christlicher Bergbau- und Energiearbeiter (GCBE) mit der IG Bergbau im Jahre 1966. Der christliche Verband war durch einen lang andauernden Arbeitskampf im Mai 1962 finanziell ausgeblutet und nicht mehr streikfähig. Tarifverhandlungen wurden seither an ihm vorbeigeführt. Mitgliederverluste und Überalterung kamen hinzu. Die Gewerkschaft war nicht mehr in der Lage, ihren Mitgliedern gegenüber die satzungsmäßigen Verpflichtungen zu erfüllen. Gegen den Widerstand in den eigenen Reihen und in ihren Dachverbänden wurden in Verhandlungen mit der IG Bergbau die organisatorischen und personellen Bedingungen für einen Zusammenschluß ausgehandelt und auf einer außerordentlichen Generalversammlung angenommen. In wenigen Monaten traten über 18 000 (91 vH) der organisierten christlichen Bergleute zur IG Bergbau über. Die Betriebsgewerkschaftsausschüsse und Ortsgruppen wurden verschmolzen. Auf Geschäftsstellen-, Bezirks- und Hauptvorstandsebene übernahmen ehemalige GCBE-Funktionäre führende Positionen. Betriebsräte der Gruben schlossen sich der IG Bergbau an, so zum Beispiel auf der Grube Ensdorf, wo die GCBE noch wenige Tage vor dem Fusionsbeschluß in der Betriebsratswahl 15 von 20 Arbeitersitzen erringen konnte. Der Bedeutungs- und Machtzuwachs der IG Bergbau blieb auch auf die Angestelltenschaft nicht ohne Wirkung. Die Organisationsquote stieg in diesem Bereich binnen kurzer Zeit beträchtlich an.

Der Christliche Gewerkschaftsbund war damit bis auf einen weiterbestehenden, aber bedeutungslosen Rest formell in der IG Bergbau aufgegangen. Bis jedoch die tatsächliche Integration vollzogen war, sollten noch Jahre vergehen. Die alten Rivalitäten waren nicht von heute auf morgen ausgeräumt. Dennoch war eine Entwicklung eingeleitet, die den Saar-Bezirk langsam aus seiner Sonderrolle herausführte und es ermöglichte, ihn an die allgemeine Verbandslinie anzunähern. Besonderheiten im Tarifbereich finden sich heute noch. Auch daß der Bezirk seine eigenen, wenngleich an den Ruhrabschlüssen orientierten Tarifverhandlungen führt, während im Bezirk Nordrhein-Westfalen der Hauptvorstand zuständig ist, geht auf die regionalen Konkurrenzverhältnisse der damaligen Zeit zurück.

Die zweite einschneidende strukturelle Änderung vollzog sich in den Jahren 1970/71. Sie betraf die Mitbestimmungsorganisation im Bereich der Arbeitsdirektion, auf die wir oben bereits eingegangen sind. Neben der Ausweitung der Ressortzuständigkeit ist vor allem die Einführung der Betriebsdirektoren für Personal- und Sozialwesen auf den Gruben hervorzuheben. Durch sie ergab sich nun eine Verbindung zwischen der erstarkten Arbeitsdirektion und dem betrieblichen Bereich. Neben diesen strukturellen Veränderungen ist der Wandel in der Politik des Arbeitsdirektors beachtenswert, der verstärkt machtpolitisches Handeln in die Ausgestaltung seiner Funktion einbrachte.

Die dritte Etappe (ab 1975), in der schließlich in verstärktem Maße die Betriebsvertretungen und betrieblichen Funktionäre in das sich abrundende Gesamtkonzept einer verbandsgesteuerten Mitbestimmungsorganisation einbezogen wurden, stellt sich für die IG Bergbau als Neuverständnis und Neuorganisation der betriebsbezogenen Gewerkschaftsarbeit dar. Die örtlichen Betriebsräte wurden vor allem durch die Hereinnahme der Betriebsratsvorsitzenden und ihrer Stellvertreter in den Gesamtbetriebsrat und durch die Wahl eines durchsetzungsfähigen Vorsitzenden organisationspolitisch stärker eingebunden.

Durch die Aufwertung und Stärkung des Gesamtbetriebsrats wurde ein weiterer Eckstein in das Mitbestimmungsgefüge gesetzt. Mit dem Aufsichtsrat, später der Arbeitsdirektion und schließlich dem Gesamtbetriebsrat hat die IG Bergbau die entscheidenden Mitbestimmungspositionen aus einer ehemals organisationspolitisch verworrenen und unzugänglichen Situation in Jahren beharrlicher Arbeit Schritt für Schritt auf Verbandslinie gebracht. Die Kraft, die diese Mitbestimmungsorganisation nach innen, in das Unternehmen hinein entfaltet, gewinnt sie allein aus ihrer vollen Identifikation mit der politisch-ideologischen Anleitung durch die IG Bergbau.

Die Achillesferse dieser Mitbestimmungsstruktur, die von oben her in das Unternehmensgefüge eindrang, war bis in die siebziger Jahre immer noch die untere betriebliche Ebene, der Bereich der *gewerkschaftlichen Vertrauensleute*. Die Streiks der Jahre 1969 und 1973 offenbarten dies auf schmerzhafte Weise, als dem Verband die Fäden aus der Hand zu gleiten drohten, weil die Funktionäre und Interessenvertreter vor Ort die sozial eruptiven Entwicklungen nicht vorhersahen und deshalb auch nur schwer steuernd und kontrollierend auf sie einwirken konnten.

Wie konnte es dazu kommen? Die Vertrauensleutearbeit habe stagniert, meint der damalige Gesamtbetriebsratsvorsitzende, so daß man die Belegschaft »nicht im Griff« hatte. Von anderen Gesprächspartnern wurde schlechthin bestritten, daß es in früheren Jahren überhaupt eine gewerkschaftliche Vertrauensleuteorganisation gegeben habe, die diesen Namen verdiente. Für sie setzt die Umorientierung erst nach den Streiks und mit weitergehenden Organisationsformen erst Ende der siebziger Jahre ein. Was jedoch war früher? Wie war die Gewerkschaft an der Basis repräsentiert?

Ausgangspunkt für das Verständnis des anders als etwa bei der IG Metall beschaffenen Vertrauensleutewesens ist die Besonderheit des Organisationsprinzips der IG Bergbau: Die Mitgliedschaft ist nach dem Wohnprinzip organisiert. Basiseinheiten des Verbandes sind daher die Ortsgruppen. Daneben existiert auch für den Betrieb ein satzungsmäßiges Organ: der Betriebsgewerkschaftsausschuß aus zwölf Mitgliedern, darunter der Betriebsratsvorsitzende mit seinem Stellvertreter. Die Größe des Ausschusses schwankte jedoch von Grube zu Grube, denn viele Ortsgruppenfunktionäre sollten oder wollten in dieses Gremium eingebunden werden. So standen häufig auch mehr die Interessen und Bedürfnisse der Ortsgruppen als betriebliche Belange im Vordergrund. Generell galten als Vertrauensleute auf der Grube zunächst alle, die Funktionär einer Ortsgruppe waren. Hatte eine Grube einen Einzugsbereich von 100 Ortsgruppen, dann fanden sich entsprechend viele Vertrauensleute im Betrieb. Sie wurden an Samstagen oder Sonntagen zu gewerkschaftlichen Zusammenkünften eingeladen. Das war der Vertrauenskörper in seiner alten Form. Aber: »Jeder Ortsgruppenfunktionär gleich Vertrauensmann, das war natürlich auch nichts. Das war auf dem Papier, aber viel mehr auch nicht. Und wenn man die dreimal im Jahr oder noch bei besonderen Gelegenheiten zusammengerufen hat, dann sind sie auch gekommen, doch das war aber auch wohl alles«, so ein Gewerkschaftssekretär. Für eine spätere Phase wird von Benennungsvorgängen gesprochen – ein Vorgang, dessen Modalitäten aber nirgendwo festgeschrieben waren.

Zwischen Betriebsrat und Gewerkschaftsausschuß zu unterscheiden, sei für die damalige Zeit wenig hilfreich, denn IGB-Betriebsratsfraktion und Gewerkschaftsausschuß, »das war alles eins«. In diesen Gremien agierten die früheren Gewerkschaftsleute im Betrieb. Die konstitutionelle Trennung beider wurde in der Praxis nicht wahrgenommen. Die Kandidatenaufstellung für die Betriebsratswahlen erfolgte bis zur Neuregelung des Vertrauensmännerwesens durch diesen Kreis.

Inzwischen hat sich die Prozedur der Kandidatenaufstellung für die Betriebsratswahl geändert, wobei man auf den einzelnen Gruben unterschiedlich verfährt. 1978 wurde zum erstenmal eine gewerkschaftliche Urwahl durchgeführt. Inzwischen wird dieser Modus auf vier der sechs Bergwerke praktiziert. Teilweise werden hierbei Plazierungen durch den Betriebsgewerkschaftsausschuß vorgegeben, in anderen Fällen wird in Mitgliederversammlungen am Wochenende über die Listenaufstellung entschieden. Erfahrungsgemäß werden die vom Betriebsgewerkschaftsausschuß vorgegebenen Plazierungen in der Urwahl oder in der Mitgliederversammlung kaum geändert. Was vom Betriebsrat und Gewerkschaftsausschuß festgelegt wird, das wird akzeptiert, das ist »Verbandsmeinung«.

1979 wurde nach Verhandlungen mit dem Arbeitgeberverband die Vertrauensleutearbeit in eine neue Form gebracht. Grundlage ist eine Vereinbarung über die Durchführung von Vertrauensleutekonferenzen. Offiziell handelt es sich um betriebliche Informationsveranstaltungen. Ausgewählte Arbeitnehmer werden unter Fortzahlung ihres Lohnes oder Gehaltes bis zu drei Stunden für die Vertrauensmännerkonferenz freigestellt. Die Teilnehmer werden vom Betriebsrat ausgewählt, es sollen bis zu drei Prozent der Arbeitnehmer des Betriebes sein. Obwohl von der formalen Seite her eine betriebliche Veranstaltung, werden die regionalen Vertreter der Gewerkschaft über den Betriebsrat bei der Festlegung von Termin, Themen und Referenten maßgeblich beteiligt.

Der Betriebsratsvorsitzende pflegt nach der Eröffnung die Leitung an den Vorsitzenden des Betriebsgewerkschaftsausschusses weiterzugeben, wodurch der Charakter der Versammlung als einer Veranstaltung der IG Bergbau deutlich gemacht werden soll, was nicht immer gelingt, so etwa dann, wenn Teile des Managements bis hin zum Bergwerksdirektor an den Konferenzen teilnehmen. Die Vertrauensmänner auch zu einem kritischen Partner für die Arbeit der Betriebsräte aufzubauen, ist nicht über das Stadium von Überlegungen und Forderungen in der Anfangsphase hinausgekommen. In der Tat berührt das Verhältnis zwischen Vertrauensmännern und Betriebsräten einen sensiblen Punkt im gewerkschaftlichen Selbstverständnis und in den bestehenden Organisationsstrukturen. Der Vertrauensmännerkreis von 1979 ist in eine bereits bestehende Kooperations- und Einflußstruktur und in ein etabliertes Rollenverständnis der Betriebsräte hineingetragen worden. Betriebsräte sahen sich nach der Einschätzung unserer Gesprächspartner durch diese neue, vom Anspruch her betriebsbezogene und den gesamten Belegschaftsaufbau durchdringende Vertrauensmännerstruktur in ihrer Bedeutung als eigentliche gewerkschaftliche Repräsentanz im Betrieb und in ihrer Unabhängigkeit beschnitten. Jedenfalls wird festgestellt, daß die Einführung dieser neuen Struktur zumindest bei einer Reihe von Betriebsräten auf Skepsis gestoßen sei. Es habe eine ganze Zeit gedauert, bis ihnen klargeworden ist, daß die Vertrauensleutearbeit für sie eigentlich etwas Positives bedeuten kann. Der zeitweise formulierte Kontrollanspruch führte schnell zu heftigen Gegenreaktionen der Betriebsräte und ihrer Vertreter in der Gewerkschaftsorganisation, die einen Kontrollbedarf unter dem Hinweis auf die gemeinsame Gewerkschaftszugehörigkeit zurückwiesen. Im wesentlichen wird die Aufgabe der Vertrauensmänner darin gesehen, als gewerkschaftliche Informationsträger in die einzelnen Belegschaftsteile hineinzuwirken und umgekehrt Vertretungsorganen Informationen aus der Belegschaft zuzuführen, »das Ohr an der Belegschaft zu haben«.

Die Neuorganisation der betriebsbezogenen Gewerkschaftsarbeit mit den Vertrauensmännerkonferenzen in ihrem Mittelpunkt war der vorläufig letzte Schritt des Verbandes, die betriebliche Ebene stärker einzubeziehen und mit den institutionellen Akteuren der Mitbestimmung zu verknüpfen. Wenn der Veränderungsimpuls auch in diesem Fall von oben ausging, so ist doch nicht zu verkennen, daß, wie es sich bereits bei den Betriebsräten zeigte, aus den verbandsgesteuerten Aktivitäten eine Dynamik erwächst, die weiterführende Entwicklungen auszulösen vermag.

Das Vertrauensmännerwesen in seiner jetzigen Form ist in mehrerer Hinsicht eine Kompromißlösung, die auf Veränderung drängt. Starke Spannungen sind in ihm angelegt. Es ist ein Balanceakt zwischen den Beteiligungsinteressen aktiver Belegschaftsteile und der Position starker Betriebsräte, zwischen dem Kontrollanspruch gegenüber den Mitgliedern und Beschäftigten und dem Bedürfnis nach höherer Vertretungsdichte und stärkerer Betriebsbezogenheit der gewerkschaftlichen Basisarbeit, zwischen dem formell betrieblichen Status der Vertrauensmännerkonferenzen und ihrer informell und faktisch gewerkschaftlichen Inanspruchnahme und Darstellung, und letztlich zwischen dem

Organisationsprimat der Ortsgruppen und der zunehmenden Versachlichung und Funktionalisierung gewerkschaftlicher Vertretungsinteressen im Betrieb.

Der Weg, der uns beim Zugang zur Mitbestimmung bei den Saarbergwerken geöffnet wurde, war der Weg von oben nach unten. Ebenso vollzogen sich Einführung und Ausbau der Mitbestimmung in den Saarbergwerken seit ihren Anfängen vor inzwischen drei Jahrzehnten. Es war ein stufenweise voranschreitender Prozeß der Etablierung gewerkschaftlicher Organisationsmacht im Unternehmen. Seine Impulse und Antriebskräfte hat dieser Prozeß im wesentlichen von außen erfahren, und zwar durch den Bedeutungs- und Machtzuwachs der IG Bergbau, der dieser durch ihre kooperative und sozialpartnerschaftliche Rolle in den Krisenjahren des Steinkohlenbergbaus und in den Folgejahren der Konsolidierung und energiewirtschaftlichen Absicherung der Bergbauunternehmen zugekommen ist. An der Saar selbst ist es – erleichtert durch die Eigentumsverhältnisse – durch kraftvoll agierende Verbandsvertreter zunächst im Aufsichtsrat und später auch in der Arbeitsdirektion und durch eine gezielte und straffe Organisationsarbeit beim Aufbau der Betriebsräte gelungen, die ehemals vorhandenen Schwierigkeiten und Hemmnisse zu überwinden, die der strukturellen und politischen Durchdringung der Unternehmensorganisation durch die Mitbestimmung und ihrer Verankerung auf den einzelnen Ebenen im Wege standen.

Die historisch gewachsene Form der Mitbestimmung im Saarbergbau unterscheidet sich nicht so sehr in der Qualität ihrer Leistungen, doch deutlich in ihrer sozialen Gestalt von derjenigen, die wir in den benachbarten Saarhütten vorfinden. Im Saarbergbau war es weniger die Dynamik von Machtbildungsprozessen an der Basis, die den Einflußrahmen für die Mitbestimmung öffnete und sicherte, sondern das langsame und schrittweise Eindringen der Verbandsmacht in das Unternehmen. Anders als in den entwickelten Mitbestimmungsfällen der beiden Saarhütten hatten die sozialen Prozesse auf der Ebene der betrieblichen Interessenvertretungen in dieser Phase keine konstitutive Bedeutung für die Entfaltung und Ausprägung der Mitbestimmung.

Die in den materiellen Bedingungen der Arbeitnehmerexistenz meßbaren Mitbestimmungsleistungen – beispielsweise im Bereich der Statussicherung und Schutzpolitik in den Krisenjahren, der Sozialleistungen (großdimensioniertes Sozialbautenprogramm und Bergarbeiterwohnungsbau) und der beruflichen Qualifizierung – sind rückblickend vergleichbar mit denen der Stahlindustrie. Diese Erträge einer nicht auf

Konflikt, sondern auf Kooperation und verantwortliche Teilhabe an Unternehmens- und Betriebsführung gründenden Mitbestimmungspolitik haben dazu beigetragen, die Folgebereitschaft der Mitglieder in den drei Jahrzehnten der Mitbestimmungsära zu stabilisieren und die Organisationsquote beständig zu erhöhen.

Allerdings vollziehen sich seit einigen Jahren sozialstrukturelle Umbrüche in der Grubenbelegschaft und im bergmännischen Arbeitsprozeß – zu nennen sind unter anderem die Verjüngung der Belegschaften, die Erosion traditioneller sozialer Beziehungen und berufsständischer Orientierung, die zunehmende Industrialisierung der Arbeit unter Tage –, die einen Wandel der organisationspolitischen Voraussetzungen und Bedingungen der bisherigen Beteiligungsstrukturen, der Machtverteilungs- und Interessenpolitik erwarten lassen. Ob der ideologisch-politische Gehalt der Mitbestimmung in ihrer für den Bergbau typischen Variante angesichts der sich neu formenden gesellschaftlichen Orientierungs- und Wertmuster auch weiterhin trägt, ob die institutionalisierten Teilhabe- und Beteiligungschancen in der bisherigen Form ihre Bindungsfähigkeit für die Mitgliedschaft erhalten können, wird für die Zukunft der Mitbestimmung eine entscheidende Frage sein.

Anmerkungen

1 Vgl. *Robert H. Schmidt,* Saarpolitik 1945–1957, Bd. 2, Berlin 1962, S. 114.

2 Wir stützen uns in dieser Darstellung auf die wirtschaftshistorische Untersuchung von *R. E. Latz,* Die saarländische Schwerindustrie und ihre Nachbarreviere 1878–1938, Saarbrücken (1985). Für die Zeit danach liegt keine vergleichbare Gesamtdarstellung vor.

3 Vgl. *L. Graf Schwerin Krosigk,* Die große Zeit des Feuers, Der Weg der deutschen Industrie, Tübingen 1958.

4 Vgl. *R. E. Latz,* a.a.O., S. 89.

5 Vgl. »Die Arbeitskammer«, Zeitschrift der Arbeitskammer des Saarlandes, Heft Nr. 10, Oktober 1954.

6 Die Reorganisation der Bergarbeitergewerkschaft wird in Teil III behandelt.

7 Vgl. *Kotthoff, H.,* Der Arbeitseinsatz von Leistungsgeminderten in der Automobilindustrie, Heidelberg 1981 (Stiftung Rehabilitation Heidelberg)

8 Eine ausführliche Darstellung über den Arbeitseinsatz der gesundheitlich beeinträchtigten Arbeitnehmer bei ARBED-Saarstahl ist das Muster VI in der Studie: *H. Kotthoff/P. Ochs,* Arbeitseinsatz und Arbeitssituation von behinderten und kranken älteren Arbeitnehmern, Saarbrücken 1986.

9 Vgl. *R. Judith u.a.,* Die Krise der Stahlindustrie – Krise einer Region. Das Beispiel Saarland, Köln 1980.

10 *K. D. Mallmann:* Die Anfänge der Bergarbeiterbewegung an der Saar 1848–1904, Veröffentlichung der Kommission für saarländische Landesgeschichte und Volksforschung, Bd. XII, Saarbrücken 1981. Zur Frage der Unternehmensentwicklung und ihrer Verknüpfung mit den politischen Veränderungen, denen das Land unterworfen war, nutzen wir neben anderen Quellen insbesondere die von *H. Schmidt* zusammengetragenen Informationen (Robert H. Schmidt: Saarpolitik, 3 Bde., Berlin 1959, 1960 und 1962). Im übrigen stellt vor allem für die Übergangszeit um 1957 das Archiv Becker/Schneider eine ergiebige Informationsquelle dar.

11 *Schmidt,* 1959 S. 137

12 Vgl. Schacht und Heim, 7/1957, S. 4

13 Schacht und Heim, 1961/8

14 Vgl. hierzu die Ergebnisse der von *Norbert Ranft* bei der IG Bergbau und Energie durchgeführten Studie über Mitbestimmung in der Bergbau- und Energiewirtschaft der Bundesrepublik Deutschland (Projekt der Hans-Böckler-Stiftung; erscheint demnächst im Bund-Verlag)

15 *Neumann/Jost/Höhn,* 25 Jahre Belegschaftspolitik der Saarbergwerke AG, Veröffentlichung vorgesehen.

Literaturhinweise

Die Arbeitskammer, Zeitschrift der Arbeitskammer des Saarlandes, Heft Nr. 10, Oktober 1954

Horch, H., Der Wandel der Gesellschaftsstrukturen und Herrschaftsstrukturen in der Saarregion 1740–1914, St. Ingbert, 1984

Judith, R. u.a., die Krise der Stahlindustrie – Krise einer Region. Das Beispiel Saarland, Köln 1980

Kotthoff, H., Betriebsräte und betriebliche Herrschaft, Frankfurt 1981

Kotthoff, H./Ochs, P., Arbeitseinsatz und Arbeitssituation von behinderten und kranken älteren Arbeitnehmern, Saarbrücken 1986

Latz, R. E., Die saarländische Schwerindustrie und ihre Nachbarreviere 1878–1938, Saarbrücken 1985

Mallmann, K. D., Die Anfänge der Bergarbeiterbewegung an der Saar 1848–1904, Veröffentlichung der Kommission für saarländische Landesgeschichte und Volksforschung, Bd. XII, Saarbrücken 1981

Schacht und Heim, Werkszeitschrift der Saarbergwerke AG Saarbrücken, 7/1957

Schmidt, Robert H., Saarpolitik, 3 Bde., Berlin 1959, 1960, 1962

Schwerin Krosigk, Graf L., Die große Zeit des Feuers. Der Weg der deutschen Industrie, Tübingen 1958

Zenner, M., Parteien und Politik im Saargebiet unter dem Völkerbundsregime 1920–1935, Saarbrücken 1966